十三經注疏彙校

尚書注疏彙校

四

杜澤遜　主編

中華書局

尚書註疏卷第七　漢孔氏傳　唐孔穎達疏

皇明朝列大夫國子監祭酒臣田一儁

奉訓大夫司經局洗馬管司業事臣盛訥等奉

勅重校刊

甘誓第二　夏書

啓與有扈戰于甘之野。作甘誓。傳夏啓嗣禹位。伐有扈之罪。○啓。禹子。嗣禹爲天子也。扈音戶。有扈國名。與夏同姓。馬云姒姓之國。爲無道者。案京兆鄠縣即有扈之國也。甘。有扈郊地名。馬云南郊地也。甘水名。今在鄠縣西。誓馬云軍旅曰誓。會同曰誥。疏啓與至甘誓○正義曰。夏王啓之時。諸侯有扈氏叛。王命率衆親征之。有扈氏發兵拒啓。啓與戰于甘地之野。將戰。集將士而誓戒之。史敘其事作甘誓。○傳夏啓至之罪○正義曰。孟子稱禹薦益於天。七年。禹崩之後。益避啓於箕山之陰。天下諸侯不歸益而歸啓。曰吾君之子也。啓遂即天子位。史記夏本紀稱啓立。有扈氏不服。故伐之。蓋由自堯舜受禪相承。啓獨見繼父。以此不服。故云夏啓嗣禹立。伐有扈之罪。言繼立者。見其由嗣立。故不服也。

甘誓。

傳 甘。有扈郊地名。將戰先誓。疏 甘誓○正義曰。發首二句敘甘誓之由。其王曰已下。皆是誓之辭也。曲禮云約信曰誓。將與敵戰。恐其損敗。與將士設約。示賞罰之信也。將戰而誓。是誓之大者。禮將祭而號令齊百官。亦謂之誓。周禮大宰云。祀五帝。則掌百官之誓戒。鄭玄云。誓戒要之以刑。重失禮也。明堂云。所謂各揚其職。百官廢職。服大刑。是誓辭之略也。彼亦是約信。但小於戰之誓。馬融云。軍旅曰誓。會同曰誥。誥誓俱是號令之辭。

意小異耳。○傳甘有至先誓。○正義曰。地理志。扶風鄠縣古扈國。夏啓所伐者也。鄠扈音同。未知何故改也。啓伐有扈。必將至其國。乃出兵與啓戰。故以甘爲有扈之郊地名。馬融云。甘有扈南郊地名。計啓西行伐之。當在東郊。融則扶風人。或當知其處也。將戰先誓。誓是臨戰時也。甘誓牧誓費誓皆取誓地爲名。湯誓舉其王號。泰誓不言武誓者。皆史官不同。故立名有異耳。泰誓未戰而誓。故別爲之名。秦誓自悔而誓。非爲戰誓。自約其心。故舉其國名。

大戰于甘。乃召六卿。傳天子六軍。其將皆命卿。○將子匠反。

王曰。嗟六事之人。傳各有軍士。故曰六事。**予誓告汝。**

有扈氏威侮五行。怠棄三正。傳五行之德。王者相承所取法。有扈與夏同姓。恃親而不恭。是則威虐侮慢五行。怠惰棄廢天地人之正道。言亂常。○侮。亡甫反。正。如字。徐音征。馬云。建子建丑建寅三正也。惰。徒臥反。

天用勦絕其命。傳 用其失道。故勦截也。截絕。謂滅之。○勦。子六反。玉篇子小反。馬本作巢。與玉篇切韻同。

今予惟恭行天之罰。傳 恭。奉也。言欲截絕之。○罰。音伐。

左不攻于左。汝不恭命。傳 左。車左。左方主射。攻。治也。治其職。

右不攻于右。汝不恭命。傳 右。車右。勇力之士。執戈矛以退敵。

御非其馬之正。汝不恭命。傳 御以正馬爲政。三者有失。皆不奉我命。○御。魚慮反。

用命賞于祖。傳 天子親征。必載遷廟之祖主行。有功則賞祖主前。示不專。

弗用命戮于社。傳天子親征。又載社主。謂之社事。不用命奔北者。則戮之於社主前。社主陰。陰主殺。親社嚴社之義。○戮音六。北如字。又音佩。軍走曰北。予則孥戮汝。傳孥子也。非但止汝身。辱及汝子。言恥累也。○孥音奴。累劣僞反。疏大戰至戮汝。○正義曰。史官自先敘其事。啓與有扈大戰于甘之野。將欲交戰。乃召六卿。令與衆士俱集。王乃言曰。嗟。重其事。故嗟歎而呼之。汝六卿者。各有軍事之人。我設要誓之言以敕告汝。今有扈氏威虐侮慢五行之盛德。怠惰棄廢三才之正道。上天用失道之故。今欲截絕其命。天既如此。故我今惟奉行天之威罰。不敢違天也。我既奉天。汝當奉我。汝諸士衆在車左者。不治理於車左之事。是汝不奉我命。在車右者。不治理於車右之事。是汝不奉我命。御車者非其馬之正。令馬進退違戾。是汝不奉我命。汝等若用我命。我則賞之於祖主之前若不用我命。則戮之於社主之前。所戮皆非但止汝身而已。我則幷殺汝子以戮辱汝。○汝等不可不用我命以求殺敵。戒之使齊力戰也。○傳天子至命卿○正義曰。將戰而召六卿。明是卿爲軍將。天子六軍。其將皆命卿。周禮夏官序文也。鄭玄云夏亦然。則三王同也。經言大戰者。鄭玄云天子之兵。故曰大。孔無明說。蓋以六軍並行。威震多大。故稱大戰。○傳各有至六事○正義曰。卿爲軍將。故云乃召六卿。及其誓之。非六卿而已。鄭玄云變六卿言六事之人者。言軍吏下及士卒也。下文戒左右與御。是徧勑在軍之士。步卒亦在其間。六卿之身。及所部之人。各有軍事。故六事之人。爲揔呼之辭。○傳五行至亂常○正義曰。五行。水火金木土也。分行四時。各有其德。月令孟春三日。大史謁於天子曰。某日立春。盛德在木。夏云盛德在火。秋云盛德在金。冬云盛德在水。此五行之德。王者雖易姓相承。其所取法同也。言王者共所取法。而有扈氏獨侮慢之。所以爲大罪也。且五行在人爲仁義禮智信。威侮五行。亦爲侮慢此五常而不行也。有扈與夏同姓。恃親而不恭天子。廢君臣之義。失相親之恩。五常之道盡矣。是威侮五行也。無所畏忌。作威虐而侮慢之。故云威虐侮慢。易說卦云。立天之道曰陰與陽。立地之道曰柔與剛。立人之道曰仁與義。物之爲大。無大於此者。周易謂之三才。人生天地之間。莫不法天地而行事。以此知怠惰棄廢天地人之正道。棄廢此道。言亂常也。孔馬鄭王與皇甫謐等。皆言有扈與夏同姓。並依世本之文。楚語云。昭王使觀射父傅大子。射父辭之。曰。堯有丹朱。舜有商均。夏有觀扈。周有管蔡。是其恃親而不恭也。周語云。帝嘉禹德。賜姓曰姒。禹始得姓。有扈與夏同姓。則爲啓之兄弟。知此者。蓋禹未賜姓之前。以姒爲姓。故禹之親屬。舊已姓姒。帝嘉其德。又以姒姓顯揚之。猶若伯夷。國語稱賜姓曰姜。然伯夷是炎帝之後。未賜姓之前。先爲姜姓。與此同也。故有扈以爲夏之同姓。○傳用其至滅之。○正義曰。天子用兵。稱恭行天罰。諸侯討有罪。稱肅將王誅。皆示有所稟承。不敢專也。有扈既有大罪。宜其絕滅。故原天之意。言天用其失道之故。欲截絶其命。謂滅之也。剿是斬斷之義故爲截也。○傳左車至其職○正義曰。歷言左右及御。此三人在一車之上也。故左爲車左。則右爲車右明矣。宣十二年左傳云。楚許伯御樂伯。攝叔爲右。以致晉師。樂伯曰。吾聞致師者。左射以菆。攝叔曰。吾聞致師者。右入壘。折馘執俘而還。是左方主射。右主擊刺。而御居中也。御言正馬。而左右不言所職者。以戰主殺敵。左右用兵。是戰之常事。故略而不言。御惟主馬。故特言之。互相明也。此謂凡常兵車。甲士三人。所主皆如此耳。若將之兵車。則御者在左。勇力之士在右。將居鼓下。在中央。主擊鼓與軍人爲節度。成二年左傳。説晉伐齊云。晉解張御郤克。鄭丘緩爲右。郤克傷於矢。未絶鼓音。曰余病矣。張侯曰。自始合而矢貫余手及肘。余折以御。左輪朱殷。豈敢言病。郤克傷於矢而鼓音未絶。張侯爲御而血染左輪。是御在左而將居中也。攻之爲治。常訓也。治其職者。左當射人。右當擊刺。是其所掌職事也。○傳御以至我命○正義曰。御以正馬爲政。言御之政事。事在正馬。故馬不正則罪之。詩云。兩驂如手。傳云進止如御者之手。是爲馬之正也。左右與御三者有失。言皆不奉我命。以御在後故揔解之。○傳天子至不專。○正義曰。曾子問云。孔子曰。天子巡守。以遷廟之主行。載於齊車。言必有尊也。巡守尚然。征伐必也。故云天子親征。必載遷廟之祖主行。有功則賞祖主前。示不專也。周禮大司馬云。若師不功。則厭而奉主車。鄭玄云。厭伏冠也。奉猶送也。送主歸於廟與社。亦是征伐載主之事也。○傳天子至之義。○正義曰。定四年左傳云。君以軍行。祓社釁鼓。祝奉以從。是天子親征。又載社主行也。郊特牲云。惟爲社事。單出里。故以社事言之。不用命奔北者。則戮之於社主之前。奔北。謂背陳走也。所以刑賞異處者。社主陰。陰主殺。則祖主陽。陽主生。禮左宗廟右社稷。是祖陽而社陰。就祖賞。就社殺。親祖嚴社之義也。大功大罪。則在軍賞罰。其偏敘諸勳。乃至太祖賞耳。○傳孥子至恥累也。○正義曰。詩云樂爾妻孥。對妻別文。是孥爲子也。非但止辱汝身。幷及汝子亦殺。言以恥惡累之。湯誓云。予則孥戮汝。傳曰古之用刑。父子兄弟。罪不相及。今云孥戮。汝權以脅之。使勿犯。此亦然也。

五子之歌第三

夏書

太康失邦。傳 啓子也。盤于遊田。不恤民事。爲羿所逐。不得反國。昆弟五人須于洛汭。作五子之歌。傳 太康五弟。與其母。待太康於洛水之北。怨其不反。故作歌。○五子名字。書傳無聞。仲康蓋其一也。○于。馬云止也。汭。如銳反。本又作內。音同。

疏 太康至之歌。○正義曰。啓子太康。以遊畋棄民。爲羿所逐。失其邦國。其未失國之前。畋于洛水之表。太康之弟。更有昆弟五人。從太康畋獵。與其母待太康于洛水之北。太康爲羿所距。不得反國。其弟五人。即啓之五子。並怨太康。各自作歌。史敘其事作五子之歌。○傳太康至作歌。○正義曰。昆弟五人。自有長幼。故稱昆弟。嫌是太康之昆。故云太康之五弟。

五子之歌。傳啓之五子。因以名篇。疏五子之歌。○正義曰。史述作歌之由。先敘失國之事。其一曰以下。乃是歌辭。此五子作歌五章。每章各是一人之作。辭相連接。自為終始。初言皇祖有訓。未必則指怨太康。必是五子之歌相顧。從輕至甚。其一其二。蓋是昆弟之次。或是作歌之次。不可知也。○傳啓之至名篇○正義曰。直言五子。不知謂誰。故言啓之五子。太康之弟敘怨作歌。不言五弟而言五子者。以其述祖之訓。故繫父以言之。

太康尸位以逸豫。傳尸主也。主以尊位為逸豫不勤。○逸本又作佾。豫本又作忬。音同。滅厥德。黎民咸貳。傳君喪其德則衆民皆二心矣。○黎，力兮反。喪，息浪反。乃盤遊無度。傳盤樂遊逸無法度。○盤，步干反。本或作槃。度，如字。樂，如字。畋于有洛之表，十旬弗反。傳洛水之表，水之南。十日曰旬。田獵過百日不還。○畋音田。有窮后羿因民弗忍，距于河。傳有窮，國名。羿，諸侯名。距太康於河，不得入國，遂廢之。○羿，五計反。徐胡細反。距音巨。厥弟五人御其母以從，傳御，侍也。言從畋。○從，如字。或作才用反，非。徯于洛之汭。五子咸怨，傳待太康，怨其久畋失國。○徯，胡啓反。述大禹之戒以作歌。傳述，循也。歌以敘怨。

疏太康至作歌。○正義曰：天子之在天位，職當牧養兆民。太康主以尊位，用爲逸豫，滅其人君之德，衆人皆有二心。太康乃復愛樂遊逸。無有法度。畋獵於洛水之表。一出十旬不反。有窮國君。其名曰羿。因民不能堪忍太康之惡。率衆距之于河。不得反國。太康初去之時。其弟五人。侍其母以從太康。太康畋于洛南。五弟待於洛北。太康久而不反。致使羿距于河。五子皆怨太康。追述大禹之戒以作歌。而各敘已怨之志也。其弟侍母以從太康。太康初去卽然。待於洛水之北。以𠔃太康速反。羿既距之。五子乃怨。史述太康之惡既盡。然後言其作歌。故令羿距之文。乃在母從之上。作文之勢當然也。○傳尸主也。○正義曰。釋詁文。○傳有窮至廢之○正義曰。襄四年左傳曰。夏之方衰也。后羿自鉏遷于窮石。然則羿居窮石。故曰有窮國名。窮是諸侯之國。羿是其君之名也。說文云。羿。帝嚳射官也。賈逵云。羿之先祖。世爲先王射官。故帝賜羿弓矢使司射。淮南子云。堯時十日並生。堯使羿射九日而落之。楚辭天問云。羿焉彃日。烏解羽。歸藏易亦云。羿彃十日。說文云。彃者射也。此三者。言雖不經。以取信。要言帝嚳時有羿。堯時亦有羿。則羿是善射之號非復人之名字。信如彼言，則不知羿名爲何也。夏都河北。洛在河南。距太康於河北，不得入國，遂廢太康耳。羿篡立仲康，不自立也。○傳「述循至敘怨」。○正義曰：述，循，釋詁文。循其所戒，用作歌以敘怨也。其一曰皇祖有訓，其二曰訓有之，是述大禹之戒也。其三恨亡國都，其四恨絶宗祀，其五言追悔無及，直是指怨太康，非爲述祖戒也。本述戒作歌，因即言及時事，故言祖戒以揔之。

其一曰：皇祖有訓，民可近，不可下。傳 皇，君也。君祖禹有訓戒。近，謂親之；下，謂失分。○近，附近之近。分，扶問反。

民惟邦本，本固邦寧。傳 言人君當固民以安國。

予視天下愚夫愚婦，一能勝予。傳 言能畏敬小民，所以得衆心。

一人三失，怨豈在明？不見是圖。傳 三失，過非一也。不見是謀，備其微。○三如字。

又息暫反。見。賢遍反。予臨兆民，懍乎若朽索之馭六馬。傳十萬曰億，十億曰兆，言多。懍，危貌。朽，腐也。腐索馭六馬，言危懼甚。○懍，力甚反。朽，許久反。馭，音御。腐，扶甫反。爲人上者，柰何不敬？傳能敬則不驕，在上不驕，則高而不危。疏「其一」至「不敬」。○正義曰：我君祖大禹有訓戒之事，言民可親近，不可卑賤輕下，令其失分，則人懷怨，則事上之心不固矣。民惟邦國之本，本固則邦寧。言在上不可使人怨也。我視天下之民，愚夫愚婦，一能過勝我，安得不敬畏之也？所以畏其怨者，一人之身，三度有失，凡所過失，爲人所怨，豈在明著？大過皆由小事而起。言小事不防，易致大過，故於不見細微之時，當於是豫圖謀之，使人不怨也。我臨兆民之上，常畏人怨，懍懍乎危懼，若腐索之馭六馬。索絶則馬逸，言危懼之甚。人之可畏如是，爲民上者，柰何不敬慎乎？怨太康之不恤下民也。○傳皇君至失分○正義曰皇君釋詁文述禹之戒知君祖是禹禹有訓也民可近者據君爲文近謂親近之也下謂卑下輕忽之失本分也奪其農時勞以横役是失分也故下云予視天下愚夫愚婦一能勝予是畏敬下民也○〔傳〕言能至衆心○正義曰我視愚夫愚婦當能勝我身是畏敬小民也由能畏敬小民故以小民從命是得衆心也○〔傳〕三失至其微○正義曰顧氏云怨豈在明未必皆在明著之時必於未形之日思善道以自防衛之是備慎其微也○〔傳〕十萬至懼甚○正義曰古數十萬曰億十億曰兆言多也懍懍心懼之意故爲危貌朽腐常訓也腐索馭六馬索絶馬驚馬驚則逸言危懼甚也經傳之文惟此言六馬漢世此經不傳餘書多言駕四者春秋公羊說天子駕六毛詩說天子至大夫皆駕四許愼案王度記云天子駕六鄭玄以周禮校人養馬乘馬一師四圉四馬曰乘康王之誥云皆布乘黄朱以爲天子駕四漢世天子駕六非常法也然則此言馬多懼深故舉六以言之

其二曰訓有之内

作色荒，外作禽荒。傳作，爲也。迷亂曰荒。色，女色。禽，鳥獸。疏傳作爲至鳥獸○正義曰：作，爲，釋言文。昭元年左傳晉平公近女色，過度惑以喪志。老子云：馳騁田獵，令人心發狂。好色好田，則精神迷亂，故迷亂曰荒。女有美色，男子悅之，經傳通謂女人爲色。獵則鳥獸並取，故以禽爲鳥獸也。甘酒嗜音，峻宇彫牆。傳甘嗜無厭足。峻，高大。彫，飾畫。○甘，一音戶甘反。嗜，市志反。峻，思俊反。牆，慈羊反。厭，於鹽反，又於豔反。有一于此，未或不亡。傳此六者，棄德之君必有其一。有一必亡，況兼有乎。其三曰：惟彼陶唐，有此冀方。傳陶唐，帝堯氏，都冀州，統天下四方。疏傳陶唐至四方○正義曰：世本云：帝堯爲陶唐氏。韋昭云：陶唐皆國名，猶湯稱殷商也。案書傳皆言堯以唐侯升爲天子，不言封於陶唐。

陶唐二字，或共爲地名，未必如昭言也。以天子王有天下，非獨冀州一方，故以冀方爲都，冀州統天下四方。堯都平陽，舜都蒲坂，禹都安邑，相去不盈二百，皆在冀州，自堯以來，其都不出此地，故舉陶唐以言之。

今失厥道，亂其紀綱，乃底滅亡。傳 言失堯之道，亂其法制，自致滅亡。○底，之履反。

其四曰：明明我祖，萬邦之君。有典有則，貽厥子孫。傳 君萬國爲天子。典謂經籍。則，法。貽，遺也。言仁及後世。○貽，以之反。遺，唯季反。

關石和鈞，王府則有荒墜厥緒，覆宗絶祀。傳 金鐵曰石，供民器用，通之使和平，則官民足，言古制存，而太康失其業，以取亡。○覆，芳服反。供，音恭。

疏 其四至絶祀。○正義曰：有明明之德，我祖大禹也。以有明德爲萬邦之君。

謂爲天子也。有治國之典。有爲君之法。遺其後世之子孫。使法則之。又關通衡石之用。使之和平。人旣足用。王之府藏則皆有矣。典存國富。宜以爲政。今太康荒廢墜失其業。覆滅宗族。斷絶祭祀。言太康棄典法。所以滅宗祀也。○傳君萬至後世○正義曰。萬邦之君。謂君統萬國爲天子也。典。謂先王之典。可憑據而行之。故爲經籍。則法。釋詁文。典。謂先王舊典。法謂當時所制。其事不爲大異。重言以備文耳。貽。遺。釋言文。以典法遺子孫。言仁恩及後世。○傳金鐵至取亡○正義曰。關者。通也。名石而可通者。惟衡量之器耳。律歷志云。二十四銖爲兩。十六兩爲斤。三十斤爲鈞。四鈞爲石。是石爲稱之最重。以石而稱。則爲重物。故金鐵曰石。言絲緜止於斤兩。金鐵乃至於石。舉石而言之。則所稱之物皆通之也。傳取金鐵重物。以解言石之意。非謂所關通者惟金鐵耳。米粟則斗斛以量之。布帛則丈尺以度之。惟言關通權衡。則度量之物懋遷有無。亦關通矣。舉一以言之耳。衡石所稱之物。以供民之器用。其土或有或無。通使和平也。論語云百姓足。君孰與不足。民既足用。則官亦富饒。故通之使和平。則官民皆足。有典有法。可依而行。官民足可坐而守。言古制存。而太康失其業。所以亡也。訓緒爲業。費氏顧氏等意云。通金鐵於人。官不禁障。民得取之。以供器用。器既具。所以上下充足。以金鐵皆從石而生。則金鐵亦石之類也。故漢書五行志云。石爲怪異。入金不從革之條。費顧之義。亦得通也。

其五曰。嗚呼曷歸。予懷之悲。

(傳)曷。何也。言思而悲。○曷。戶割反。

萬姓仇予。予將疇依。

(傳)仇。怨也。言當依誰以復國乎。

鬱陶乎予心。顏厚有忸怩。

(傳)鬱陶。言哀思也。顏厚。色愧。忸怩。心慙。慙愧於仁人賢士。○鬱。音蔚。陶。音桃。鬱陶。憂思也。忸。女六反。怩。女姬反。徐乃私反。思。息嗣反。

弗慎厥德。雖悔可追。

(傳)言人君行已。不慎其德。以速滅敗。雖欲改悔。其可追及乎。言無益。○雖。如字。或作睢。【疏】其五至可追○正義曰。嗚呼。太康已覆滅矣。我將何所依歸。我以此故思之而悲。太康爲惡。毒徧天下。萬姓皆共仇我。我將誰依就乎。鬱陶而哀思乎我之心也。我以此故外貌顏厚而內情忸怩羞慙。由太康不慎其德。以致此見距。雖欲改悔。其可追及之乎。事已往矣。不可如何。從首漸怨至此爲深。皆是羿距時事也。○傳仇怨至國乎○正義曰。桓二年左傳云。怨耦曰仇。故爲怨也。羿距於河不得復反。乃思太康欲歸依之。言當依誰以復國乎。○傳鬱陶至賢士○正義曰。孟子稱舜弟象見舜云。思君正鬱陶。鬱陶。精神憤結積聚之意。故爲哀思也。詩云顏之厚矣。羞愧之情見於面貌。似如面皮厚然。故以顏厚爲色愧。忸怩羞不能言。心慙之狀。小人不足以知得失。故慙愧於仁人賢士。

胤征第四

夏書

羲和湎淫，廢時亂日。傳羲氏和氏世掌天地四時之官。自唐虞至三代。世職不絕。承太康之後。沈湎於酒。過差非度。廢天時亂甲乙。○湎。徐音緬。面善反。差。初賣反。又初佳反。胤往征之，作胤征。傳胤國之君。受王命往征之。○胤。國名。

胤征。傳奉辭伐罪曰征。疏羲和至胤征○正義曰。羲氏和氏世掌天地四時之官。今乃沈湎於酒。過差非度。廢天地亂甲乙。不以所掌爲意。胤國之侯受王命往征之。史敘其事。作胤征。○傳羲氏至甲乙○正義曰。羲氏和氏。世掌天地四時之官。堯典所言。是其事也。羲和。是重黎之後。楚語稱堯育重黎之後。使典天地。以至于夏商。是自唐虞至三代。世職不絶。故此時羲和仍掌時日。以太康逸豫。臣亦縱弛。此承太康之後。於今仍亦懈惰。沈湎于酒。過差非度。廢天時。亂甲乙。是其罪也。經云。酒荒于厥邑。惟言荒酒。不言好色。故訓淫爲過。言耽酒爲過差也。聖人作曆數以紀天時。不存曆數。是廢天時也。日以甲乙爲紀。不知日食。是亂甲乙也。○傳奉辭伐罪○正義曰。奉責讓之辭。伐不恭之罪。名之曰征。征者。正也。伐之以正其罪。

惟仲康肇位四海。傳羿廢太康。而立其弟仲康爲天子。○肇。音兆。**胤侯命掌六師。**傳仲康命胤侯掌王六師爲大司馬。**羲和廢厥職。酒荒于厥邑。**傳舍其職官。還其私邑以酒迷亂。不修其業。○舍。音捨。**胤后承王命徂征。**傳徂。往也。就其私邑往討之。

疏惟仲康至徂征○正義曰。惟仲康始即王位。臨四海。

亂國之侯，受王命爲大司馬，掌六師，於是有羲氏和氏廢其所掌之職，縱酒荒迷，亂于私邑，亂國之君，承王命往征之。○傳羿廢至天子。○正義曰：以羿距太康於河，於時必廢之也。夏本紀云：太康崩，弟仲康立。襄四年左傳云：羿因夏民以代夏政。則羿於其後篡天子之位，仲康不能殺羿，必是羿握其權，知仲康之立，是羿立之矣。故云羿廢太康而立其弟仲康爲太子。計五子之歌，仲康當是其一，仲康必賢於太康，但形勢既衰，政由羿耳。羿在夏世，爲一代大賊，左傳稱羿既篡位，寒浞殺之，羿滅夏后相，相子少康始滅浞復夏政。計羿浞相承，向有百載，爲夏亂甚矣。而夏本紀云：太康崩，其弟仲康立，仲康崩，子相立，相崩，子少康立，都不言羿浞之事，是馬遷之說疏矣。

告于衆曰：嗟予有衆。傳誓勑之。

聖有謨訓，明徵定保。傳徵，證；保，安也。聖人所謀之教訓，爲世明證，所以定國安家。

先王克謹天戒，臣人克

有常憲。傳言君能慎戒臣能奉有常法。百官修輔厥后惟明明。傳修職輔君。君臣俱明。每歲孟春遒人以木鐸徇于路。傳遒人宣令之官。木鐸金鈴木舌。所以振文教。○遒在由反。鐸待洛反。鈴音令。官師相規工執藝事以諫。傳官衆。衆官更相規闕。百工各執其所治技藝以諫。諫失常。○藝本又作埶。更。音庚。技其綺反。其或不恭邦有常刑。傳言百官廢職。服大刑。疏告于至常刑。○正義曰。胤侯將征羲和。告于所部之衆曰。嗟乎。我所有之衆人。聖人有謨之訓。所以爲世之明證。可以定國安家。其所謀者。言先王能謹慎敬畏天戒。臣人者能奉先王常法。百官修常職輔其君。君臣相與如是。則君臣俱明。惟爲明君明臣。言臣當謹慎以畏天。臣當守職以輔君也。先王恐其不然。大開諫爭之路。每歲孟春。遒人之官以木鐸徇于道路。以號令臣下。使在官之衆更相規闕。百工雖賤。令執其藝能之事。以諫上之失常。其有違諫不恭謹者。國家則有常刑。○傳徵證至安家。○正義曰。成八年左傳稱晉殺趙括。欒郤爲徵。徵是證驗之義。故爲證也。能自保守。是安定之義。故爲安也。聖人將爲教訓。必謀而後行。故言所謀之教訓。聖人之言。必有其驗。故爲世之明證。用聖人之謨訓。必有成功。故所以定國安家。○傳言君至常法。○正義曰。王者代天理官。故稱天戒。臣人奉主法令。故言常憲。君當奉天。臣當奉君。言君能戒慎天戒也。臣能奉有常法。奉行君法也。此謂大臣。下云百官修輔。謂衆臣。○傳遒人至文教。○正義曰。以執木鐸徇於路。是宣令之事。故言宣令之官。周禮無此官。惟小宰云正歲帥理官之屬。而觀治象之法。徇以木鐸曰。不用法者。國有常刑。宣令之事略與此同。此似別置其官。非如周之小宰。名曰遒人。不知其意。蓋訓遒爲聚。聚人而令之。故以爲名也。禮有金鐸木鐸。

鐸是鈴也。其體以金爲之，明舌有金木之異，知木鐸是木舌也。周禮教鼓人以金鐸通鼓，大司馬教振旅，兩司馬執鐸，明堂位云「振木鐸於朝」，是武事振金鐸，文事振木鐸。今云木鐸，故云「所以振文教也」。○傳「官衆至失常」○正義曰：相規，相平等之辭，故官衆謂衆官。相規，謂更相規闕，平等有闕，已尚相規，見上之過，諫之必矣。百工各執其所治技藝以諫，謂被遣作器，工有奢儉，若月令云「無作淫巧以蕩上心」，見其淫巧不正，當執之以諫，諫失常也。百工之職，猶令進諫，則百工以上，不得不諫矣。○傳言「百至大刑」○正義曰：百官廢職，服大刑，明堂位文也。顧氏云：「百官衆臣，其有廢職懈怠，不恭謹者，國家當有常刑。」

惟時羲和顛覆厥德，傳顛覆言反倒，將陳羲和所犯，故先舉孟春之令，犯令之誅。○覆，芳服反。倒，丁老反。**沈亂于酒，畔官離次，**傳沈謂醉冥，失次位也。○離，如字，又力智反。冥，莫定反，又亡丁反。**俶**

擾天紀，遐棄厥司。傳俶始擾亂遐遠也紀謂時日司所主也○俶本又作倂亦作叔同尺六反擾而小反乃季秋月朔辰弗集于房。傳辰日月所會房所舍之次集合也不合即日食可知瞽奏鼓嗇夫馳庶人走。傳凡日食天子伐鼓於社責上公瞽樂官樂官進鼓則伐之嗇夫主幣之官馳取幣禮天神衆人走供救日食之百役也○嗇音色馳車馬曰馳走步曰走供音恭羲和尸厥官罔聞知。傳主其官而無聞知於日食之變異所以罪重昏迷于天象以干先王之誅。傳闇錯天象言昏亂之甚干犯也政典曰先時者殺無赦。【傳】政典夏后爲政之典籍。若周官六卿之治典。先時謂曆象之法。四時節氣弦望晦朔。先天時則罪死無赦。○先悉薦反又如字註先時先天同。放亦作赦。治直吏反。不及時者殺無赦。【傳】不及謂曆象後天時雖治其官。苟有先後之差。則無赦。况廢官乎。○後胡豆反。【疏】惟時至無赦。○正義曰。言不諫尚有刑。廢職懈怠。是爲大罪。惟是羲和顛倒其奉上之德。而沈沒昏亂於酒。違叛其所掌之官。離其所居位次。始亂天之紀綱。遠棄所主之事。乃季秋九月之朔。日月當合於辰。其日之辰。日月不合於舍。不得合辰。謂日被月食。日有食之。禮有救日之法。於時瞽人樂官進鼓而擊之。嗇夫馳騁而取幣以禮天神。庶人奔走供救日食之百役。此爲災異之大。羣官促遽若此。羲和主其官而不聞知日食。是大罪也。此羲和昏闇迷錯於天象。以犯先王之誅。此罪不可赦也。故先王爲政之典。曰主曆之官。爲曆之法。節氣先天時者殺無赦。不及時者殺無赦。失前失後。尚猶合殺。況乎不知日食。其罪不可赦也。況彼罪之大。言已所以征也。○傳顛覆至之誅。○正義曰。顛覆。言反倒。謂人反倒也。人當竪立。今乃反倒。猶臣當事君。今乃廢職。似人之反倒然。言臣以事君爲德。故言顛覆厥德。胤侯將陳羲和之罪。故先舉孟春之令。犯令之誅。舉輕以見重。小事犯令。猶有常刑。況叛官離次。爲大罪乎。○傳沈謂至次位。○正義曰。沒水謂之沈。大醉冥然無所復知。猶沈水然。故謂醉爲沈。○傳俶始至所主。○正義曰。俶。始。遐。遠。皆釋詁文。擾謂煩亂。故爲亂也。洪範五紀。五曰曆數。曆數所以紀天時。此言天紀。謂時日。此時日之事。是羲和所司。言棄其所主。○傳辰日至可知。○正義曰。昭七年左傳曰。晉侯問於士文伯曰。何謂辰。對曰。日月之會。是謂辰。是辰爲日月之會。日月俱右行於天。日行遲。月行疾。日每日行一度。月日行十三度十九分度之七。計二十九日過半。月已

行天一周。又逐及日而與日聚會。謂此聚會爲辰。一
歲十二會。故爲十二辰。卽子丑寅卯之屬是也。房謂
室之房也。故爲所舍之次。計九月之朔日月當會於
大火之次。釋言云。集會也。會卽是合。故爲合也。日月
當聚會共舍。今言日月不合於舍。則是日食可知也。
日食者。月掩之也。月體掩日。日被月映卽不成共處。
故以不集言日食也。或以爲房謂房星。九月日月會
于大火之次。房星共爲大火。言辰在房星。事有似矣。
知不然者。以集是止舍之處。言其不集於舍。故得以
表日食。若言不集於房星。似太遲太疾。惟可見曆錯。
不得以表日食也。且日之所在。星宿不見。正可推算
以知之。非能舉目見之。君子愼疑。寧當以日在之宿
爲文。以此知其必非房星也。○傳凡日至百役。○正
義曰。文十五年左傳云。日有食之。天子不舉。伐鼓于
社。諸侯用幣于社。伐鼓于朝。杜預以爲伐鼓于社。責
羣陰也。此傳言責上公者。郊特牲云。社祭土而主陰
氣也。君南鄉北牖下。答陰之義也。是言社主陰也。日
食陰侵陽。故杜預以爲責羣陰也。昭二十九年左傳

云。封爲上公。祀爲貴神。社稷五祀。是尊是奉。是社祭
句龍爲上公之神也。日食。臣侵君之象。故傳以爲責
上公。亦當羣陰上公並責之也。周禮瞽矇之官掌作
樂。瞽爲樂官。樂官用無目之人。以其無目。於音聲審
也。詩云奏鼓簡簡。謂伐鼓爲奏鼓。知樂官進鼓則伐
之。周禮太僕軍旅田役贊王鼓救日月亦如之。鄭玄
云王通鼓。佐擊其餘面。則救日之時王或親鼓。莊二
十五年穀梁傳曰。天子救日。置五麾陳五兵五鼓陳。
既多。皆樂人伐之。周禮無嗇夫之官。禮云嗇夫承命
告于天子。鄭玄云。嗇夫蓋司空之屬也。嗇夫主幣。禮
無其文。此云嗇夫馳。必馳走有所取也。左傳云諸侯
用幣。則天子亦當有用幣之處。嗇夫必是主幣之官。
馳取幣也。社神尊於諸侯。故諸侯用幣於社以請救。
天子伐鼓于社。必不用幣。知嗇夫馳取幣禮天神。庶
人走。蓋是庶人在官者。謂諸侯胥徒也。其走必有事。
知爲供救日食之百役也。曾子問云。諸侯從天子救
日食。各以方色與其兵。周禮庭氏云救日之弓矢。是
救日必有多役。庶人走供之。鄭注庭氏云。以救日爲

太陽之弓。救月爲太陰之弓。救日以枉矢。救月以恆矢。其鼓則蓋用祭天之雷鼓也。昭十七年夏六月甲戌朔。日有食之。左傳云。季平子曰。惟正月朔慝未作。日有食之。於是乎有伐鼓用幣。禮也。其餘則否。太史曰。在此月也。當夏四月。是謂孟夏。如彼傳文。惟夏四月有伐鼓用幣禮。餘月則不然。此以九月日食亦奏鼓用幣者。顧氏云。夏禮異於周禮也。○傳政典至無赦○正義曰。胤侯夏之卿士。引政典而不言古典則當時之書。知是夏后爲政之典籍也。周禮大宰掌建邦之六典。以佐王治邦國。一曰治典。二曰教典。三曰禮典。四曰政典。五曰刑典。六曰事典。若周官六卿之治典。謂此也。先時不及者。謂此曆象之法。四時節氣。弦望晦朔。不得先天時。不得後天時。四時時各九十日有餘。分爲八節。節各四十五日有餘也。節氣者。周天三百六十五日四分日之一。四時分之。均分爲十二月。則月各得三十日十六分日之七。以初爲節氣半爲中氣。故一歲有二十四氣也。計十二月。每月二十九日彊半也。以月初爲朔。月盡爲晦。當月之中。日月相望。故以月半爲望。望去晦朔。皆不滿十五日也。又半此望去晦朔之數。名之曰弦。弦者。言其月光正半如引弦也。晦者。月盡無月。言其闇也。朔者。蘇也。言月死而更蘇也。先天時者。所名之日。在天時之先。假令天之正時。當以甲子爲朔。今曆乃以癸亥爲朔。是造曆先天時也。若以乙丑爲朔。是造曆後天時也。後即是不及是也。其氣望等皆亦如此。**今予以爾有衆奉將天罰。**傳 將。行也。奉王命。行王誅。謂殺湎淫之身。立其賢子弟。**爾衆士同力王室。尚弼予欽承天子威命。**傳 以天子威命。督其士衆使用命。**火炎崐岡。玉石俱焚。**傳 山脊曰岡。崐山出玉。言火逸而害玉。○崐音昆。**天吏逸德。烈于猛火。**傳 逸。過也。天王之吏。爲過惡之德。其傷害天下。甚於火之害玉。猛火烈矣。又烈於火。**殲厥渠魁。脅從罔治。**

〔傳〕殲。滅。渠。大。魁。帥也。指謂羲和罪人之身。其脅從距王師者皆無治。○殲。子廉反。魁。苦回反。脅。虛業反。帥。色類反。**舊染汙俗咸與惟新。**

〔傳〕言其餘人久染汙俗。本無惡心。皆與更新。一無所問。○汙。烏故反。汙辱之汙。又音烏。涴泥著物也。一音烏臥反。**嗚呼。威克厥愛允濟。**

〔傳〕歎能以威勝所愛。則必有成功。**愛克厥威。允罔功。**

〔傳〕以愛勝威。無以濟衆。信無功。**其爾衆士懋戒哉。**

〔傳〕言當勉以用命。戒以辟戮。○懋音茂。辟音避。

〔疏〕今予至戒哉。○正義曰。羲和所犯如上。故今我用汝所有之衆。奉王命。行天罰。汝等衆士當同心盡力於王室。庶幾輔我敬承天子之命。使我伐必克之。又恐兵威所及。濫殺無辜。故假喻以戒之。火炎崑山之岡。玉石俱被焚燒。天王之吏。爲過惡之德。則酷烈甚於猛火。宜誅惡存善。不得濫殺。滅其爲惡大帥。罪止羲和之身。其被迫脅而從距王師者。皆無治責其罪。久染汙穢之俗。本無惡心。皆與惟德更新。一無所問。又言將軍之法。必有殺戮。嗚呼。重其事。故歎而言之。將軍威嚴能勝其愛心。有罪者雖愛必誅。信有成功。若愛心勝其威嚴。親愛者有罪不殺。信無功矣。言我雖愛汝。有罪必殺。其汝衆士。宜勉力以戒愼哉。勿違我命以取殺也。○傳將行至子弟。○正義曰。將之爲行。常訓也。天欲加罪。王者順天之罰。則王誅也。奉王命。行王誅。謂殺淫湎之身。羲和之罪。不及其嗣。故知殺其身。立其賢子弟。楚語云。重黎之後。世掌天地四時之官。至于夏商。則此不滅其族。故傳言此也。○傳山脊至害玉○正義曰。釋山云。山脊曰岡。孫炎曰。長山之脊也。以崑山出玉。言火逸害玉。喻誅惡害善也。○傳逸過至於火○正義曰。逸。卽佚也。佚是淫縱之名。故爲過也。

天王之吏，言位貴而威高，乘貴勢而逞毒心，或眦睚而害良善，故爲過惡之德。其傷害天下，甚於火之害玉。猛火爲烈甚矣，又復烈之於火，言其害之深也。○

傳 殲滅至無治○正義曰：殲，盡也。釋詁文。舍人曰：殲，衆之盡也。衆皆死盡爲滅也。渠，大；魁，帥。無正訓。以上殲厥渠魁謂滅其元首，故以渠爲大，魁爲帥。史傳因此謂賊之首領爲渠帥，本原出於此。

自契至于成湯八遷。 傳 十四世，凡八徙國都。○契，息列反。殷之始祖。八遷之書，史唯見四。

湯始居亳，從先王居。 傳 契父帝嚳都亳，湯自商丘遷焉，故曰從先王居。○亳，旁各反，徐扶各反。嚳，苦毒反。

作帝告、釐沃。 傳 告來居，治沃土，二篇皆亡。○告，工毒反。釐，力之反。沃，徐烏酷反。此五亡篇，舊解是夏書，馬、鄭之徒以爲商書，兩義並通。

疏 自契至釐沃○正義曰：自此已

下。皆商書也。序本别卷。與經不連。孔以經序宜相附近。引之各冠其篇首。此篇經亡序存。文無所託。不可以無經之序爲卷之首。本書在此。故附此卷之末。契是商之始祖。故遠本之。自契至于成湯。凡八遷都。至湯始往居亳。從其先王帝嚳舊居。當時湯有言告。史序其事。作帝告釐沃二篇。○傳十四至國都○正義曰。周語曰。玄王勤商。十四世而興。玄王謂契也。勤殖功業。十四世。至湯而興。爲天子也。殷本紀云。契生昭明。昭明卒。子相土立。相土卒。子昌若立。昌若卒。子曹圉立。曹圉卒。子冥立。冥卒。子振立。振卒。子微立。微卒。子報丁立。報丁卒。子報乙立。報乙卒。子報丙立。報丙卒。子主壬立。主壬卒。子主癸立。主癸卒。子天乙立。天乙是爲成湯。是也。契至成湯十四世。凡八遷國都者。商頌云。帝立子生商。是契居商也。世本云。昭明居砥石。左傳稱相土居商丘。及今湯居亳。事見經傳者有此四遷。其餘四遷。未詳聞也。鄭玄云。契本封商。國在太華之陽。皇甫謐云。今上洛商是也。襄九年左傳云。陶唐氏之火正閼伯居商丘。相土因之。杜預云。今梁國睢陽宋都是也。其砥石先儒無言。不知所在。自契至湯。諸侯之國而得數遷都者。蓋以時王命之使遷。至湯乃以商爲天下號。則都雖數遷商名不改。今湯遷亳。乃作此篇。若是諸侯遷都。則不得史錄其事。以爲商書之首。文在湯征諸侯伊尹去亳之上。是湯將欲爲王時事。史以商有天下。乃追錄初興幷湯征與汝鳩汝方。皆是伐桀前事。後追錄之也。○傳契父至王居。○正義曰。先王。天子也。自契已下。皆是諸侯。且文稱契至湯。今云從先王居者。必從契之先世天子所居也。世本本紀皆云契是帝嚳子。知先王是契父帝嚳。帝嚳本居亳。今湯往從之。嚳實帝也。言先王者。對文論優劣。則有皇與帝及王之別。散文則雖皇與帝皆得言王也。故禮運云。昔者先王未有宮室。乃謂上皇爲王。是其類也。孔言湯自商丘遷焉。以相土之居商丘。其文見於左傳。因之言自商丘徙耳。此言不必然也。何則。相土。契之孫也。自契至湯凡八遷。若相土至湯都遂不改。豈契至相土三世而七遷也。相土至湯必更遷都。但不知湯從何地而遷亳耳。必不從

萬曆十五年刊　二十

商丘遷也。鄭玄云。亳今河南偃師縣有湯亭。漢書音義臣瓚者云。湯居亳。今濟陰亳縣是也。今亳有湯冢。巳氏有伊尹冢。杜預云。梁國蒙縣北有亳城。城中有成湯冢。其西又有伊尹冢。皇甫謐云。孟子稱湯居亳。與葛爲隣。葛伯不祀。湯使亳衆爲之耕。葛。即今梁國寧陵之葛鄉也。若湯居偃師。去寧陵八百餘里。豈當使民爲之耕乎。亳今梁國穀熟縣是也。諸說不同。未知孰是。○傳告來至皆亡○正義曰。經文既亡。其義難明。孔以意言耳。所言帝告。不知告誰。序言從先王居。或當告帝嚳也。

湯征諸侯。傳爲夏方伯。得專征伐。**葛伯不祀。湯始征之。**傳葛國。伯爵也。廢其土地山川及宗廟神祇皆不祀。湯始伐之。伐始於葛。○祇巨支反。疏傳葛國至於葛○正義曰。序言湯征諸侯。知其人是葛國之君。伯爵。直云不祀。文無指斥。王制云。山川神祇有不擧者爲不敬。不敬者。君削以地。宗廟有不順者爲不孝。不孝者。君黜以爵。是言不祀必廢其土地山川之神祇及宗廟皆不祀。故湯始征之。湯伐諸侯。伐始於葛。仲虺之誥云。初征自葛是也。孟子云湯居亳。與葛爲隣。葛伯不祀。湯使人問之。曰何爲不祀。曰無以供犧牲也。湯使遺之牛羊。葛伯食之。又不祀。湯又使人問之。曰何爲不祀。曰無以供粢盛也。湯使亳衆往爲之耕。老弱饋食。葛伯率其人。要其酒食黍稻者刼而奪之。不授者殺之。有童子以黍肉餉。殺而奪之。書曰葛伯仇餉。此之謂也。是説伐始於葛之事也。

作湯征　傳　述始征之義也。亡

伊尹去亳適夏　傳　伊尹。字氏。湯進於桀。疏　傳伊尹至於桀。○正義曰。伊氏尹字。故云字氏。倒文以曉人也。伊尹不得叛湯。知湯貢之於桀。必貢之者。湯欲以誠輔桀。冀其用賢以治。不可匡輔。乃始伐之。此時未有伐桀之意。故貢伊尹使輔之。孫武兵書反間篇曰。商之興也。伊尹在夏。周之興也。呂牙在殷。言使之爲反間也。與此說殊。**既醜有夏。復歸于亳。**〔傳〕醜惡其政。不能用賢。故退還。○復。扶又反。**入自北門。乃遇汝鳩汝方。**〔傳〕鳩方二人。湯之賢臣。不期而會曰遇。〔疏〕〔傳〕鳩方至曰遇。○正義曰。伊尹與之言。知是賢臣也。不期而會曰遇。隱八年穀梁傳文也。**作汝鳩汝方。**〔傳〕言所以醜夏而還之意。二篇皆亡。

尚書註疏卷第七

尚書注疏彙校卷七

甘誓第二

一葉五行經　甘誓第二　「二」，魏、十、永作「三」。

一葉六行注　夏啓嗣禹位。「嗣」，八作「嗣」。「位」，八、平作「立」。○山井鼎《考文》：夏啓嗣禹位。〔古本〕「位」作「立」。宋板同。○浦鏜《正字》：夏啓嗣禹立。「立」誤「位」。○盧文弨《拾補》：夏啓嗣禹立。「立」，毛本作「位」，古、宋本竝作「立」，與疏合。當據改。○阮元《校記甲》：夏啓嗣禹位。「位」，古本、宋板俱作「立」。與疏同。阮元《校記乙》同。

一葉七行釋文　啓。禹子。「啓」，平作「啓」。

一葉七行釋文　馬云姒姓之國。「姒」，王、十、永作「似」。

一葉十二行疏　故伐之。○浦鏜《正字》：有扈氏不服，啟伐之。「啟」誤「故」。○阮元《校記甲》：故伐之。浦鏜云：「啟」誤「故」。阮元《校記乙》同。○《定本校記》：故伐之。浦氏云：「故」當作「啟」。

一葉十三行疏　見其由嗣立。「嗣」，八作「嗣」。

一葉十四行注　甘。有扈郊地名。　○《定本校記》：甘，有扈郊地名。燉煌本、九條本、内野本無「名」字。

一葉十四行注　將戰先誓。　○山井鼎《考文》：將戰先誓。〔古本〕下有「也」字。「王者相承所取法」下同。

一葉十五行疏　其王曰已下。　「王」，十作「王」。「已」，薈作「以」。○殿本《考證》：其王曰以下皆是誓之辭也。「王曰」，監本訛「至國」，從古本改正。○阮元《校記甲》：其王曰已下。「曰」，監本誤作「國」。

一葉十六行疏　禮將祭而號令齊百官。　「官」，十作「宮」。

一葉十六行疏　周禮大宰云。　「大」，平、薈作「太」。

一葉十六行疏　祀五帝。則掌百官之誓戒。　「祀」，八作「祠」。○《定本校記》：祀五帝，則掌百官之誓戒。「祀」，〔足利〕八行本誤作「祠」。

一葉十七行疏　明堂云。所謂各揚其職。　「云」，單、八、魏、平作「位」。○山井鼎《考文》：明堂云所謂。宋板「云」作「位」。○浦鏜《正字》：明堂位，所謂各揚其職。「位」誤「云」。○盧文弨《拾補》：明堂位，所謂各揚其職。毛本「位」作「云」。「云」當作「位」。○阮元《校記甲》：明堂云。「云」，宋板作「位」，是也。○阮元《校記乙》：明堂云。毛本同。宋本

「云」作「位」。案：「位」字是也。

二葉一行疏　鄠扈音同。　「鄠」，十作「鄂」。

二葉二行疏　未知何故改也。　「故」，單、八、魏、平、要、毛、殿、庫作「時」。○殿本《考證》：未知何時改也。「時」，〔監本〕訛「故」，從毛本改正。○浦鏜《正字》：鄠扈音同，未知何時改也。「時」，監本誤「故」。○阮元《校記甲》：未知何時改也。「時」，十行、閩、監俱誤作「故」。○阮元《校記乙》：未知何故改也。閩本、明監本同。毛本「故」作「時」。案：「時」字是也。

二葉四行疏　泰誓不言武誓者。　「泰」，永作「秦」。

二葉四行疏　泰誓未戰而誓。　「泰」，永作「秦」。

二葉五行疏　秦誓自悔而誓。　「秦」，單、要作「泰」。○《定本校記》：秦誓自悔而誓。「秦」，單疏本誤作「泰」。

二葉六行釋文　將。子匠反。　「將」上平有「其」字。

二葉七行注　各有軍士。　「士」，八、李、王、纂、魏、平、岳、十、永、毛、殿、庫、阮作「事」。○《殿本考證》：各有軍事。「軍事」，監本訛「軍士」。據疏改正。○岳本《考證》：各有軍事。「軍事」，監本及永懷堂本作「軍士」，訛。○阮元《校記甲》：各有軍事。「事」，閩、監、葛本俱誤作「士」。

二葉八行經　有扈氏威侮五行。　○山井鼎《考文》：威侮五行。〔古本〕「威」作「畏」。○盧文弨《拾補》：有扈氏威侮五行。「扈」，古文「𡵨」。「威」，古本「畏」。○阮元《校記甲》：有扈氏威侮五行。「威」，古本作「畏」。阮元《校記乙》同。

二葉八行經　怠棄三正。　○阮元《校記甲》：怠棄三正。「棄」，唐石經作「弃」。後並同。阮元《校記乙》同。

二葉八行注　王者相承所取法。　○盧文弨《拾補》：王者相承所取法也。「也」，毛本無，古本有。當據補。

二葉九行注　恃親而不恭。　「恃」，毛作「侍」。○山井鼎《考文》：侍親而不恭。[正誤]「侍」當作「恃」。物觀《補遺》：古本、宋板「侍」作「恃」。○浦鏜《正字》：有扈與夏同姓，恃親而不恭。「恃」，毛本誤「侍」。○盧文弨《拾補》：恃親而不恭。毛本「恃」作「侍」。「侍」當作「恃」。○阮元《校記甲》：侍親而不恭。「侍」，古本、岳本、葛本、宋板、十行、閩、監、纂傳俱作「恃」。按：正義作「恃」。

二葉十行注　言亂常。　○山井鼎《考文》：「言亂常」下、「欲截絶之」下、「治其職」下，〔古本〕並有「也」字。

二葉十行釋文　侮。亡甫反。　「反」，毛作「及」。○浦鏜《正字》：侮，亡甫切。「切」，毛本誤「及」。

二葉十一行經　天用劋絶其命。　「劋」，各本作「勦」。下注、疏、釋文同。○浦鏜《正字》：天用劋絶其命。「劋」，毛本誤「勦」。案：毛氏居正云：劋絶之劋，從刀，音子六切，截也。從力者，音尺交切，攬取也。曲禮毋勦説是也。○盧文弨《拾補》：天用劋絶其命。「劋」，毛云：从巢从刀。與勦説从力者不同。

二葉十一行注　用其失道。故劋截也。　○物觀《補遺》：用其失道故。〔古本〕下有「也」字。○阮元《校記甲》：用其失道故。「故」下古本有「也」字。阮元《校記乙》同。

二葉十二行釋文　劋。子六反。玉篇子小反。馬本作巢。　「玉」，平作「王」。「馬」下纂無「本」字。○阮元《校記甲》：勦，子六反，馬本作巢。段玉裁云：「勦」，本作「剿」。「巢」，本作「剿」。今本爲開寶中改。

二葉十三行經　左不攻于左。汝不恭命。　○山井鼎《考文》：左不攻于左，汝不恭命。〔古本〕「不」作「弗」。下皆同。○盧文弨《拾補》：左不攻于左，汝不恭命。上「不」字古本作「弗」。下皆同。

二葉十四行注　左方主射。「主」，平作「王」。

二葉十四行注　攻。治也。「攻治」，十、永、閩、阮作「絶之」。○阮元《校記甲》：攻，治也。十行、閩、葛俱誤作「絶之也」。○阮元《校記乙》：絶之也。閩本、葛本同。岳本、毛本「絶之」作「攻治」。

二葉十五行注　右。車右。勇力之士。執戈矛以退敵。「敵」，八作「敵」。○物觀《補遺》：以退敵。〔古本〕「以」上有「爲」字。○盧文弨《拾補》：執戈矛以退敵。「矛」下古本有「爲」字。○阮元《校記甲》：執戈矛以退敵。「以」字上古本有「爲」字。阮元《校記乙》同。○《定本校記》：右，車右，勇力之士，執戈矛以退敵。此十三字，九條本、内野本無。燉煌本「執」上有「主」字。

二葉十六行注　御以正馬爲政。○山井鼎《考文》：御以正馬爲政。〔古本〕下有「者也」二字。○盧文弨《拾補》：御以正馬爲政者也。「者也」二字毛本無，古本有。當據補。○阮元《校記甲》：御以正馬爲政。「政」下古本有「者也」二字。阮元《校記乙》同。

二葉十七行注　三者有失。「失」，李作「夫」。

二葉十七行注　皆不奉我命。「奉」，閩作「奉」。○山井鼎《考文》：皆不奉我命。〔古本〕下有「也」字。「示不專」下、「嚴社之義」下並同。

二葉十八行注　有功則賞祖主前。示不專。　○盧文弨《拾補》：有功則賞祖主前，示不專也。「也」，毛本脱，古本有。史記集解同，又「則」作「即」。○阮元《校記甲》：有功則賞祖主前。「則」，史記集解作「即」。阮元《校記乙》同。

三葉一行經　弗用命。戮于社。　○汪文臺《識語》：弗用命，戮于社。補：毛本、葛本同。蔡氏書傳「弗」作「不」。

三葉二行注　則戮之於社主前。　「於」，毛作「于」。「主」，永作「王」。

三葉三行注　親祖嚴社之義。　○阮元《校記甲》：親祖嚴社之義。「義」，纂傳作「意」。阮元《校記乙》同。

三葉四行注　非但止汝身。　○《定本校記》：非但止汝身。燉煌本、九條本無「汝」字。

三葉四行注　言恥累也。　○盧文弨《拾補》：言恥累也。「也」，史記集解作「之」，是。○阮元《校記甲》：言耻累也。「也」，史記集解作「之」。阮元《校記乙》同。○《定本校記》：言恥累也。燉煌本、九條本「累」下有「之」字。

三葉四行釋文　孥。音奴。　○物觀《補遺》：孥音奴。〔經典釋文〕「奴」下平有「子也」二字。「奴」下有「子也」二字。

三葉五行疏　正義曰。史官自先敘其事。　「正義」，薈作「史官」。

三葉五行疏　啓與有扈大戰于甘之野。　「于」，庫作「於」。

三葉七行疏　故我今惟奉行天之威罰。　「奉」，閩作「奉」。

三葉十二行疏　經言大戰者。　「大」，平作「天」。

三葉十五行疏　步卒亦在其間。　「間」，單、平、殿、作「閒」。

三葉十五行疏　爲摠呼之辭。　「摠」，要作「総」，毛、殿、庫作「總」。

三葉十六行疏　五行至亂常。　「常」，十、永、阮作「帝」。○阮元《校記甲》：傳五行至亂常。「常」，十行本誤作「帝」。○阮元《校記乙》：傳五行至亂帝。案：「帝」當作「常」，形近之譌，傳文可證。

三葉十六行疏　大史謁於天子曰。某日立春。　「大」，單、八、魏、十、永、閩、毛、阮作「太」。○浦鏜《正字》：太史謁於天子曰：某日立春。「於」，禮記作「之」。○盧文弨《拾補》：太史謁於天子曰：某日立春。「於」，〔月令〕本作「之」。

四葉三行疏　人生天地之間。　「間」，單、平、殿、薈作「閒」。

四葉五行疏　楚語云昭王使觀射父傳大子。　「傳」，魏、永作「傳」。「大」，單、八、魏、平、要、十、永、閩、阮作「太」。○浦鏜《正字》：昭王使觀射父傳太子。案：國語作「莊王使士亹傳太子」。○盧文弨《拾補》：昭王使觀射父傅太子。浦云：國語是「莊王使士亹傅太子」。

四葉五行疏　夏有觀扈。周有管蔡。　○浦鏜《正字》：夏有觀扈，周有管蔡。案：「夏有觀扈」，左傳昭元年文也。今楚語作「啓有五觀，文王有管蔡」。○盧文弨《拾補》：夏有觀扈，周有管蔡。浦云：「夏有觀扈」，左傳昭元年文也。楚語作「啓有五觀，文王有管蔡」。

四葉六行疏　則爲啓之兄弟。　「兄」，八作「見」。○山井鼎《考文》：則爲啓之兄弟。〔宋板〕「兄」作「見」。○阮元《校記甲》：則爲啓之兄弟。「兄」，宋板作「見」，誤。○《定本校記》：則爲啓之兄弟。「兄」，〔足利〕八行本誤作「見」。

四葉六行疏　知此者。　「知」，單、八、魏、平、十、永、閩、阮作「如」。○阮元《校記甲》：知此者，蓋禹未賜姓之前。「知」，十行、閩本俱作「如」。○阮元《校記乙》：如此者，蓋禹未賜姓之前。閩本同。毛本「如」作「知」。案：「知」字是也。

四葉九行疏　諸侯討有罪。　○阮元《校記甲》：諸侯討有罪。「討」，纂傳作「伐」。

四葉十二行疏　右入壘。　「右」，要作「左」。

四葉十三行疏　折馘執俘而還是左方主射右主擊刺而御居中也。　「刺」，單、八、平、十、永、閩、庫作「剌」。

四葉十三行疏　以戰主殺敵。「敵」，八作「敵」。

四葉十五行疏　晉解張御郤克。「郤」，平、要作「郤」。

四葉十五行疏　郤克傷於矢。「郤」，平、要作「郤」。

四葉十六行疏　豈敢言病。「言」，庫作「曰」。

四葉十六行疏　郤克傷於矢而鼓音未絶。「郤」，平、要作「郤」。

四葉十七行疏　是御在左而將居中也。「在左」，永作「左右」。

四葉十八行疏　右當擊刺。「刺」，單、八、平、要、十、永、閩、庫作「刺」。

五葉一行疏　兩驂如手。「驂」，魏作「驂」。

五葉一行疏　言皆不奉我命。「奉」，閩作「奉」。

五葉二行疏　以御在後故摠解之。「摠」，毛、殿、庫作「總」。

五葉三行疏　巡守尚然。「巡」，阮作「恐」。

五葉四行疏　厭。伏冠也。「伏」，單作「伏」。

五葉八行疏　其徧敘諸勳。「勳」，平作「勳」。

五葉八行疏　孥子至恥累也。「至」下單、八、魏、平無「恥」字。

五葉九行疏　正義曰詩云樂爾妻孥。○浦鏜《正字》：樂爾妻孥。「孥」，詩作「帑」，讀奴。

五葉九行疏　對妻别文。「文」，平作「之」。

五葉九行疏　予則孥戮汝。「予」，平作「子」。

五葉九行疏　傳曰古之用刑。「古」，單作「占」。

五子之歌第三

五葉十四行注　不得反國。○山井鼎《考文》：不得反國。〔古本〕下有「也」字。「故作歌」下、「因以名篇」下、「逸豫不勤」下並同。

五葉十四行經　須于洛汭。○阮元《校記甲》：須于洛汭。陸氏曰：汭，如鋭反。本又作「内」，音同。

五葉十五行注　待太康於洛水之北。○阮元《校記甲》：待太康於洛水之北。葛本脱「於」字。

五葉十五行釋文　五子名字。「五」上平有「五人」二字。

五葉十六行釋文　于。馬云止也。「于」，王、纂、魏、平、殿、庫、阮作「須」。「于」上毛有

「須」字。○阮元《校記甲》：須，馬云止也。「須」下毛本有「于」字。十行本「須」字空，亦有「于」字。

五葉十七行疏　其未失國之前。「未」，單作「末」。

五葉十七行疏　畋于洛水之表。「于」，庫作「於」。

五葉十八行疏　與其母待太康于洛水之北。「于」，庫作「於」。

六葉三行注　啓之五子。因以名篇。○浦鏜《正字》：啓之五子，因以名篇。「因」，毛本誤「囚」。

六葉四行疏　每章各是一人之作。辭相連接。「辭」上單、八有「而」字。○山井鼎《考文》：辭相連接。宋板「辭」上有「而」字。○盧文弨《拾補》：每章各是一人之作，而辭相連接。「而」，毛本脱。○阮元《校記甲》：辭相連接。「辭」上宋板有「而」字。

六葉五行疏　初言皇祖有訓。未必則指怨太康。○浦鏜《正字》：初言皇祖有訓，未必則指怨太康。「則」，疑「即」字誤。○盧文弨《拾補》：未必則指怨太康。「則」，作「卽」，通。

六葉七行疏　以其述祖之訓。「述」，十、永、阮作「迷」。○阮元《校記甲》：以其述祖之訓。「述」，十行本誤作「迷」。○阮元《校記乙》：以其迷祖之訓。閩本、明監本、毛本「迷」作「述」。案：「述」字是也。○張鈞衡《校記》：以其迷祖之訓。阮本同。案：當作「述」。

六葉八行經　太康尸位以逸豫。　「太」，李作「大」。○阮元《校記甲》：太康尸位以逸豫。陸氏曰：「逸」本又作「佾」。「豫」本又作「忬」。

六葉九行釋文　豫。本又作忬。音同。　「又」，平、殿作「或」。「忬」上毛有「豫」字。○山井鼎《考文》：豫，本又作豫忬，音同。經典釋文無下「豫」字。○浦鏜《正字》：豫，本又作豫忬。下「豫」字衍。○阮元《校記甲》：豫，本或作忬。「或」，十行本、毛本俱作「又」，毛本「忬」上復有「豫」字，誤也。

六葉十行注　則衆民皆二心矣。　「二」，纂作「貳」。○《定本校記》：則衆民皆二心矣。燉煌本、九條本、内野本無「皆」字。

六葉十行經　及盤遊無度。　○阮元《校記甲》：乃盤遊無度。陸氏曰：「盤」本或作「槃」。

六葉十行注　盤樂遊逸無法度。　○山井鼎《考文》：盤樂遊逸無法度。〔古本〕「樂」下復有「樂」字，「度」下有「也」字。○盧文弨《拾補》：盤樂遊逸。「樂」，古本重。○阮元《校記甲》：盤樂遊逸無法度。古本重「樂」字。阮元《校記乙》同。○《定本校記》：盤樂遊逸無法度。燉煌本、九條本、内野本、足利本俱重「樂」字。

六葉十一行釋文　盤。步干反。　○物觀《補遺》：盤，步丁反。〔經典釋文〕「丁」作「干」。○浦鏜《正字》：盤，步干切。「干」，毛本誤。（彙校者案：毛本作「干」。）

六葉十一行釋文　樂。如字。　「如字」，王、纂、魏、平、毛、殿、庫作「音洛」。○浦鏜《正字》：樂，音洛。「音洛」，監本誤「如字」。○阮元《校記甲》：樂，音洛。十行本作「樂，如字」，誤。

六葉十二行注　水之南。　○山井鼎《考文》：「水之南」下、「百日不還」下、「羿諸侯名」下、「遂廢之」下、「言從畋」下、「久畋失國」下、「歌以敘怨」下、「禹有訓戒」下、「下謂失分」下、「以安國」下、「得衆心」下、「言危懼甚」下、「況兼有乎」下、「陶唐帝堯氏」下、「自致滅亡」下、「君萬國爲天子」下、「則法」下、「言思而悲」下、「忸怩心慙」下、「仁人賢士」下、「言無益」下，〔古本〕共有「也」字。○盧文弨《拾補》：洛水之表，水之南也。「也」，毛本無，古本有。當據補。

六葉十二行注　十日曰旬。　「旬」，毛作「句」。

六葉十二行注　田獵過百日不還。　○《定本校記》：畋獵過百日不還。燉煌本、九條本如此。各本「畋」作「田」。

六葉十三行經　有窮后羿。　○物觀《補遺》：有窮后羿。〔古本〕「后」上有「之」字。○阮元《校記甲》：有窮后羿。「后」上古本有「之」字。阮元《校記乙》同。

六葉十四行注　距太康於河。「於」，庫作「于」。

六葉十五行注　御。侍也。「侍」，十、永、阮作「待」。○阮元《校記甲》：御，侍也。「侍」，十行本誤作「待」。○阮元《校記乙》：御，待也。岳本、閩本、明監本、毛本「待」作「侍」。正義同。案：「侍」字是也。

六葉十五行釋文　從。如字。「從」上平有「以」字。

六葉十八行疏　職當牧養兆民。「當」，殿作「當」。

七葉一行疏　一出十句不反。「出」下單、八有「而」字。「句」，單、八、魏、平、十、永、閩、殿、庫作「旬」。○物觀《補遺》：一出十旬（旬）。宋板「十」上有「而」字。○盧文弨《拾補》：一出而十旬不反。「而」，毛本脱。○阮元《校記甲》：一出十旬不反。「十」上宋板有「而」字。阮元《校記乙》同。

七葉二行疏　太康畋于洛南。「于」，庫作「於」。

七葉三行疏　致使羿距于河。阮「羿」作「羿」，「于」作「於」。

七葉三行疏　而各敘已怨之志也。「各」下魏無「敘」字。

七葉四行疏　其弟侍母以從太康。「侍」，十、永、阮作「待」。○阮元《校記甲》：其弟侍母以從太康。「侍」，十行本亦誤作「待」。

七葉五行疏　乃在母從之上。「母」，閩作「毋」。

七葉五行疏　尸。主也〇正義曰。釋詁文。「尸，主也〇正義曰」，殿、庫作「正義曰：尸，主」。

七葉六行疏　后羿自鉏遷于窮石。「于」，毛、薈作「於」。

七葉七行疏　羿。帝嚳射官也。〇浦鏜《正字》：羿，帝嚳射官也。説文「羿」作「𢏚」，「射」作「䠶」。

七葉八行疏　堯時十日並生。「生」，要作「出」。〇浦鏜《正字》：堯時十日並出。「出」誤「生」。〇盧文弨《拾補》：堯時十日並出。毛本「出」作「生」。「生」當作「出」。

七葉八行疏　羿焉彃日烏解羽。「彃」，閩作「彈」。「烏」下要有「焉」，庫有「馬」。

七葉九行疏　羿彃十日。「彃」，閩作「彈」。

七葉九行疏　彃者射也。「彃」，閩作「彈」。

七葉九行疏　言雖不經以取信。〇浦鏜《正字》：言雖不經難以取信。脱「難」字。〇盧文弨《拾補》：言雖不經難以取信。「難」，毛本脱。〇阮元《校記甲》：言雖不經以取信。浦鏜云：「以」字上當有「難」字。阮元《校記乙》同。〇汪文臺《識語》：言雖不經以取信。浦鏜云：「以」字上當有「難」字。案：證以左傳襄四年疏，浦校是也。〇《定本校記》：以取信。浦氏云：「以」字上脱「難」字。案：左傳襄四年正義有「難」字。

七葉九行疏　則羿是善射之號。「是」上要無「則羿」二字。

七葉十行疏　則不知羿名爲何也。「名」，單作「名」。

七葉十行疏　距太康於河北。「太」，八作「大」。

七葉十一行疏　正義曰。述。循。釋詁文。○浦鏜《正字》：述，循，釋詁文。案：爾雅無文。○盧文弨《拾補》：述，循。釋詁文。浦云：爾雅無文。文弨案：釋言云：循，述也。

七葉十三行疏　故言祖戒以摠之。「摠」，殿、庫作「總」。

七葉十四行經　民可近。不可下。○山井鼎《考文》：民可近，不可下。〔古本〕「不」作「弗」。下皆同。

七葉十四行注　君祖禹有訓戒。○盧文弨《拾補》：君祖禹有訓戒也。「也」，毛本無，古本有，當補。

七葉十六行注　言人君當固民以安國。「當」，魏作「常」。

七葉十八行釋文　三如字。「三」下平有「失上」二字。

八葉一行釋文　見。賢遍反。「見」上平有「不」字。

八葉一行經　懔乎若朽索之馭六馬。　○山井鼎《考文》：懔乎。蔡沈集傳本作「凜乎」。○盧文弨《拾補》：懔乎若朽索之馭六馬。蔡傳「懔」作「凜」。○阮元《校記甲》：懔乎若朽索之馭六馬。蔡傳作「凜乎」。○《定本校記》：懔乎若朽索之馭六馬。燉煌本、九條本、内野本無「之」字。

八葉一行注　十萬曰億。　「十」，魏作「千」。

八葉二行注　腐索馭六馬　○《定本校記》：腐索馭六馬。燉煌本、九條本無「六」字。

八葉三行釋文　朽。許夂反。馭。音御。　「朽」，十作「杇」，永作「杇」。「馭」上王、纂、魏、平、殿、庫有「索，息洛反」四字。○山井鼎《考文》：［補脱］索，息洛反〔據經典釋文〕。［謹按］當在「朽許久反」下。

八葉三行經　柰何不敬。　○盧文弨《拾補》：柰何不敬。「柰」，毛本作「奈」，譌。

八葉四行注　能敬則不驕。　○阮元《校記甲》：能敬則不驕。「能」，纂傳作「惟」。

八葉五行疏　我君祖大禹有訓戒之事。　「大」，平作「太」。

八葉十一行疏　奪其農時。　「奪」，平作「奪」。

八葉十一行疏　勞以横役。　「横」，單、平作「撗」。

八葉十二行疏　由能畏敬小民。　「畏」，阮作「長」。○張鈞衡《校記》：由能畏敬小民。阮本「畏」作「長」，誤。

八葉十三行疏　故以小民從命。　○《定本校記》：故以小民從命。此句疑有譌。

八葉十四行疏　必於未形之日。　「日」，殿作「口」。

八葉十四行疏　是備慎其微也。　「慎」，平作「慎」。「微」，庫作「徵」。

八葉十五行疏　朽。腐。　「朽」，永作「杇」。

八葉十五行疏　惟此言六馬。　○阮元《校記甲》：惟此言六馬。「此」，纂傳作「玆」。

八葉十六行疏　餘書多言駕四者。　「者」，平作「者」。

八葉十六行疏　春秋公羊説天子駕六。　「子」，平作「予」。

八葉十六行疏　毛詩説天子至大夫皆駕四。　○盧文弨《拾補》：毛詩説天子至大夫皆駕四。「毛詩」當乙轉。

八葉十七行疏　康王之誥云。皆布乘黄朱以爲天子駕四。　○盧文弨《拾補》：康王之誥云皆布乘黄朱。詩正義引此作「顧命」，是。

八葉十八行疏　然則此言馬多懼深。　「此」，平作「比」。

九葉一行經　内作色荒。　「荒」，八作「荒」。

九葉一行注　迷亂曰荒。　「荒」，八作「荒」。

九葉二行疏　昭元年左傳。晉平公近女色過度。惑以喪志。　○浦鏜《正字》：左傳，晉平公近女色過度，惑以喪志。「女色」，當依原文作「女室」。疏云：「女在房室，故以室言之。」○盧文弨《拾補》：晉平公近女色。「色」，當依元文作「室」。

九葉三行疏　馳騁田獵。　「騁」，平作「聘」。

九葉四行疏　獵則鳥獸並取。　「獸」，平作「猷」。

九葉四行經　甘酒嗜音。峻宇彫牆。　「甘」，庫作「廿」。「嗜」，八作「嗜」。「彫」，纂作「雕」。○阮元《校記甲》：甘酒嗜音，峻宇彫牆。「彫」，宋臨安石經俱作「雕」。孫志祖云：玉篇口部引作「酣酒嗜音」。阮元《校記乙》同。

九葉五行注　彫。飾畫。　「彫」，纂作「雕」。

九葉五行釋文　峻。思俊反。　「俊」，閩作「峻」。

九葉五行釋文　牆。慈羊反。　「慈」，閩作「慈」。

九葉五行釋文　又於豔反。　「又」，十、永作「人」。

九葉六行注　此六者。　「六」，永作「一」。

九葉七行經　惟彼陶唐。有此冀方。今失厥道。亂其紀綱。乃厎滅亡。　「冀」，魏作「兾」。○浦鏜《正字》：惟彼陶唐，有此冀方云云。案：左傳引此作「惟彼陶唐，帥彼天常，有此冀方。今失其行，亂其紀綱，乃滅而亡」。

九葉八行注　都。冀州。　「冀」，纂作「異」。

九葉八行疏　陶唐至四方。　「四」下永無「方」字。

九葉十一行疏　相去不盈二百。　「百」下殿、庫有「里」字。○《殿本考證》：相去不盈二百里。監本脱「里」字，今添。○盧文弨《拾補》：相去不盈二百里。「里」，毛本無，官本有。當據補。○阮元《校記甲》：相去不盈二百。纂傳下有「里」字。

九葉十二行經　乃厎滅亡。　「厎」，纂、閩作「底」。

九葉十三行釋文　厎。之履反。　「厎」，纂作「底」。

九葉十四行注　君萬國爲天子。　「君」，永作「若」。○盧文弨《拾補》：君萬國爲天子也。「也」，毛本無，古本有。當據補。

九葉十四行注　典。謂經籍。　○阮元《校記甲》：典，謂經籍。「謂」，纂傳作「爲」。

九葉十五行注　言仁及後世。「言」下「仁」字魏爲空白。

九葉十七行注　而太康失其業。以取亡。「太」，岳作「大」。○《定本校記》：而太康失其業，以取亡。燉煌本、九條本、内野本無「取」字。

九葉十八行釋文　覆。芳服反。「服」，平作「服」。

九葉十八行釋文　供。音恭。「供」，永作「共」。

十葉一行疏　有治國之典。「治」，毛作「治」。

十葉一行疏　遺其後世之子孫。「其」，平作「及」。

十葉一行疏　又關通衡石之用。「關」，平作「開」。

十葉二行疏　言太康棄典法。「太」，十、永作「大」。

十葉三行疏　可憑據而行之。「可」，平作「有」。

十葉四行疏　釋詁文。「詁」，薈作「訓」。

十葉五行疏　正義曰。關者。「關」，平作「開」。

十葉六行疏　律歷志云。「歷」，單、平作「曆」，八作「厤」，要作「秝」。

十葉七行疏　故金鐵曰石。「曰」，魏作「日」。

十葉七行疏　舉石而言之。「石」下要無「而」字。

十葉七行疏　則所稱之物皆通之也。「所」，單、八、魏、平、要、十、永、閩、阮作「止」。○物觀《補遺》：所稱之物。〔宋板〕「所」作「止」。○盧文弨《拾補》：舉石而言之，則上稱之物皆通之也。「上」，毛本作「所」，宋、元俱作「止」。乃「上」誤。○阮元《校記甲》：則所稱之物。「所」，宋板、十行、閩本俱作「止」。○阮元《校記乙》：則止稱之物。宋本、閩本同。毛本「止」作「所」。案：「所」字是也。○《定本校記》：則止稱之物皆通之也。「止」字監本改作「所」，似是。

十葉八行疏　非謂所關通者。「關」，平作「開」。

十葉八行疏　惟言關通權衡。「關」，平作「開」。

十葉九行疏　亦關通矣。「關」，平作「開」。

十葉十行疏　則官民皆足。「足」，魏、十、永、阮作「定」。○阮元《校記甲》：則官民皆足。「足」，十行本誤作「定」。○阮元《校記乙》：則官民皆定。閩本、明監本、毛本「定」作「足」。案：「足」字是也。

十葉十一行疏　費氏顧氏等意云。「費氏」，十、永、閩作「費乏」。

十葉十二行疏　器既具。「器」下單、八、要有「用」字。○山井鼎《考文》：器既具，所以上下充足。〔宋板〕「器」下有「用」字。○盧文弨《拾補》：器用既具，所以上下充足。「用」，毛本脱。○阮元《校記甲》：器既具。「器」下宋板有「用」字。

十葉十三行疏　入金不從革之條。「入」，阮作「人」。

十葉十三行疏　費顧之義。「義」，平作「善」。

十葉十三行經　嗚呼曷歸。「嗚」，閩作「鳴」。○阮元《校記甲》：其五曰：嗚呼曷歸。按：顔師古匡謬正俗云：嗚呼，歎辭也，或嘉其美，或傷其悲。古文尚書悉爲「於戲」字，今文尚書悉爲「嗚呼」字。段玉裁云：「古」「今」二字互譌，以蔡邕石經殘字皆作「於戲」知之。石經系今文也。阮元《校記乙》同。

十葉十四行經　萬姓仇予。「仇」，永作「仛」。

十葉十五行注　言當依誰以復國乎。○物觀《補遺》：復國乎。〔古本〕「國」上有「其」字。○盧文弨《拾補》：言當依誰以復國乎。「國」上古本有「其」字。○阮元《校記甲》：言當依誰以復國乎。「國」上古本有「其」字。

十葉十六行注　忸怩。心慙。「心」，岳作「小」。○阮元《校記甲》：忸怩，心慙。「心」，岳本作「小」。按：岳本非也。

十葉十七行釋文　鬱。音蔚。　「蔚」，王、平作「欝」，魏作「欝」。

十葉十七行釋文　怩。女姬反。　「姬」下平無「反」字。

十葉十八行經　雖悔可追。○阮元《校記甲》：雖悔可追。陸氏曰：「雖」，如字，或作「睢」。按：「雖」、「睢」古蓋通用。阮元《校記乙》同。

十一葉二行疏　萬姓皆共仇我。　「姓」上十、永、阮無「萬」字。○阮元《校記甲》：萬姓皆共仇我。十行本脱「萬」字。○阮元《校記乙》：姓皆其（共）仇我。閩本、明監本、毛本「姓」上有「萬」字。案：有者是。

十一葉四行疏　仇怨至國乎。　「仇」，永作「仇」。

十一葉五行疏　故爲怨也。　「故」下殿、庫有「仇」字。

十一葉六行疏　思君正鬱陶。　庫本作「鬱陶思君爾」。

十一葉六行疏　精神憤結積聚之意。　「積」，平作「積」。

十一葉七行疏　心慙之狀。　「心」，庫作「羞」。

胤征第四

十一葉十一行注　世掌天地四時之官。　○《定本校記》：世掌天地四時之官。九條本無

「世」字。燉煌本甲與九條本同。燉煌本乙「世」作「代」。

十一葉十三行注　廢天時。亂甲乙。　○山井鼎《考文》：亂甲乙。〔古本〕下有「也」字。○盧文弨《拾補》：廢天時，亂甲乙也。「也」，毛本無，古本有，史記集解同，當據補。

十一葉十三行釋文　湎。徐音緬。　「湎」下永重一「湎」字。

十一葉十四行釋文　胤。國名。　「名」下平有「也」字。

十一葉十五行注　奉辭伐罪曰征。　「伐」，八、李、王、纂、魏、平、岳、十、永、閩、阮作「罰」。○山井鼎《考文》：奉辭伐罪曰征。宋板「伐」作「罰」，正德、嘉靖本同。○《岳本考證》：奉辭罰罪曰征。「罰」，殿本、汲古閣本並作「伐」，惟永懷堂本作「罰」。案：罰，訓刑罰。伐，訓征伐。二義各別。此既率衆往征，當從「伐」字爲是。○盧文弨《拾補》：奉辭罰罪曰征。「罰」，毛本作「伐」，宋、元、正、嘉本並作「罰」，疏内標句亦同。案：大禹謨宋本正作「罰」。「伐」當作「罰」。○阮元《校記甲》：奉辭伐罪曰征。「伐」，岳本、葛本、宋板、十行、正德、嘉靖閩本俱作「罰」。按：大禹謨「奉辭伐罪」，宋本亦作「罰」。○阮元《校記乙》：奉辭罰罪曰征。岳本、葛本、宋本、閩本同。按：大禹謨「奉辭伐罪」，宋板亦作「罰」。○《定本校記》：奉辭伐罪曰征。燉煌本、九條本、内野本、足利本如此。岳本、〔足利〕八行本、十行本「伐」誤作「罰」。

十一葉十五行疏　「羲和至胤征」至「甲乙也」。　○浦鏜《正字》：「羲和」至「甲乙也」二百三十二字跳行，當在上序傳下。

十一葉十六行疏　今乃沈湎於酒。　「於」，單、八、魏、平、十、永、閩、阮作「于」。

十一葉十六行疏　廢天地。亂甲乙。　「地」，單、八、魏、平、十、永、閩、殿、庫、阮作「時」。○阮元《校記甲》：廢天地。「地」，十行、閩本俱作「時」。按：「地」字非也。

十一葉十七行疏　史敘其事。作胤征。　「征」下庫有「傳」字。

十一葉十七行疏　正義曰。　「正」，十作「止」。

十一葉十八行疏　楚語稱堯育重黎之後。　「育」，閩、毛作「有」。○山井鼎《考文》：楚語稱堯有重黎之後。宋板「有」作「育」，萬曆同。謹按爲是。韋昭註：育，長也。○浦鏜《正字》：堯育重黎之後，使典天地。「育」，毛本誤「有」。○盧文弨《拾補》：楚語稱堯育重黎之後。「育」，毛本作「有」。「有」當作「育」。○阮元《校記甲》：楚語稱堯有重黎之後。「有」，宋板、十行、監本俱作「育」。閩本亦誤作「有」。

十一葉十八行疏　以至于夏商。　「于」，庫作「於」。

十一葉十八行疏　是自唐虞至三代。　「代」，平作「伐」。

十二葉一行疏　故此時羲和仍掌時日。　「羲」，平作「義」。

十二葉二行疏　酒荒于厥邑。　「于」，十作「丁」，閩作「干」。

十二葉四行疏　傳奉辭伐罪。　「伐」，單、八、魏、平、十、永、閩作「罰」。○阮元《校記甲》：傳奉辭伐罪。「伐」，十行、閩本亦俱作「罰」。○《定本校記》：傳奉辭伐罪。單疏、〔足利〕八行「伐」誤作「罰」。今從監本改。

十二葉五行經　惟仲康肇位四海。　「肇」，石、李作「肈」。○物觀《補遺》：惟仲康肇位四海。〔古本〕「仲」作「中」，注同。○盧文弨《拾補》：惟仲康肇位四海。「仲」，古本作「中」，傳同。「肇」，毛本作「肈」。「肇」當作「肈」。○阮元《校記甲》：惟仲康肇位四海。「仲」，古本作「中」，注同。阮元《校記乙》同。

十二葉五行注　而立其弟仲康爲天子。　○山井鼎《考文》：仲康爲天子。〔古本〕下有「也」字。「仲康命允侯」下同。

十二葉六行釋文　肇。音兆。　「肇」，平作「肈」。「兆」下纂有「下同」二字。

十二葉六行注　仲康命胤侯。掌王六師爲大司馬。　「王」，八、李、魏、岳作「主」。○山井鼎《考文》：掌王六師爲大司馬。〔古本〕作「掌，主也，主六師爲大司馬也」。宋板但「王」作「主」。○岳本《考證》：掌主六師。案：掌，主也，謂掌主六師之事。殿本、汲古閣本

「主」並作「王」，與此互異，義皆通。○盧文弨《拾補》：仲康命胤侯也。掌，主也，主六師爲大司馬。上「也」，毛本脱，古本有。「主也」二字，毛本脱，古本有。下「主」毛本作「王」。「王」當作「主」。○阮元《校記甲》：掌王六師爲大司馬。「王」，岳本、宋板俱作「主」。古本作「掌，主也，主六師爲大司馬也」。按：當從之。纂傳亦作「掌王六師」，則其誤久矣。阮元《校記乙》同。○《定本校記》：掌主六師爲大司馬。燉煌本甲、九條本、内野本、足利本俱重「主」字。燉煌乙本不重。

十二葉八行注　不修其業。○山井鼎《考文》：不修其業。〔古本〕下有「也」字。「定國安家」下、「奉有常法」下、「君臣俱明」下、「振文教」下並同。

十二葉八行經　胤后承王命徂征。「后」，庫作「侯」。

十二葉九行注　就其私邑往討之。○《定本校記》：就其私邑往討之。燉煌本、九條本、内野本無「往」字。

十二葉十行疏　亂于私邑。「于」，薈作「於」。

十二葉十一行疏　以羿距太康於河。「於」，庫作「于」。

十二葉十二行疏　羿因夏民以代夏政。「代」，阮作「伐」。○劉承幹《校記》：以代夏政。阮本「代」作「伐」。

十二葉十三行疏　故云羿廢太康而立其弟仲康爲太子。　「太」，單、八、要、殿、庫作「天」。○山井鼎《考文》：立其弟仲康爲太子。〔宋板〕「太」作「天」。○浦鏜《正字》：而立其弟仲康爲天子。「天」誤「太」。○盧文弨《拾補》：而立其弟仲康爲天子。毛本「天」作「太」。「太」當作「天」。○阮元《校記甲》：而立其弟仲康爲太子。「太」，宋板作「天」，與注合。阮元《校記乙》同。

十二葉十三行疏　仲康當是其一。　「當」下要無「是」字。

十二葉十四行疏　但形勢既衰。政由羿耳。　「政」上單、八、魏、平、要有「故」字。○山井鼎《考文》：政由羿耳。〔宋板〕「政」上有「故」字。○盧文弨《拾補》：但形勢既衰，故政由羿耳。「故」，毛本脱。○阮元《校記甲》：政由羿耳。「政」上宋板有「故」字。阮元《校記乙》同。

十二葉十四行疏　寒浞殺之羿滅夏后相。　○殿本《考證》：羿滅夏后相。臣召南按：「羿」當作「浞」。滅相者浞，非羿也。各本俱誤。○盧文弨《拾補》：寒浞殺之滅夏后相。「滅」上毛本有「羿」，衍。

十二葉十五行疏　計羿浞相承。向有百載。　「向」，平、要作「尚」。

十二葉十五行疏　其弟仲康立。　「弟」上魏無「其」字。

十二葉十七行注　徵。證。保。安也。　「證」下王有一字空白，纂有「也」字。

十三葉三行注　遒人。宣令之官。　「遒」，永作「道」。

十三葉四行釋文　遒。在由反。　○阮元《校記甲》：遒，在由反。葉本「在」作「生」。按：「生」字誤。葉本「由」字空缺。

十三葉四行釋文　鈴。音令。　「令」，平作「零」。○物觀《補遺》：鈴，音令。〔經典釋文〕「令」作「零」。○浦鏜《正字》：鈴，音零。「零」誤「令」。○阮元《校記甲》：鈴，音零。「零」，十行本、毛本俱作「令」。

十三葉四行經　工執藝事以諫。　「諫」，永作「諌」。○阮元《校記甲》：工執藝事以諫。陸氏曰：「藝」，本又作「埶」。

十三葉五行注　官衆。衆官。　「官衆」，八、李、岳作「官師」。○山井鼎《考文》：官衆，衆官。〔古本〕上「衆」作「師」。宋板同。物觀《補遺》：古本「衆官」下有「也」字。○岳本《考證》：官師衆官。「官師」，諸本並作「官衆」。案：傳引經文，當從「官師」。若作「官衆」，則下不可更云「衆官」矣。○盧文弨《拾補》：官師，眾官也。「師」，毛本作「眾」，疏亦譌。「也」，毛本無，古本有。當據補。○阮元《校記甲》：官衆，衆官。上「衆」字古本、岳本、宋板俱作「師」，與疏標目不合。纂傳亦作「官衆」。阮元《校記乙》同。○《定本校記》：官衆，衆官。九條本、内野本如此，景鈔八行本亦然。岳本、〔足利〕八行本上「衆」字作「師」，與疏標題不合。燉煌本脱一「衆」字。

十三葉五行注　百工各執其所治技藝以諫。諫失常。　「工」，平作「官」。「技」，李、纂、毛作「技」，永作「枝」。○山井鼎《考文》：「諫失常」下、「犯令之誅」下、「日食可知」下、「罪死無赦」下、「曆象後天時」下，〔古本〕共有「也」字。下傳「凡八徙國都」下同。○物觀《補遺》：技藝以諫，諫失常。〔古本〕無二「諫」字。○盧文弨《拾補》：百工各執其所治技藝以諫，諫失常也。「技」，毛本從攴，譌。「諫諫」，古本不重。「也」，毛本無，古本有，當據補。○阮元《校記甲》：百工各執其所治技藝以諫，諫失常。古本無二「諫」字。

十三葉六行釋文　藝。本又作埶。　「埶」，王作「蓺」，纂、魏、平、毛、殿、庫作「蓺」，閩作「執」。○浦鏜《正字》：藝，本又作蓺。「蓺」，監本誤「執」。

十三葉六行釋文　技。其綺反。　「技」，王、平、永、毛作「技」。

十三葉七行疏　告于所部之衆曰。　「于」，永作「干」，庫作「於」。

十三葉七行疏　嗟乎。我所有之衆人。　「乎」，單作「呼」。○《定本校記》：嗟乎，我所有之衆人。「乎」，單疏誤作「呼」。

十三葉八行疏　其所謀△者。　「謀」，平作「謨」。

十三葉九行疏　言臣△當謹慎以畏天。　「臣」，單、八、魏、平、十、永、閩、殿、庫、阮作「君」。

十三葉十行疏　大開諫△争之路。　「諫」，八、平、永作「諫」。

十三葉十行疏　遒△人之官。　「遒」，十、永作「道」。

十三葉十一行疏　以諫△上之失常。　「諫」，平、十、永作「諫」。

十三葉十二行疏　成八年左傳稱晉△殺趙括。　「晉」，平作「晋」。○浦鏜《正字》：晉殺趙同、趙括，欒郤爲徵。脱「趙同」二字。○盧文弨《拾補》：左傳稱晉殺趙同、趙括。毛本脱「趙同」二字。

十三葉十五行疏　臣能奉△有常法。　「奉」下永無「有」字。○張鈞衡《校記》：臣能奉常法。阮本「奉」下有「有」字，此本脱。

十三葉十六行疏　以執木鐸狥△於△路。　「狥」，單、八、魏、平、十、永、閩、毛、殿、庫、阮作「徇」。「於」，阮作「于」。

十三葉十七行疏　惟小宰云正歲帥理△官之屬。而觀治象之法△。　○浦鏜《正字》：正歲帥理官之屬，而觀治象之法。「理官」，經作「治官」。「法」作「灋」，後引周禮「法」字同。○盧文弨《拾補》：正歲帥理官之屬，而觀治象之法。「理」，〔周禮小宰〕本作「治」。○孫詒讓《校記》：上「治官」，避高宗諱作「理」，而下「治象」不作「理」，文例參差，疑有誤。

十三葉十八行疏　**蓋訓遒爲聚。**○阮元《校記甲》：蓋訓遒爲聚。「訓遒」二字纂傳倒。

十四葉一行疏　**其體以金爲之。**「金」，十作「金」。

十四葉一行疏　**周禮教鼓人以金鐸通鼓。**○《定本校記》：周禮教鼓人以金鐸通鼓。「教」字疑衍。

十四葉一行疏　**大司馬教振旅。**「振」，平作「借」。

十四葉三行疏　**官衆至失常。**○山井鼎《考文》：官衆至失常。謹按宋板註作「官師」，此與今本同。

十四葉三行疏　**巳尚相規。**「巳」，單、八、魏、平、殿、庫作「猶」。○山井鼎《考文》：有闕巳尚相規。〔宋板〕「巳」作「猶」。○盧文弨《拾補》：平等有闕，猶尚相規。毛本「猶」作「已」。「已」當作「猶」。○阮元《校記甲》：已尚相規。「已」，宋板作「猶」。

十四葉四行疏　**百工各執其所治技藝以諫。**「技」，八、永作「技」。

十四葉四行疏　**若月令云無作淫巧以蕩上心。**「令」，魏、閩作「今」。

十四葉五行疏　**當執之以諫。諫失常也。**「諫諫」，永作「諌諌」。

十四葉五行疏　**百工之職。**「職」，單、八作「賤」。○山井鼎《考文》：百工之職。〔宋板〕「職」作「賤」。○盧文弨《拾補》：百工之賤，猶令進諫。毛本「賤」作「職」。「職」當作「賤」。○阮元《校記甲》：百工之職。「職」，宋板作「賤」。按：「職」字非也。阮元《校記乙》同。

十四葉五行疏　**猶令進諫。**「令」，閩作「今」。

十四葉五行疏　**不得不諫矣。**「矣」，毛作「也」。○阮元《校記甲》：不得不諫也。「也」，十行、閩、監俱作「矣」。

十四葉八行釋文　**倒。丁老反。**○浦鏜《正字》：倒，丁老切。案：毛氏居正云：傳言反倒，謂反覆顛倒。倒，當音丁耄切。

十四葉八行經　**畔官離次。**「官」，阮作「宫」。

十四葉九行注　**失次位也。**○《定本校記》：失次位。燉煌本、内野本無「失」字。清原宣賢手鈔本引家本亦然。「位」下各本有「也」字，與疏標題不合，今删。

十四葉九行釋文　**又亡丁反。**「亡」，纂作「立」。

十四葉九行經　**俶擾天紀。**○阮元《校記甲》：俶擾天紀。陸氏曰：「俶」，本又作「俶」，亦作「叔」，同。

十四葉十行注　紀。謂時日。　「日」，平作「目」。

十四葉十一行注　司。所主也。　○《定本校記》：司所主。「主」下各本有「也」字，與疏標題不合，今删。

十四葉十一行釋文　本又作併。　「併」，纂作「阱」，魏作「俶」，殿、庫作「倂」，薈作「併」。○阮元《校記甲》：俶，本又作倂。「倂」，葉本亦作「俶」，誤。

十四葉十一行釋文　亦作叔。　「亦」下永無「作」字。

十四葉十二行注　辰。日月所會。　「所」，要作「朔」。○《定本校記》：辰，日月之會。燉煌本、九條本如此。各本「之」作「所」，與疏不合。

十四葉十二行注　不合卽日食可知。　○浦鏜《正字》：不合即日食可知。「即」，疏及左傳疏作「則」。○《定本校記》：不合則日食可知。燉煌本、九條本如此。各本「則」作「卽」，與疏不合。

十四葉十四行注　天子伐鼓於社。　「社」，永作「社」。

十四葉十四行注　瞽。樂官。　「瞽」，平作「瞽」。

十四葉十五行注　供救日食之百役也。　○《定本校記》：供救日食之百役。「役」下各本有「也」字，與疏標題不合，今删。

十四葉十六行注　**主其官而無聞知於日食之變異。**　○浦鏜《正字》：主其官而無聞知於日食之變異。「主」，監本誤「生」。

十四葉十七行經　**以干先王之誅。**　「干」，永作「于」。

十四葉十八行注　**言昏亂之甚。**　○《定本校記》：言昏亂之甚。燉煌本、九條本作「言亂之也」。清原宣賢手鈔本亦云家本無「甚」字。

十四葉十八行注　**干。犯也。**　「干」，永作「于」。

十五葉三行釋文　**先悉薦反。**　「先」下平有「時上音」三字。

十五葉三行釋文　**放。亦作赦。**　「放，亦作赦」，纂作「赦，時夜反」。「放」，魏、平、毛、殿、庫、阮作「赦」。「赦」，殿、庫作「赦」。○物觀《補遺》：赦，亦作赦。〔經典釋文〕下「赦」作「赦」。○浦鏜《正字》：赦，亦作赦。「赦」，監本誤「放」。毛本「赦」、「赦」字互誤。○阮元《校記甲》：赦，亦作赦。十行本作「放，亦作赦」，毛本作「赦，亦作赦」，並誤。盧文弨云：赦，俗字。

十五葉四行注　**不及謂曆象後天時。**　○物觀《補遺》：不及謂曆象。〔古本〕「謂」上有「時」字。○盧文弨《拾補》：不及時謂曆象後天時也。上「時」，毛本無，古本有。「也」，毛本無，古本有。二字皆當據補。○阮元《校記甲》：不及謂曆象後天時。「謂」上古本有

「時」字。阮元《校記乙》同。

十五葉五行釋文　後。胡豆反。　「後，胡豆反」，平作「後天，上胡豆反」。

十五葉六行疏　廢職懈怠。　「怠」，永作「怠」。

十五葉七行疏　乃季秋九月之朔。　「九」，十作「丸」。

十五葉八行疏　於時瞽人樂官。　「時」，阮作「是」。

十五葉八行疏　進鼓而擊之。　「擊」，永作「繫」。

十五葉十行疏　此義和昏闇迷錯於天象。　「迷」，平作「述」。

十五葉十一行疏　節氣先天時者殺無赦。　「赦」，魏、阮作「殺」，十作「殺」。○阮元《校記乙》：殺無殺。閩本、明監本、毛本下「殺」字作「赦」。案：「赦」字是也。

十五葉十一行疏　況乎不知日食。　「況」，殿作「悅」。

十五葉十二行疏　顛覆。言反倒。　「倒」，平作「到」。

十五葉十二行疏　人當豎立。今乃反倒。　○盧文弨《拾補》：人當豎立，今乃反倒。毛本「豎」作「豎」。「豎」當作「豎」。

十五葉十五行疏　俶始至所主。　「俶」，平作「叔」。

十五葉十六行疏　是羲和所司。　「司」，殿作「月」，庫作「主」。○《四庫考證》：此時日之事，是羲和所主。刊本「主」訛「月」，今改。○《薈要》案語：是羲和所主。刊本「主」訛「月」，今改。

十五葉十七行疏　晉侯問於士文伯曰。　「文」，魏作「丈」。

十五葉十七行疏　何謂辰。對曰。日月之會。　「對」，閩作「對」。

十六葉一行疏　又逐及日而與日聚會。　「逐」，平作「遂」。

十六葉一行疏　謂此聚會爲辰。　「此」上八、要無「謂」字。「此」，毛作「之」。○山井鼎《考文》：謂此聚會爲辰。〔宋板〕無「謂」字。○浦鏜《正字》：謂此聚會爲辰。「此」，毛本誤「之」。○盧文弨《拾補》：謂此聚會謂（爲）辰。「此」，毛本作「之」。「之」當作「此」。○阮元《校記甲》：謂之聚會爲辰。「之」，十行、閩、監俱作「此」。宋板無「謂」字，但云「此聚會爲辰」。○阮元《校記乙》：謂此聚會爲辰。閩本、明監本同。宋本無「謂」字。毛本「此」作「之」。○《定本校記》：謂此聚會爲辰。〔足利〕八行本脱「謂」字。

十六葉二行疏　日月當會於大火之次。　「於」下魏無「大」字。

十六葉二行疏　會即是合。　「合」，阮作「令」。

十六葉三行疏　日月當聚會共舍。　「聚」下永無「會」字。

十六葉三行疏　則是日食可知也。　「食」，單、八、魏、平、十、永、閩、阮作「月」。○物觀《補遺》：日食可知也。宋板「食」作「月」。○阮元《校記甲》：則是日食可知也。「食」，宋板、十行、閩本俱作「月」。○阮元《校記乙》：則是日月可知也。宋本、閩本同。毛本「月」作「食」。○《定本校記》：則是日月可知也。「月」，監本改作「食」，是也。

十六葉三行疏　月體掩日。　「體」，魏作「躰」。

十六葉四行疏　九月日月會于大火之次。　「于」，薈作「於」。

十六葉四行疏　房星共爲大火。　「星」，單、八、魏、平、要、十、永、閩、毛、殿、庫、阮作「心」。

十六葉五行疏　以集是止舍之處。　「止」，毛作「上」。○物觀《補遺》：上舍之處。〔宋板〕「上」作「止」。○浦鏜《正字》：知不然者，以集是止舍之處。「止」，誤「上」。○盧文弨《拾補》：以集是止舍之處。毛本「止」作「上」。「上」當作「止」。○阮元《校記甲》：以集是上舍之處。「上」，宋板、十行、閩本俱作「止」，是也。

十六葉五行疏　似太遲太疾。　「太」，閩作「大」。

十六葉六行疏　正可推算以知之。　「算」，單、八、平、永作「筭」，庫作「筫」。

十六葉六行疏　非能舉目見之。「目」，永作「日」。「見」上單、八、魏、平、要有「而」字。

十六葉七行疏　凡日至百役。「日」，永作「曰」。

十六葉七行疏　日有食之。「日」，永作「曰」。

十六葉九行疏　君南鄉北牖下。答陰之義也。「牖」，單、八、魏、平、要、十、阮作「墉」。「答」，單、八、魏、平、十、永作「荅」。○浦鏜《正字》：君南鄉於北墉下，答陰之義也。脱「於」字。「墉」，誤「牖」。「鄉」，禮記作「鄉」，許亮切，凡經傳「鄉」字同。○盧文弨《拾補》：君南鄉於北墉下。「於」，毛本脱。「墉」，毛本作「牖」。「牖」當作「墉」。○阮元《校記甲》：君南鄉北牖下。「牖」，十行本作「墉」。按：「北牖」之「牖」，諸經正義多誤作「墉」，或又誤爲「牖」。○阮元《校記乙》：君南鄉北墉下。毛本「墉」作「牖」。按：「北牖」之「牖」，諸經正義多誤作「墉」，或又誤爲「牖」。○汪文臺《識語》：君南鄉北墉下。毛本「墉」作「牖」。案：「北牖」之「牖」，諸經正義多誤作「墉」，或又誤爲「牖」。案：校記似以毛本爲是，然此乃「墉牆」之「墉」，非「牖户」之「牖」也，毛本誤。○孫詒讓《校記》：郊特牲原文作「墉」，此誤校。○張鈞衡《校記》：君南鄉北牖。阮本「牖」作「墉」，誤。

十六葉十一行疏　周禮瞽矇之官掌作樂。「瞽」，平作「瞽」。

十六葉十一行疏　**瞽爲樂官。**「官」，閩作「宫」。

十六葉十一行疏　**於音聲審也。**○阮元《校記甲》：於音聲審也。「聲」，纂傳作「樂」。

十六葉十二行疏　**詩云奏鼓簡簡。**「鼓」，永作「瞽」。

十六葉十三行疏　**佐擊其餘面。**「擊」，阮作「聲」。○孫詒讓《校記》：「聲」，大僕注作「擊」。

十六葉十三行疏　**莊二十五年穀梁傳曰。**○浦鏜《正字》：莊二十五年穀梁傳云云。「莊」，監本誤「在」。

十六葉十四行疏　**禮云嗇夫承命告于天子。**「于」，薈作「於」。○浦鏜《正字》：禮云嗇夫承命告于天子。「禮」上當脱「覲」字。○盧文弨《拾補》：覲禮云嗇夫承命告于天子。「覲」，毛本脱，浦補。○《定本校記》：禮云嗇夫承命。浦氏云：「禮」上當脱「覲」字。

十六葉十四行疏　**嗇夫主幣。**「夫」，庫作「文」。

十六葉十六行疏　**馳取幣也。**「取」，魏作「馭」。

十六葉十六行疏　**社神尊於諸侯。**「神」上「社」字平爲一字空白。「侯」，平作「神」。

十六葉十八行疏　**諸侯從天子救日食。各以方色與其兵。**○浦鏜《正字》：諸侯從天子救日食，各以方色與其兵。「各以」下禮記有「其」字。○盧文弨《拾補》：諸侯從天子救日食，各以方色與其兵。禮記曾子問「以」下有「其」字。

十七葉一行疏　救月爲太陰之弓。「弓」，十作「亏」。

十七葉二行疏　昭十七年夏六月甲戌朔。「戌」，單、八、魏、平、十、永、閩、薈作「戍」。

十七葉二行疏　惟正月朔。「惟」，平作「隹」。

十七葉二行疏　太史曰。在此月也。「太」，要作「大」。

十七葉三行疏　惟夏四月有伐鼓用幣禮。「幣」下單、八、魏、平、要有「之」字。

十七葉四行疏　引政典而不言古典。「言」，八作「書」。○山井鼎《考文》：而不言古典。〔宋板〕「言」作「書」。○阮元《校記甲》：引政典而不言古典。「言」，宋板作「書」。○《定本校記》：引政典而不言古典。「言」，〔足利〕八行本誤作「書」。

十七葉五行疏　周禮大宰掌建邦之六典。「大」，單、八、魏、平、永、閩、阮作「太」。

十七葉六行疏　若周官六卿之治典。謂此也。「六」，八作「之」。○山井鼎《考文》：若周官六卿之治典，謂此也。〔宋板〕「六」作「之」。○阮元《校記甲》：若周官六卿之治典，謂此也。「六」，宋板作「之」。○《定本校記》：若周官六卿之治典。「六」，〔足利〕八行本誤作「之」。

十七葉六行疏　四時節氣。　「節」，薈作「卽」。

十七葉七行疏　不得先天時。　「先」，魏作「後」。

十七葉九行疏　每月二十九日彊半也。　「彊」，魏、十、永、閩作「疆」。

十七葉十二行疏　假令天之正時。　「令」，要作「今」。

十七葉十三行疏　後即是不及是也。　下「是」字，單、八、魏、平、要、十、毛、殿、庫、阮作「時」，永作「事」。

十七葉十三行經　今予以爾有衆。　「今」，永作「令」。

十七葉十六行注　督其士衆使用命。　「督」，八作「督」。「士」，永作「事」。

十七葉十六行注　山脊曰岡。　「脊」，庫作「脊」。

十七葉十七行注　崐山出玉。　「玉」，十作「王」。

十八葉一行經　殲厥渠魁。脅從罔治。　「罔」，永作「岡」。

十八葉二行注　指謂羲和罪人之身。　「羲」，十作「義」。

十八葉三行注　其脅從距王師者皆無治。　「治」，毛作「治」。

十八葉三行釋文　殲。子廉反。魁。苦回反。　「子」，阮作「于」。「廉」下十、永、閩、阮無「反」字。○張鈞衡《校記》：殲，子廉。魁，苦回反。阮本「子」作「于」，誤。

十八葉三行釋文　脅。虚業反。　「業」下平無「反」字。

十八葉三行釋文　帥。色類反。　「類」，閩作「纇」。

十八葉三行經　舊染汙俗。咸與惟新。　○阮元《校記甲》：舊染汙俗。毛氏曰：「汙」作「汗」，誤。

十八葉四行注　久染汙俗。　「俗」，魏作「浴」。

十八葉五行注　一無所問。　「問」，李、十、永作「間」。

十八葉五行釋文　涴泥著物也。　「涴」，纂作「涴」，閩作「涴」。

十八葉八行釋文　懋。音茂。　「茂」，十作「戍」。

十八葉九行疏　故今我用汝所有之衆。　「故」，平作「敁」。「今」，永作「合」。

十八葉十行疏　又恐兵威所及。　「所」，十作「沂」，永作「沂」。

十八葉十二行疏　久染汙穢之俗。　「汙」，毛作「汗」。○盧文弨《拾補》：久染汙穢之俗。毛本「汙」作「汗」。「汗」當作「汙」。

十八葉十二行疏　皆與惟德更新。　「德」，單、八作「得」。○山井鼎《考文》：皆與惟德更新。〔宋板〕「德」作「得」。○盧文弨《拾補》：皆與更新，一無所問。毛本「與」下有「惟德」二字，衍。○阮元《校記甲》：皆與惟德更新。「德」，宋板作「得」。

十八葉十二行疏　一無所問。　「問」，平作「間」。

十八葉十七行疏　則此不滅其族。　「族」，庫作「俗」。

十八葉十七行疏　釋山云。山脊曰岡。　「脊」，平、庫、作「脊」。「罔」上單、八無「曰」字。○盧文弨《拾補》：山井鼎《考文》：釋山云：山脊曰岡。〔宋板〕無「曰」字。謹按爲是。○盧文弨《拾補》：釋山云：山脊岡。「岡」上毛本有「曰」，宋本無，與爾雅合。今從宋本。○阮元《校記甲》：山脊曰岡。宋板無「曰」字。山井鼎曰：無「曰」字爲是。阮元《校記乙》同。

十九葉一行疏　或眦睚而害良善。　「眦睚」，單、八、庫作「睚眦」。○山井鼎《考文》：或眦睚而害良善。〔宋板〕「眦睚」作「睚眦」。○盧文弨《拾補》：或睚眦而害良善。「睚眦」，毛本倒。○阮元《校記甲》：或眦睚而害良善。「眦睚」二字宋板倒。按：宋板是也。阮元《校記乙》同。

十九葉三行疏　衆皆死盡爲滅也。　「滅」，阮作「殲」。

十九葉四行疏　本原出於此。　「原」，單、八、要作「源」。

十九葉五行注　凡入徙國都。　「入」，八、纂、魏、平、岳、十、永、閩、毛、殿、庫、阮作「八」。○浦鏜《正字》：十四世，凡八徙國都。「八」，監本誤「入」。

十九葉五行釋文　契。息列反。　「息」，纂作「悉」。「列」，殿、庫作「例」。「列」下魏無「反」字。○物觀《補遺》：契，息列反。〔經典釋文〕「列」作「例」。○阮元《校記甲》：契，息例反。「例」，葉本、十行本、毛本俱作「列」，是也。

十九葉六行釋文　八遷之書。史唯見四。　「八」上、纂、平有「八遷」二字。「唯」，庫作「惟」。

十九葉六行注　契父帝嚳。都亳。　「亳」，八作「毫」。

十九葉七行注　湯自商丘遷焉。　「商」，王、平作「啇」。

十九葉七行釋文　亳。旁各反。徐扶各反。嚳。苦毒反。　纂無「亳。旁各反。徐扶各反。嚳。苦毒反」十二字釋文。

十九葉八行注　告來居。治沃土。　「治」，平、閩、阮作「洽」。「土」，永作「王」。○阮元《校記甲》：告來居，治沃土。「治」，十行、閩、葛俱誤作「洽」。○阮元《校記乙》：告來居，洽沃土。閩本、葛本同。岳本、毛本「洽」作「治」。案：「治」字是也。○《定本校記》：治沃土。「治」，九條本作「理」。

十九葉八行注　二篇皆亡。　「皆」下魏無「亡」字。

十九葉八行釋文　告。工毒反。　平「告」上有「帝」字，「工」上有「下音」二字。

十九葉八行釋文　鼇。力之反。沃。徐烏酷反。　「沃」上纂無「鼇，力之反」四字。「力」，永作「方」。

十九葉九行釋文　徐烏酷反。此五亡篇。舊解是夏書。馬鄭之徒。以爲商書。兩義並通。「並」，王、纂、魏、平、殿、庫作「俱」。○山井鼎《考文》：兩義並通。經典釋文「並」作「俱」。○阮元《校記甲》：沃，徐烏酷反，此五亡篇，兩義俱通。盧文弨云：並湯征、女鳩、女方爲五篇，「此」字上有脱文也。十行本、毛本「俱」作「並」。

十九葉十行疏　孔以經序宜相附近。　「附」，八作「階」。○《定本校記》：孔以經序宜相附近。「附」，〔足利〕八行誤作「階」。

十九葉十一行疏　故附此卷之末。　「故」，永作「故」。

十九葉十三行疏　勤殖功業十四世。至湯而興爲天子也。　平「勤」上有「序」字，下無「殖」字。「世」，八作「出」。○《定本校記》：十四世至湯。「世」，〔足利〕八行本誤作「出」。

十九葉十四行疏　子相土立。　「土」，平作「士」。

十九葉十四行疏　相土卒。　「土」，平作「士」。

十九葉十五行疏　天子乙立。天乙是爲成湯是也。　○浦鏜《正字》：子天乙立，天乙是爲成湯是也。下「天乙」二字衍。○盧文弨《拾補》：天乙立是爲成湯是也。「立」下毛本有「天乙」二字，衍。

十九葉十七行疏　左傳稱相土居商丘。　「丘」，十作「立」。

十九葉十七行疏　其餘四遷。　「四」下平無「遷」字。

十九葉十八行疏　皇甫謐云。今上洛商是也。　「謐」，八作「諡」。「今」，永作「令」。

十九葉十八行疏　相土因之。　「土」，平作「士」。

二十葉一行疏　今梁國睢陽宋都是也。　「睢」，平作「唯」。

二十葉三行疏　文在湯征諸侯伊尹去亳之土。　「土」，單、八、魏、平、十、永、閩、殿、庫、阮作「上」。○山井鼎《考文》：文在湯征諸侯伊尹去亳之土。正誤「土」當作「上」。物觀《補遺》：宋板「土」作「上」。○浦鏜《正字》：文在湯征諸侯伊尹去亳之上。「上」誤「土」。○盧文弨《拾補》：文在湯征諸侯伊尹去亳之上。毛本「上」作「土」。「土」當作「上」。

二十葉三行疏　乃追録初興。　八「録」作「禄」，「興」作「與」。○《定本校記》：乃追録初興。〔足利〕八行本「録」誤作「禄」，「興」誤作「與」。

二十葉四行疏　自契已下。　「已」，要作「以」。

二十葉五行疏　知先王是契文帝嚳。　「王」，毛作「生」。「文」，單、八、魏、平、要、十、永、閩、毛、殿、庫、阮作「父」。○浦鏜《正字》：知先王是契父帝嚳。「王」，毛本誤「生」。「父」，監本誤「文」。○盧文弨《拾補》：知先王是契父帝嚳。「王」，毛本作「生」。「生」當作「王」。○阮元《校記甲》：知先生是契父帝嚳。「生」，十行、閩、監俱作「王」，是也。「父」，監本誤作「文」。

二十葉八行疏　**相土。契之孫也。**　「土」，平作「士」。

二十葉九行疏　**若相土至湯。**　「土」，平作「士」。

二十葉九行疏　**豈契至相土。三世而七遷也。相土至湯必更遷都。**　「至湯」上要無「三世而七遷也相土」八字。「至」上「土」，平作「士」。

二十葉十行疏　**漢書音義臣瓚者云。**　「臣」，要作「曰」。

二十葉十行疏　**湯居亳。今濟陰亳縣是也。**　○浦鏜《正字》：湯居亳，今濟陰亳縣是也。案：漢書地理志「亳」作「薄」，屬山陽郡。

二十葉十二行疏　**若湯居偃師。**　「居」，永作「居」。

二十葉十三行疏　**今梁國穀熟縣是也。**　「熟」，要作「孰」。

二十葉十三行疏　**(傳)告來至皆亡。○正義曰。經文既亡。**　「經文既亡」上「(傳)告來至皆亡

○正義曰」，殿、庫作「言告來居治沃土者」。

二十葉十四行疏　所言帝告。不知告誰。　「誰」，平作「惟」。

二十葉十四行疏　或當告帝嚳也。　「嚳」，永作「嚳」。

二十葉十六行注　廢其土地山川。及宗廟神祇。　「祇」，李、纂、岳作「祗」。

二十葉十七行釋文　祇。巨支反。　「祇」，纂、平作「祗」。

二十葉十八行疏　王制云。山川神祇有不舉者爲不敬。　「云」，平作「去」。「祇」，單作「祗」。

二十一葉一行疏　必廢其土地山川之神祇及宗廟皆不祀。　「祇」，單、八、毛作「祗」。

二十一葉二行疏　仲虺之誥云。　「虺」，閩作「虺」。

二十一葉三行疏　何爲不祀。　「祀」，永作「犯」。

二十一葉四行疏　湯使亳衆往爲之耕。　「亳」下八、魏、平、十、永、閩、阮無「衆」字。○阮元《校記甲》：湯使亳衆往爲之耕。十行、閩本俱脱「衆」字。○阮元《校記乙》：湯使亳往爲之耕。閩本同。毛本「亳」下有「衆」字。案：有者是也。○《定本校記》：湯使亳往爲之耕。「亳」下監本增「衆」字，是也。

二十一葉九行疏　冀其用賢以治。　「治」，要作「致」。

二十一葉九行疏　孫武兵書反間篇曰。　「間」，單、殿作「閒」。

二十一葉十行疏　言使之爲反間也。　「間」，單、殿作「閒」。

二十一葉十一行經　入自北門。　「入」，永作「八」。

二十一葉十二行注　不期而會曰遇。　「期」，永作「其」。

二十一葉十三行疏　(傳)鳩方至曰遇。○正義曰。伊尹與之言。　「伊」上「(傳)鳩方至曰遇○正義曰」，殿、庫作「鳩方二人」。

尚書註疏卷第八

漢孔氏傳　唐孔穎達疏

皇明朝列大夫國子監祭酒臣田一儁
奉訓大夫司經局洗馬管司業事臣盛訥等奉
勑重校刊

湯誓第一

釋文凡三十四篇。十七篇存。

商書

伊尹相湯伐桀。升自陑。傳桀都安邑。湯升道從陑。出其不意。陑在河曲之南。○相。息亮反。湯。如字。馬云。俗儒以湯爲謚。或爲號。號者似非其意。言謚近之。然不在謚法。故無聞焉。及禹。俗儒以爲名。帝系禹名文命。王侯世本。湯名天乙。推此言之。禹豈復非謚乎。亦不在謚法。故疑焉。桀。其列反。夏之末天子。升。音昇。陑。音而。

遂與桀戰于鳴條之野。（傳）地在安邑之西。桀逆拒湯。**作湯誓**（疏）伊尹至湯誓○正義曰。伊尹以夏政醜惡。去而歸湯。輔相成湯。與之伐桀。升道從陑。出其不意。遂與桀戰于鳴條之野。將戰而誓戒士衆。史敘其事。作湯誓。○（傳）桀都至之南○正義曰。此序湯自伐桀。必言伊尹相湯者。序其篇次。自爲首尾。以上云伊尹醜夏。遂相成湯伐之。故文次言伊尹也。計太公之相武王。猶如伊尹之相成湯。泰誓不言太公相者。彼文無其次也。且武王之時。有周召之倫。聖賢多矣。湯稱伊尹云。聿求元聖。與之戮力。伊尹稱惟尹躬暨湯。咸有一德。則伊尹相湯。其功多於太公。故特言伊尹相湯也。桀都安邑。相傳爲然。即漢之河東郡安邑縣是也。史記吳起對魏武侯云。夏桀之居。左河濟。右太華。伊闕在其南。羊腸在其北。修政不仁。湯放之也。地理志云。上黨郡壺關縣有羊腸坂。在安邑之北。是桀都安邑。必當然矣。將明陑之所在。故先言桀都安邑。桀都在亳西。當從東而往。今乃升道從陑。升者。從下向上之名。言陑當是山阜之地。歷險迂路。爲出不意故也。陑在河曲之南。蓋今潼關左右。河曲在安邑西南。從陑向北。渡河乃東向安邑。鳴條在安邑之西。桀西出拒。湯故戰于鳴條之野。陑在河曲之南。鳴條在安邑之西。皆彼有其迹。相傳云然。湯以至聖伐暴。當顯行用師。而出其不意。掩其不備者。湯承禪代之後。嘗爲桀臣。慙而且懼。故出其不意。武王則三分天下有其二。久不事紂。紂有浮桀之罪。地無險要之勢。故顯然致罰以明天誅。又殷勤誓衆。與湯有異。所以湯惟一誓。武王有三。○傳地在至拒湯○正義曰。鄭玄云。鳴條。南夷地名。孟子云。舜卒於鳴條。東夷之地。或云。陳留平丘縣。今有鳴條亭是也。皇甫謐云。伊訓曰。造攻自鳴條。朕哉自亳。又曰。夏師敗績。乃伐三朡。湯誥曰。王歸自克夏。至于亳。三朡在定陶。於義不得在陳留與東夷也。今安邑見有鳴條陌昆吾亭。左氏以爲昆吾與桀同以乙卯日亡。韋顧亦爾。故詩曰。韋顧既伐。昆吾夏桀。於左氏昆吾在衛。乃在濮陽。不得與桀異處同日而亡。明昆吾亦來安邑。欲以衛桀。故同日亡。而安邑有其亭也。且吳起言險。以指安邑。安邑於此而言。何得作南夷乎。謚言是也。

湯誓（傳）戒誓湯士衆。［疏］湯誓○正義曰。此經皆誓之辭也。甘誓泰誓牧誓。發首皆有序引。別言其誓意。記其誓處。此與費誓。惟記誓辭。不言誓處者。史非一人。辭有詳略。序以經文不具。故備言之也。

王曰。格爾衆庶。悉聽朕言。（傳）契始封商。湯遂以爲天下號。湯稱王。則比桀於一夫。○格。庚白反。**非台小子敢行稱亂。有夏多罪。天命殛之。**（傳）稱。舉也。舉亂。以諸侯伐天子。非我小子敢行此事。桀有昏德。天命誅之。今順天。

○台，以之反，下同。殛，居力反。今爾有衆，汝曰：我后不恤我衆，舍我穡事而割正夏。傳汝，汝有衆。我后，桀也。正，政也。言奪民農功而爲割剝之政。○恤，荀律反。舍，音捨，廢也。予惟聞汝衆言，傳不憂我衆之言。夏氏有罪，予畏上帝，不敢不正。傳不敢不正桀罪誅之。今汝其曰：夏罪其如台？傳今汝其復言桀惡，其亦如我所聞之言。○復，扶又反。夏王率遏衆力，率割夏邑。傳言桀君臣相率爲勞役之事以絶衆力，謂廢農功。相率割剝夏之邑居，謂征賦重。○遏，於葛反。徐音謁。馬云：止也。有衆率怠弗協，曰：時日曷喪？予及汝皆亡。

傳衆下相率爲怠惰，不與上和合，比桀於日，曰：是日何時喪，我與汝俱亡。欲殺身以喪桀。○喪，息浪反。惰，徒臥反。夏德若茲，今朕必往。傳凶德如此，我必往誅之。爾尚輔予一人致天之罰，予其大賚汝。傳賚，與也。汝庶幾輔成我，我大與汝爵賞。○罰，音伐。賚，力代反，徐音來。爾無不信，朕不食言。傳食盡其言，僞不實。爾不從誓言，傳不用命。予則孥戮汝，罔有攸赦。傳古之用刑，父子兄弟罪不相及，今云孥戮汝，無有所赦，權以脅之，使勿犯。疏王曰至攸赦。○正義曰：商王成湯將與桀戰，呼其將士曰：來，汝在軍之衆庶，悉聽我之誓言。我伐夏者，非我小子輒敢行此以臣伐君。舉爲亂事。乃由有夏君桀。多有夏罪。上天命我誅之。桀既失君道。我非復桀臣。是以順天誅之。由其多罪故也。桀之罪狀。汝盡知之。今汝桀之所有之衆。即汝輩是也。汝等言曰。我君夏桀。不憂念我等衆人。舍廢我稼穡之事。奪我農功之業。爲割剥之政於夏邑。斂我貨財。我惟聞汝衆言。夏氏既有此罪。上天命我誅桀。我畏上天之命。不敢不正桀罪而誅之。又質而審之。今汝衆人其必言曰。夏王之罪其實如我所言。夏王非徒如此。又與臣下相率遏絶衆力。使不得事農。又相率爲割剥之政於此夏邑。使不得安居。上下同惡。民困益甚。由是汝等相率怠惰。不與在上和協。比桀於日曰。是日何時能喪。君其可喪。我與汝皆亡身殺之。寧殺身以亡桀。是其惡之甚。夏王惡德如此。今我必往誅之。汝庶幾輔成我一人致行天之威罰。我其大賞賜汝。汝無得不信我語。我終不食盡其言。爲虚僞不實。汝若不從我之誓言。我則并殺汝子以戮汝身。必無有所赦。勸使勉力勿犯法也。庶。亦衆也。古人有此重言。猶云艱難也。○傳契

萬曆十五年刊

始至一夫○正義曰。以湯於此稱王。故本其號商之意。契始封商。湯遂以商爲天下之號。鄭玄之說亦然。惟王肅云。相土居商丘。湯取商爲號。若取商丘爲號。何以不名商丘。而單名商也。若八遷國名商不改。則此商德是契商。非相土之商也。若八遷。遷即改名。則相土至湯。改名多矣。相土既非始祖。又非受命。何故用其所居之地以爲天下號名。成湯之意。復何取乎。知其必不然也。湯取契封商。以商爲天下之號。周不取后稷封邰爲天下之號者。契後八遷。商名不改。成湯以商受命。故宜以商爲號。后稷之後。隨遷易名。公劉爲豳。太王爲周。文王以周受命。故當以周爲號。三代不同。理則然矣。泰誓云。獨夫受。此湯稱爲王。則比桀於一夫。桀既同於一夫。故湯可稱王矣。是言湯於伐桀之時始稱王也。周書泰誓稱王。則亦伐紂之時始稱王也。鄭玄以文王生稱王。亦謬也。○傳稱舉至順天。○正義曰。稱舉。釋言文。常法以臣伐君則爲亂逆。故舉亂。謂以諸侯伐天子。桀有昏德。宣三年左傳文。以有昏德。天命誅之。今乃順天行誅。非復臣伐君也。以此解衆人守常之意也。○傳今汝至之言。○正義曰。如我者。謂湯之自稱我也。湯謂其衆云。汝言桀之罪。如我誓言所述也。○傳言桀至賦重。○正義曰。此經與上舍我穡事而割正夏其意一也。上言夏王之身。此言君臣相率。再言所以積桀之罪也。力施於農。財供上賦。故以止絕衆力。謂廢農功。割剝夏邑。謂征賦重。言以農時勞役。又重斂其財。致使民困而怨深。賦斂重。則民不安矣。○傳衆下至喪桀。○正義曰。上既馭之非道。下亦不供其命。故衆下相率爲怠惰。不與上和合。不肯每事順從也。比桀於日曰。是日何時喪亡。欲令早喪桀命也。我與汝俱亡者。民相謂之辭。言並欲殺身以喪桀也。所以比於日者。以日無喪之理。猶云桀不可喪。言喪之難也。不避其難。與汝俱亡。欲殺身以喪桀。疾之甚也。鄭云。桀見民欲叛。乃自比於日曰。是日何嘗喪乎。日若喪亡。我與汝亦皆喪亡。引不亡之徵。以脅恐下民也。○傳食盡至不實。○正義曰。釋詁云。食。僞也。孫炎曰。食言之僞也。哀二十五年。左傳云。孟武伯惡郭重曰。何肥也。公曰。是食言多矣。能無肥乎。然則言而不行。如食之消盡。後終不行前言爲僞。故通謂僞言爲食言。故爾雅訓食爲僞也。○傳古之至勿犯○正義曰。昭二十年左傳引康誥曰。父子兄弟。罪不相及。是古之用刑如是也。既刑不相及。必不殺其子。權時以迫脅之。使勿犯刑法耳。不於甘誓解之者。以夏啓承舜禹之後。刑罰尚寛。殷周以後。其罪或相緣坐。恐其實有孥戮。故於此解之。鄭玄云。大罪不止其身。又孥戮其子孫。周禮云。其奴男子入于罪隷。女子入于舂稾。鄭意以爲實戮其子。故周禮注云。奴。謂從坐而没入縣官者也。孔以孥戮爲權脅之辭。則周禮所云。非從坐也。鄭衆云。謂坐爲盜賊而爲奴者。輸於罪隷。舂人稾人之官。引此孥戮汝。又引論語云。箕子爲之奴。或如衆言。别有没入。非緣坐者也。

湯既勝夏。欲遷其社。不可。傳湯承堯舜禪代之後。順天應人。逆取順守而有慙德。故革命創制。改正易服。變置社稷。而後世無及句龍者。故不可而止。○社。后土之神。禪。時戰反。應。應對之應。創。初亮反。正。音征。又音正。句。音鉤。句龍。共工之子。爲后土。

作夏社疑至。臣扈。

傳　言夏社不可遷之義疑至及臣扈三篇。皆亡。

○扈。音戶。疏　湯既至臣扈○正義曰。湯既伐而勝夏。革命創制。變置社稷。欲遷其社。無人可代句龍。故不可而止。於時有言議論其事。故史敘之。爲夏社疑至臣扈三篇。皆亡。○傳湯承至而止○正義曰。傳解湯遷社之意。湯承堯舜禪代之後。已獨伐而取之。雖復應天順人。乃是逆取順守。而有慙愧之德。自恨不及古人。故革命創制。改正易服。因變置社稷也。易革卦彖曰。湯武革命。順乎天而應乎人。下篇言湯有慙德。大傳云。改正朔。易服色。此其所得與民變革者也。所以變革此事。欲易人之視聽。與之更新。故於是之時。變置社稷。昭二十九年左傳云。共工氏有子曰句龍。爲后土。后土爲社。有烈山氏之子曰柱。爲稷。自夏巳上祀之。周棄亦爲稷。自商巳來祀之。祭法云。厲山氏之有天下也。其子曰農。能殖百穀。夏之衰也。周棄繼之。故祀以爲稷。共工氏之霸九州也。其子曰后土。能平九州。故祀以爲社。是言變置之事也。魯語文與祭法正同。而云夏之興也周棄繼之。興當爲衰字之誤耳。湯于初時。社稷俱欲改之。周棄功多於柱。即令廢柱祀棄。而上世治水土之臣。其功無及句龍者。故不可遷而止。此序之次在湯誓之下。云湯既勝夏。下云。夏師敗績。湯遂從之。是未及逐桀。已爲此謀。鄭玄等注此序。乃在湯誓之上。若在作誓之前。不得云既勝夏也。孟子曰。犧牲既成。粢盛既潔。祭祀以時。然而旱乾水溢。則變置社稷。鄭玄因此乃云湯伐桀之時大旱。既置其禮祀。明德以薦而猶旱。至七年。故更置社稷。乃謂湯即位之後七年大旱。方始變之。若實七年乃變。何當繫之勝夏。勝夏猶尚不可。況在湯誓前乎。且禮記云。夏之衰也。周棄繼之。商興七年乃變。安得以夏衰爲言也。若商革夏命。猶七年祀柱。左傳亦不得斷爲自夏巳上祀柱。自商巳來祀棄也。由此而言。孔稱改正朔而變置社稷。所言得其旨也。漢世儒者說社稷有二。左傳說社祭句龍。稷祭柱棄。惟祭人神而已。孝經說社爲土神。稷爲穀神。句龍柱棄是配食者也。孔無明說。而此經云遷社。孔傳云無及句龍。卽同賈逵馬融等說。以社爲句龍也。○傳言夏至皆亡。○正義曰。疑至與臣扈相類。當是二臣名也。蓋亦言其不可遷之意。馬融云。聖人不可自專。復用二臣自明也。

夏師敗績。湯遂從之。傳 大崩曰敗績。從。謂遂討之。○績。子寂反。從。才容反。

遂伐三朡。俘厥寶玉。傳 三朡。國名。桀走保之今定陶也。桀自安邑東入山。出太行。東南涉河。湯緩追之。不迫。遂奔南巢。俘。取也。玉以禮神。使無水旱之災。故取而寶之。○朡。子公反。俘。音孚。行。戶剛反。一音如字。疏 傳三朡至寶之。○正義曰。

湯伐三朡。知是國名。遂桀而伐其國。知桀走保之也。今定陶者。相傳爲然。安邑在洛陽西北。定陶在洛陽東南。孔跡其所往之路。桀自安邑東入山。出大行。乃東南涉河。往奔三朡。湯緩追之不迫。遂奔南巢。俘。取。釋詁文。桀必載寶而行。棄於三朡。取其寶玉。取其所棄者也。楚語云。玉足以庇廕嘉穀。使無水旱之災。則寶之。韋昭云。玉。禮神之玉也。言用玉禮神。神享其德。使風雨調和。可以庇廕嘉穀。故取而寶之。

誼伯仲伯作典寶。傳 二臣作典寶一篇。言國之常寶也。亡。○誼。本或作義。

仲虺之誥第二　商書

湯歸自夏。至于大坰。傳 自三朡而還。大坰地名。○夏。亥雅反。坰。故螢反。徐欽螢反。又古螢反。仲虺作誥。傳 爲湯左相。奚仲之後。○虺。

許鬼反。誥。故報反。相。息亮反。奚。弦雞反。疏湯歸至作誥〇正義曰。湯歸自伐夏。至于大坰之地。其臣仲虺作誥以誥湯。史錄其言。作仲虺之誥。上言遂伐三朡。故傳言自三朡而還。不言歸自三朡。而言歸自夏者。伐夏而遂逐桀。於今方始旋歸。以自夏告廟。故序言自夏。傳本其來處。故云自三朡耳。大坰。地名。未知所在。當是定陶向亳之路所經。湯在道而言曰恐來世以台爲口實。故仲虺至此地而作誥也。序不言作仲虺之誥。以理足文便。故略之。〇傳爲湯至之後〇正義曰。定元年左傳云。薛之皇祖奚仲居薛。以爲夏車正。仲虺居薛以爲湯左相。是其事也。

仲虺之誥。

傳仲虺。臣名。以諸侯相天子。會同曰誥。

疏仲虺之誥〇正義曰。發首二句。史述成湯之心。次二句。湯言已慙之意。仲虺乃作誥以下。皆勸湯之辭。自曰嗚呼至用爽厥師。言天以桀有罪命伐夏之事。自簡賢附勢至言足聽聞。說湯在桀時怖懼之事。自惟王弗邇聲色至厥惟舊哉。言湯有德行加民民歸之事。自佑賢輔德以下。說天子之法。當擢用賢良。屏黜昏暴。勸湯奉行此事。不須以放桀爲惡。康誥召誥之類。一字足以爲文。仲虺誥三字不得成文。以之字足成其句。畢命冏命不言之。微子之命。文侯之命。言之與此同。猶周禮司服言大裘而冕。亦足句也。○傳仲虺至曰誥○正義曰。伯仲叔季人字之常。仲虺必是其名。或字仲而名虺。古人名或不可審知。縱使是字。亦得謂之爲名。言是人之名號也。左傳稱居薛爲湯左相。是以諸侯相天子也。周禮士師云。以五戒先後刑罰。一曰誓。用之於軍旅。二曰誥。用之於會同。是會同曰誥。誥謂於會之所。設言以誥衆。此惟誥湯一人。而言會同者。因解誥篇誥義。且仲虺必對衆誥湯。亦是會同曰誥。

成湯放桀于南巢。惟有慙德。傳湯伐桀。武功成。故以爲號。南巢地名。有慙德。慙德不及古。○湯伐桀。武功成。故號成湯。一云成。謚也。**曰予恐來世以台爲口實。**傳恐來世論道我放天于常不去口。**仲虺乃作誥。**傳陳義誥湯可無慙。**曰嗚呼。惟天生民有欲。無主乃亂。**傳民無君主。則恣情欲。必致禍亂。**惟天生聰明時乂。**傳言天生聰明。是治民亂。**有夏昏德。民墜塗炭。**傳夏桀昏亂。不恤下民。民之危險。若陷泥墜火。無救之者。**天乃錫王勇智。表正萬邦。纘禹舊服。**傳言天與王勇智。應爲民主。儀表天下。法正萬國。繼禹之功。統其故服。○纘。子管反。應。應對之應。**茲率厥**

典。奉若天命。傳天意如此。但當循其典法。奉順天命而已。無所慙。疏成湯放桀于南巢。○正義曰。桀奔南巢。湯縱而不迫。故稱放也。傳言南巢地名。不知地之所在。周書序有巢伯來朝。傳云。南方遠國。鄭玄云。巢。南方之國。世一見者。桀之所奔。蓋彼國也。以其國在南。故稱南耳。傳并以南巢爲地名。不能委知其處。故未明言之。夏王有罪。矯誣上天。以布命于下。傳言託天以行虐於民。乃桀之大罪。○矯。居表反。誣。音無。帝用不臧。式商受命。用爽厥師。傳天用桀無道。故不善之。式。用。爽。明也。用商受王命。用明其衆。言爲主也。○臧。作郎反。簡賢附勢。寔繁有徒。傳簡略也。賢而無勢則略之。不賢有勢則附之。若是者繁多有徒衆。無道之世所常。○繁音煩。肇我邦于有夏若苗之有莠若粟之有秕。傳始我商家。國於夏世。欲見翦除。若莠生苗。若秕在粟。恐被鋤治簸颺。○莠羊九反。秕悲里反。徐甫里反。又必履反。鋤仕魚反。簸波我反。颺音揚。小大戰戰罔不懼于非辜矧予之德言足聽聞。傳言商家小大憂危。恐其非罪見滅。矧況也。況我之道德善言足聽聞乎。無道之惡有道。自然理。○惡烏路反。惟王不邇聲色不殖貨利。傳邇近也。不近聲樂。言清簡。不近女色。言貞固。殖生也。不生資貨財利。言不貪也。既有聖德。兼有此行。○近附近之近。行下孟反。

疏 夏王至厥師○正義曰。矯。詐也。誣。加也。夏王自有所欲。詐加上天。言天道須然。不可不爾。假此以布苛虐之命於天下。以困苦下民。上天用桀無道之故。故不善之。用使商家受此爲王之命。以王天下。用命商王明其所有之衆。謂湯教之使修德行善以自安樂。是明之也。○傳 式用爽明也○正義曰。式。用。釋言文。昭七年左傳云是以有精爽至於神明。從爽以至於明。則爽是明之始。故爽爲明也。經稱昧爽。謂未大明也。

德懋懋官。功懋懋賞。用人惟已。改過不吝。傳 勉於德者。則勉之以官。勉於功者。則勉之以賞。用人之言。若自已出。有過則改。無所吝惜。所以能成王業。

克寬克仁。彰信兆民。傳 言湯寬仁之德。明信於天下。疏 德懋至不吝○正義曰。於德能勉力行之者。王則勸勉之以官。於功能勉力爲之者。王則勸勉之以賞。用人之言惟如已之所出。改悔過失。無所悋惜。美湯之行如此。凡庸之主。得人之言。恥非已智。雖知其善。不肯遂從。已有愆失。恥於改過。舉事雖覺其非。不肯更悔。是惜過不改。故以此美湯也。成湯之爲此行。尚爲仲虺所稱歎。凡人能勉者鮮矣。**乃葛伯仇餉。初征自葛。東征西夷怨。南征北狄怨。**傳 葛伯遊行。見農民之餉於田者。殺其人。奪其餉。故謂之仇餉。仇。怨也。湯爲是以不祀之罪伐之。從此後遂征無道。西夷北狄。舉遠以言。則近者著矣。○仇音求。餉式亮反。**曰奚獨後予。**傳 怨者辭也。**攸徂之民。室家相慶。曰徯予后。后來其蘇。**傳 湯所往之民皆喜曰。待我君來。其可蘇息。○徯胡啓反。蘇字亦作穌。**民之戴商。厥惟舊**

哉。傳舊謂初征自葛時。佑賢輔德顯忠遂良。傳賢則助之。德則輔之。忠則顯之。良則進之。明王之道。兼弱攻昧取亂侮亡。傳弱則兼之。闇則攻之。亂則取之。有亡形則侮之。言正義。推亡固存邦乃其昌。傳有亡道。則推而亡之。有存道。則輔而固之。王者如此。國乃昌盛。○推土雷反。疏乃葛伯仇餉○正義曰。此言乃者。却說已過之事。亂征云。乃季秋月朔。其義亦然。左傳稱怨耦曰仇。謂彼人有負於我。我心怨之。是名爲仇也。餉田之人不負葛伯。葛伯奪其餉而殺之。是葛伯以餉田之人爲己之仇。言非所怨而妄殺。故湯爲之報也。孟子稱湯使亳衆往爲之耕。有童子以黍肉餉。葛伯奪而殺之。則葛伯所殺。殺亳人也。傳言葛伯遊行。見農人之餉於田者。殺其人而奪其餉。故謂之仇餉。乃似葛伯自殺巳人與孟子違者。湯之征葛。以人之枉死而爲之報耳。不爲亳人乃報之。非亳人則赦之。故傳指言殺餉。不辨死者何人。亳人葛人。義無以異。故不復言亳。非是故違孟子。○傳賢則至之道○正義曰。周禮鄉大夫云。三年則大比。考其德行道藝而興賢者。鄭玄云。賢者。謂有德行者。詩序云。忠臣良士。皆是善也。然則賢是德盛之名。德是資賢之實。忠是盡心之事。良是爲善之稱。俱是可用之人。所從言之異耳。佑之與輔。顯之與遂。隨便而言之。○傳弱則至正義○正義曰。力少爲弱。不明爲昧。政荒爲亂。國滅爲亡。兼。謂包之。攻。謂擊之。取。謂取爲巳有。侮。謂侮慢其人。弱昧亂亡。俱是彼國衰微之狀。兼攻取侮。是此欲吞并之意。弱昧是始衰之事。來服則制爲巳屬。不服則以兵攻之。此二者。始欲服其人。未是滅其國。亂是巳亂。亡謂將亡。二者衰甚。巳將滅其國。亡形巳著。無可忌憚。故陵侮其人。既侮其人。必滅其國。故以侮言之。此是人君之正義。仲虺陳此者。意亦言桀亂亡。取之不足爲愧。下言推亡。及覆昬暴。其意亦在洪也。**德日新。萬邦惟懷。志自滿。九族乃離。**傳日新。不懈怠。自滿。志盈溢。○懈，工債反。疏德日至乃離。○正義曰。繫辭云。日新之謂盛德。脩德不怠。日日益新。德加于人。無遠不届。故萬邦之衆惟盡歸之。志意自滿則陵人。人既被陵。情必不附。雖九族之親乃亦離之。萬邦。舉遠以明近。九族。舉親以明踈也。漢代儒者說九族有二。案禮戴及尚書緯歐陽說九族。乃異姓有屬者。父族四。母族三。妻族二。古尚書說九族。從高祖至玄孫。凡九族。堯典云。以親九族傳云。以睦高祖玄孫之親。則此言九族。亦謂高祖玄孫之親也。謂萬邦惟懷實歸之。九族乃離實離之。聖賢設言爲戒。容辭頗甚。父子之間。便以志滿相棄。此言九族以爲外姓九族有屬。文便也。**王懋昭大德。建中于民。以義制事。以禮制心。垂裕後昆。**傳欲王自勉明大德。立大中之道於民。率義奉禮。垂優足之道示後世。○中，如字。中或作忠，非。裕，徐以樹反。

予聞曰：能自得師者王。（傳）求賢聖而事之。○王，徐于況反，又如字。

謂人莫己若者亡。（傳）自多足，人莫之益，亡之道。

好問則裕，自用則小。（傳）問則有得，所以足。不問專固，所以小。○好，呼報反。

嗚呼！慎厥終，惟其始。（傳）靡不有初，鮮克有終，故戒慎終如其始。○鮮，息淺反。

殖有禮，覆昏暴。（傳）有禮者封殖之，昏暴者覆亡之。○覆，芳服反。暴，蒲報反，字或作虣。

欽崇天道，永保天命。（傳）王者如此上事，則敬天安命之道

湯誥第三

商書

湯既黜夏命。傳 黜，退也。退其王命。復歸于亳，作湯誥。

湯誥 傳 以伐桀大義告天下。疏 湯既至湯誥 ○正義曰：湯既黜夏王之命，復歸于亳，以伐桀大義誥示天下。史錄其事，作湯誥。仲虺在路作誥，此至亳乃作，故次仲虺之下。

王歸自克夏，至于亳，誕告萬方。傳 誕，大也。以天命大義告萬方之衆人。○誕，音但。告，工毒反。疏 王歸自克夏 ○正義曰：湯之伐桀，當有諸侯從之。不從行者必應多矣。既已克夏，改正名號，還至于亳。海內盡來，猶如武成篇所云庶邦冢君暨百工受命于周也。湯於此時大誥諸侯，以伐桀之義，故云誕告萬方。誕，大，釋詁文。萬者，舉盈數。下云凡我造邦，是誥諸侯也。**王曰嗟爾萬方有衆明聽予一人誥。**傳 天子自稱曰予一人古今同義。**惟皇上帝降衷于下民。**傳 皇大。上帝天也。衷善也。疏 降衷于下民。○正義曰。天生烝民與之五常之性。使有仁義禮智信。是天降善於下民也。天既與善於民。君當順之。故下傳云。順人有常之性。則是爲君之道。**若有恆性克綏厥猷惟后。**傳 順人有常之性。能安立其道教。則惟爲君之道。**夏王滅德作威以敷虐于爾萬方百姓。**傳 夏桀滅道德作威刑。以布行虐政於天下百官。言殘酷。**爾萬方百姓罹其凶害弗忍荼毒。**傳 罹。被。荼毒。苦也。不能堪忍虐之甚。○罹。力之反。本亦作羅。洛何反。荼音徒。

疏弗忍荼毒○正義曰。釋草云。荼。苦菜。此菜味苦。故假之以言人苦毒。謂螫人之蟲。蛇虺之類。實是人之所苦。故并言荼毒以喻苦也。**並告無辜于上下神祇**傳言百姓兆民並告無罪。稱寃訴天地。○寃。紆元反。**天道福善禍淫降災于夏以彰厥罪**傳政善。天福之。淫過。天禍之。故下災異以明桀罪惡。譴寤之而桀不改。○譴。遣戰反。寤。五故反。**肆台小子將天命明威不敢赦**傳行天威。謂誅之。○台。音怡。**敢用玄牡。敢昭告于上天神后請罪有夏**傳明告天問桀百姓有何罪而加虐乎。○牡。茂后反。疏敢用玄牡○正義曰。檀弓云。殷人尚白。牲用白。今云玄牡。夏家尚黑。于時未變夏禮。故不用白也。故安國注論語敢用玄牡之文云。

殷家尚白。未變夏禮。故云玄牡。是其義也。鄭玄說天神有六。周家冬至祭皇天大帝于圜丘。牲用蒼。夏至祭靈威仰於南郊。則牲用騂。孔注孝經。圜丘與郊共爲一事。則孔之所說。無六天之事。論語堯曰之篇。所言敢用玄牡。卽此事是也。孔注論語。以爲堯曰之章。有二帝三王之事。錄者採合以成章。撿大禹謨及此篇與泰誓武成。則堯曰之章。其文略矣。鄭玄解論語云。用玄牡者。爲舜命禹事。於時揔告五方之帝。莫適用。用皇天大帝之牲。其意與孔異。

聿求元聖。與之戮力。以與爾有衆請命。

傳 聿。遂也。大聖陳力。謂伊尹。放桀除民之穢。是請命。○聿。允橘反。述也。戮。舊音六。又力彫反。傳 聿說文力周反。史記音力消反。穢。於廢反。疏 傳聿遂也至請命。○正義曰。聿。訓述也。述前所以申遂。故聿爲遂也。戮力。猶勉力也。論語云。陳力就列。湯臣大賢惟有伊尹。故知大聖陳力。謂伊尹也。伊尹賢人而謂之聖者。相對則聖極而賢次。散文則賢聖相通。舜謂禹曰。惟汝賢。是聖得謂之賢。則賢亦可言聖。鄭玄周禮注云。聖通而先識也。解先識則爲聖名。故伊尹可爲聖也。孟子云。伯夷聖人之清者也。伊尹聖人之任者也。柳下惠聖人之和者也。孔子聖人之時者也。是謂伊尹爲聖人者也。桀爲殘虐。人不自保。故伐桀除人之穢。是爲請命。**上天孚佑下民罪人黜伏。**傳 孚。信也。天信佑助下民。桀知其罪。退伏遠屏。**天命弗僭賁若草木兆民允殖。**傳 僭。差。賁。飾也。言福善禍淫之道不差。天下惡除。煥然咸飾。若草木同華。民信樂生。○僭。子念反。忒也。劉創林反。賁。彼義反。徐扶云反。煥。呼亂反。樂。音洛。疏 天命至允殖。○正義曰。桀以大罪。身既黜伏。是天之福善禍淫之命。信而不僭差也。既除大惡。天下煥然脩飾。若草木同生華。兆民信樂生也。昔日不保性命。今日樂生活矣。僭差。不齊之意。故傳以僭爲差。賁。飾。易序卦文也。**俾予一人輯寧爾邦家。**傳 言天使我輯安汝國家。國，諸侯。家，卿大夫。**茲朕未知獲戾于上下。**傳 此伐桀未知得罪於天地，謙以求衆心。○戾，力計反。疏 傳此伐至衆心

○正義曰：經言茲者，謂此伐桀也。顧氏云：未知得罪于天地，言伐桀之事，未知得罪于天地以否。湯之伐桀，上應天心，下符人事，本實無罪，而云未知得罪以否者，謙以求衆心。

慄慄危懼，若將隕于深淵。傳 慄慄，危心。若墜深淵，危懼之甚。○慄音栗。隕，于敏反。**凡我造邦，無從匪彝，無即慆淫。**傳 戒諸侯與之更始。彝，常。慆，慢也。無從非常，無就慢過，禁之。○彝，徐音夷。慆，他刀反。**各守爾典，以承天休。**傳 守其常法，承天美道。**爾有**

善朕弗敢蔽。罪當朕躬，弗敢自赦。惟簡在上帝之心。傳所以不蔽善人，不赦已罪，以其簡在天心故也。疏惟簡在上帝之心○正義曰：鄭玄注論語云：「簡閱在天心，言天簡閱其善惡也。」其爾萬方有罪，在予一人。傳自責化不至。予一人有罪，無以爾萬方。傳無用爾萬方，言非所及。嗚呼！尚克時忱，乃亦有終。傳忱，誠也。庶幾能是誠道，乃亦有終世之美。○忱，市林反。

咎單作明居。傳咎單，臣名，主土地之官。作明居民法一篇，亡。○單，音善。卷末同。疏咎單作明居○正義曰：百篇之序，此類有四：伊尹作咸有一德，周公作無逸。作立政。與此篇直言其所作之人。不言其作者之意。蓋以經文分明。故略之。馬融云。咎單爲湯司空。傳言主土地之官。蓋亦爲司空也。

伊訓第四

商書

成湯既沒太甲元年。傳 太甲。太丁子。湯孫也。太丁未立而卒。及湯沒而太甲立。稱元年。**伊尹作伊訓肆命徂后。**傳 凡三篇。其二亡。疏 成湯至徂后○正義曰。成湯既沒。其歲即太甲元年。伊尹以太甲成湯之後。恐其不能纂修祖業。作書以戒之。史敘其事。作伊訓肆命徂后三篇。○傳太甲至元年○正義曰。太甲。太丁子。世本文也。此序以太甲元年繼湯沒之下。明是太丁未立而卒。太甲以孫繼祖。故湯沒而太甲代立。即以其年稱爲元年也。周法以踰年即位。知此即以其年稱元年者。此經云。元祀十有二月。伊尹祠于先王。奉嗣王祗見厥祖。太甲中篇云。惟三祀十有二月朔。伊尹以冕服奉嗣王歸于亳。二者皆云十有二月。若是踰年即位。二者皆當以正月行事。何以用十二月也。明此經十二月是湯崩之踰月。太甲中篇三祀十有二月是服闋之踰月。以此知湯崩之年。太甲即稱元年也。舜禹以受帝終事自取歲首。遭喪嗣位。經無其文。夏后之世。或亦不踰年也。顧氏云。殷家猶質。踰月即改元年。以明世異。不待正月以爲首也。商謂年爲祀。序稱年者。序以周世言之故也。據此經序及太甲之篇。太甲必繼湯後。而殷本紀云。湯崩。太子太丁未立而卒。於是乃立太丁之弟外丙。三年崩。別立外丙之弟仲壬。四年崩。伊尹乃立太丁之子太甲。與經不同。彼必妄也。劉歆班固不見古文。謬從史記。皇甫謐既得此經。作帝王世紀。乃述馬遷之語。是其疏也。顧氏亦云。止可依經誥大典。不可用傳記小說。

伊訓傳作訓以教道太甲

惟元祀十有二月乙丑伊尹祠于先王。傳此湯崩踰月。太甲即位。奠殯而告。○祀年也。夏曰歲。商曰祀。周曰年。唐虞曰載。尹祠音辭。祭也。

疏惟元祀。○正義曰。伊尹祠于先王。謂祭湯也。奉嗣王祗見厥祖。謂見湯也。故傳解祠先王爲奠殯而告。見厥祖爲居位主喪。羣后咸在爲在位次。皆述在喪之事。是言祠是奠也。祠喪于殯斂。祭皆名爲奠。虞祔卒哭。始名爲祭。知祠非宗廟者。元祀即是初喪之時。未得祠廟。且湯之父祖。不追爲王。所言先王。惟有湯耳。故知祠實是奠。非祠宗廟也。祠之與奠。有大小耳。祠則有主有尸。其禮大。奠則奠器而已。其禮小。奠祠俱是享神。故可以祠言奠。亦由於時猶質。未有節文。周時則祠奠有異。故傳解祠爲奠耳。○傳此湯至而告。○正義曰。太甲中篇云。三祀十有二月。伊尹以冕服奉嗣王。則是除喪即吉。明十二月服終。禮記稱三年之喪。二十五月而畢。知此年十二月湯崩。此祠先王。是湯崩踰月。太甲即位。奠殯而告也。此奠殯而告。亦如周康王受顧命尸於天子。春秋之世。既有奠殯即位。踰年即位。此踰月即位。當奠殯即位也。此言伊尹祠于先王。是特設祀也。嗣王祗見厥祖。是始見祖也。特設祀禮而王始見祖。明是初即王位。告殯爲喪主也。奉嗣王祗見厥祖。傳居位主喪。○見，賢遍反。侯甸羣后咸在。傳在位次。○甸，徒遍反。百官總已以聽冢宰。傳伊尹制百官，以三公攝冢宰。○總，音摠。伊尹乃明言烈祖之成德以訓于王。傳湯有功烈之祖。故稱焉。疏傳湯有至稱焉。○正義曰。湯有功烈之祖。毛詩傳文也。烈，訓業也。湯有定天下之功業。爲商家一代之太祖。故以烈祖稱焉。曰嗚呼。古有夏先后方懋厥德。罔有天災。傳先君。

謂禹以下。少康以上賢王。言能以德禳災。○少，詩照反。上，時掌反。禳，如羊反。疏傳先君至禳災。○正義曰：有夏先君，揔指桀之上世。有德之王，皆是也。傳舉聖賢者，言禹已下，少康已上，惟當禹與啓及少康耳。魯語云：杼能師禹者也。杼，少康之子。傳蓋以其德衰薄，故斷自少康已上耳。由勉行其德，故無有天災。言能以德禳災也。**山川鬼神亦莫不寧。**傳莫，無也。言皆安之。**暨鳥獸魚鼈咸若。**傳雖微物皆順之。明其餘無不順。○暨，具器反。鼈，必滅反。疏山川至咸若。○正義曰：山川鬼神，謂山川之鬼神也。亦莫不寧者，謂鬼神安人君之政。政善則神安之，神安之則降福人君，無妖孽也。鳥獸魚鼈咸若者，謂人君順禽魚。君政善而順彼性，取之有時，不夭殺也。鳥獸在陸，魚鼈在水，水陸所生，微細之物，人君爲政皆順之，明其餘無不順也。**于其子孫弗率，皇天降災，假**

手于我有命。傳言桀不循其祖道。故天下禍災。借手於我。有命商王誅討之。造攻自鳴條朕哉自亳。傳造。哉。皆始也。始攻桀伐無道。由我始修德于亳。○亳，旁各反。徐扶各反。疏于其至自亳○正義曰。于其子孫。於有夏先君之子孫。謂桀也。不循其祖之道。天下禍災。謂滅其國而誅其身也。天不能自誅於桀。故借手于我有命之人。謂成湯也。言湯有天命。將爲天子。就湯借手。使誅桀也。既受天命誅桀。始攻從鳴條之地而敗之。天所以命我者。由湯始自修德於亳故也。惟我商王布。昭聖武。代虐以寬兆民允懷。傳言湯布明武德。以寬政代桀虐政。兆民以此皆信懷我商王之德。今王嗣厥德。罔不在初。傳言善惡之由。無不在初。

欲其愼始。**立愛惟親。立敬惟長。始于家邦。終于四海。**

傳 言立愛敬之道。始於親長。則家國並化。終洽四海。○長。竹丈反。

疏 立愛至四海○正義曰。王者之馭天下。撫兆人。惟愛敬二事而已。孝經天子之章。盛論愛敬之事。言天子當用愛敬以接物也。行之所立。自近爲始。立愛惟親。先愛其親。推之以及疏。立敬惟長。先敬其長。推之以及幼。卽孝經所云。愛親者不敢惡於人。敬親者不敢慢於人。是推親以及物。始則行於家國。終乃洽於四海。卽孝經所云。德教加於百姓。刑于四海是也。所異者。孝經論愛敬。並始於親。令緣親以及疏。此分敬屬長。言從長以及幼耳。

嗚呼。先王肇修人紀。從諫弗咈。先民時若。

傳 言湯始修爲人綱紀。有過則改。從諫如流。必先民之言是順。○咈。扶弗反。

疏 先民時若○正義曰。賈逵注周語云。先民。

古賢人也。魯語云。古曰在昔。昔曰先民。然則先民在古昔之前。遠言之也。遠古賢人。亦是民內之一人。故以民言之。先民之言。於是順從。言其動皆法古賢也。**居上克明。**傳言理恕。疏居上克明。○正義曰。見下之謂明。言其以理恕物。照察下情。是能明也。**爲下克忠。**傳事上竭誠。**與人不求備。檢身若不及。**傳使人必器之。常如不及。恐有過。疏檢身若不及。○正義曰。檢謂自攝斂也。檢勑其身。常如不及。不自大以卑人。不恃長以陵物也。**以至于有萬邦。茲惟艱哉。**傳言湯操心常危懼。動而無過。以至爲天子。此自立之難。○操。七曹反。又七報反。**敷求哲人。俾輔于爾後嗣。**傳布求賢智。使師輔於爾嗣王。言仁及後世。○哲。本又作喆。俾。必爾反。**制官刑。儆于有位。**

(傳)言湯制治官刑法。以儆戒百官。○儆居領反。曰敢有恆舞于宮。酣歌于室。時謂巫風。(傳)常舞則荒淫。樂酒曰酣。酣歌則廢德。事鬼神曰巫。言無政。○酣，戶甘反。巫，音無。樂，音洛。敢有殉于貨色。恆于遊畋。時謂淫風。(傳)殉，求也。昧求財貨美色。常遊戲畋獵。是淫過之風俗。○殉，辭俊反，徐辭荀反。畋，音田。敢有侮聖言。逆忠直。遠耆德。比頑童。時謂亂風。(傳)狎侮聖人之言而不行。拒逆忠直之規而不納。耆年有德疏遠之。童稚頑嚚親比之。是荒亂之風俗。○遠，于萬反。注同。耆，巨夷反。比，毗志反，徐扶至反。稚，直利反。嚚，魚巾反。惟茲三風十愆。卿士有一于身，家必喪。（傳）有一過，則德義廢，失位亡家之道。○愆，去乾反。喪，如字，又息浪反。

邦君有一于身，國必亡。（傳）諸侯犯此，國亡之道。

臣下不匡，其刑墨，具訓于蒙士。（傳）邦君卿士則以爭臣自匡正。臣不正君，服墨刑，鑿其額，涅以墨。蒙士，例謂下士。士以爭友僕隸自匡正。○爭，諫爭之爭。鑿，在洛反。額，魚白反。涅，乃結反。隸，郎計反。

（疏）「曰敢有」至「蒙士」。○正義曰：此皆湯所制治官之刑，以儆戒百官之言也。三風十愆，謂巫風二，舞也，歌也；淫風四，貨也，色也，遊也，畋也；與亂風四，爲十愆也。舞及遊畋得有時爲之，而不可常然，故三事特言恒也。歌則可矣，不可樂酒而歌，故以酣配之。巫以歌舞事神，故歌舞爲巫覡之風俗也。貨色人所貪欲，宜其以義自節，而不可專心殉求，故言殉於貨色。心殉貨色，常爲遊畋。是謂淫過之風俗也。侮慢聖人之言。拒逆忠直之諫。疎遠耆年有德。親比頑愚幼童。愛惡憎善。國必荒亂。故爲荒亂之風俗也。此三風十愆雖惡有大小。但有一於身者。皆喪國亡家。故各從其類。相配爲風俗。臣下不匡。其刑墨。言臣無貴賤皆當匡正君也。具訓于蒙士者。謂湯制官刑。非直教訓邦君卿大夫等。使之受諫。亦備具教訓下士。使受諫也。○傳常舞至無政。○正義曰。酣歌常舞。並爲耽樂無度。荒淫廢德。俱是敗亂政事。其爲愆過。不甚異也。恒舞酣歌。乃爲愆耳。若不恒舞。不酣歌。非爲過也。樂酒曰酣。言耽酒以自樂也。說文亦云。酣。樂酒也。楚語云。民之精爽不攜貳者。則明神降之。在男曰覡。在女曰巫。又周禮有男巫女巫之官。皆掌接神。故事鬼神曰巫也。廢棄德義。專爲歌舞。似巫事鬼神然。言其無政也。○傳殉求至風俗。○正義曰。殉者。心循其事。是貪求之意。故爲求也。志在得之。不顧禮義。昧求。謂貪昧以求之無遜云。于遊于畋是遊與畋別。故爲遊戲與畋獵。爲之無度。是淫過之風俗也。○傳狎侮至風俗。○正義曰。侮。謂輕慢。狎。謂慣忽。故傳以狎配侮而言之。旅獒云。德盛不狎侮。是狎侮意相類也。○【傳】邦君至匡正○正義曰。言十愆有一。則亡國喪家。邦君卿士。慮其喪亡之故。則宜以爭臣自匡正。犯顏而諫。臣之所難。故設不諫之刑。以勵臣下。故言臣不正君。則服墨刑。墨刑。五刑之輕者。謂鑿其額。涅以墨。司刑所謂墨罪五百者也。蒙。謂蒙稚。卑小之稱。故蒙士例謂下士也。顧氏亦以爲蒙。謂蒙闇之士。例字宜從下讀。言此等流例謂下士。

嗚呼。嗣王祇厥身。念哉。【傳】言當敬身。念祖德。

聖謨洋洋。嘉言孔彰。【傳】洋洋。美善言。甚明可法。○洋。音羊。徐音翔。【疏】聖謨至孔彰○正義曰。此歎聖人之謨洋洋美善者。謂上湯作官刑所言三風十愆。令受下之諫。是善言甚明可法也。

惟上帝不常。作善降之百祥。作不善降之百殃。【傳】祥。善也。天之禍福。惟善惡所在。不常在一家。**爾惟德罔小。萬邦惟慶。**（傳）修德無小。則天下賚慶。

○賚，力代反。**爾惟不德罔大。墜厥宗。**（傳）苟為不德無大。言惡有類。以類相致。必墜失宗廟。此伊尹至忠之訓。

（疏）爾惟至厥宗○正義曰。又戒王爾惟修德而為善。德無小。德雖小。猶萬邦賴慶。況大善乎。爾惟不德而為惡。惡無大。惡雖小。猶墜失其宗廟。況大惡乎。○（傳）苟為至之訓○正義曰。爾惟德。謂修德以善也。爾惟不德。謂不修德為惡也。易繫辭曰。善不積。不足以成名。惡不積。不足以滅身。乃謂大善始為福。大惡乃成禍。此訓作勸誘之辭。言為善無小。小善萬邦猶慶。況大善乎。而為惡無大。言小惡猶墜厥宗。況大惡乎。此經二事。辭反而意同也。傳言惡有類者。解小惡墜宗之意。初為小惡。小惡有族類。以類相致。至於大惡。若致於大惡。必墜失宗廟。言至於大惡乃墜。非小惡即能墜也。晉語云。趙文子冠。見韓獻子。曰。戒之。此謂成人成人在始。始與善。善進。不善蔑由至矣。始與不善。不善進。善亦蔑由至矣。言惡有類。以類相致也。今太甲初立。恐其親近惡人。以惡類相致禍害。故以言戒之。此是伊尹至忠之訓也。

肆命（傳）陳天命以戒太甲。亡。

徂后（傳）陳往古明君以戒。亡。

太甲上第五

商書

太甲既立不明。（傳）不用伊尹之訓。不明居喪之禮。伊尹放諸桐。（傳）湯葬地也。不知朝政。故曰放。○朝直遥反。三年。復歸于亳思庸。（傳）念常道。伊尹作太甲三篇。（傳）太甲至三篇○正義曰。太甲既立爲君。不明居喪之禮。伊尹放諸桐宮。使之思過。三年復歸於亳都。以其能改前過。思念常道故也。自初立至放而復歸。伊尹每進言以戒之。史敘其事。作太甲三篇。案經上篇。是放桐宮之事。中下二篇。是歸亳之事。此序歷言其事。以揔三篇也。○傳不用至之禮○正義曰。此篇承伊訓之下。經稱不惠于阿衡。知不明者。不用伊尹之訓也。王徂桐宮。始云居憂。是未放已前。不明居喪之禮也。○傳湯葬至曰放○正義曰。經稱營于桐宮。密邇先王。知桐是湯葬地也。舜放四凶。徙之遠裔。春秋放其大夫。流之他境。嫌此亦然。故辨之云。不知朝政。故曰放。使之遠離國都。往居墓側。與彼放逐事同。故亦稱放也。古者天子居喪三年。政事聽於冢宰。法當不知朝政。而云不知朝政曰放者。彼正法三年之内。君雖不親政事。冢宰猶尚諮稟。此則全不知政。故爲放也。

太甲

傳戒太甲。故以名篇。

疏傳戒太甲故以名篇○正義曰。盤庚仲丁

祖乙等。皆是發言之人名篇。此太甲及沃丁君奭。以被告之人名篇。史官不同。故以爲名有異。且伊訓肆命徂后。與此三篇。及咸有一德。皆是伊尹戒太甲。不可同名伊訓。故隨事立稱。以太甲名篇也。

惟嗣王不惠于阿衡。傳 阿。倚。衡。平。言不順伊尹之訓。○倚。於綺反。

疏 惟嗣至阿衡○正義曰。太甲以元年十二月即位。此至放桐之時。未知凡經幾月。必是伊尹數諫。久而不順。方始放之。蓋以三五月矣。必是二年放之。序言三年。復歸者。謂即位三年。非在桐宮三年也。史錄其伊尹訓王。有伊訓肆命徂后。其餘忠規切諫。固應多矣。太甲終不從之。故言不惠于阿衡。史爲作書發端。故言此爲目也。○傳阿倚至之訓○正義曰。古人所讀阿倚同音。故阿亦倚也。稱上謂之衡。故衡爲平也。詩毛傳云。阿衡。伊尹也。鄭文亦云。阿。倚。衡。平也。伊尹。湯倚而取平。故以爲官名。

伊尹

作書曰。先王顧諟天之明命。以承上下神祇。傳顧謂常目在之。諟是也。言敬奉天命以承順天地。○顧音故。諟音是。說文理也。祇巨支反。疏傳顧謂至天地。○正義曰。說文云。顧。還視也。諟與是古今之字異。故變文爲是也。言先王每有所行。必還迴視是天之明命。謂常目在之。言其想象如目前。終常敬奉天命。以承上天下地之神祇也。

社稷宗廟罔不祇肅。傳肅。嚴也。言能嚴敬鬼神而遠之。○遠于萬反。

天監厥德。用集大命。撫綏萬方。傳監。視也。天視湯德。集王命於其身。撫安天下。○監工暫反。

惟尹躬克左右厥辟宅師。傳伊尹言能助其君居業天下之衆。○辟必亦反。徐甫亦反。疏惟尹躬。○正義曰。孫武兵書。及呂氏春秋皆云。

伊尹名摯。則尹非名也。今自稱尹者。蓋湯得之。使尹正天下。故號曰伊尹。人既呼之爲尹。故亦以尹自稱。禮法君前臣名。不稱名者。古人質直。不可以後代之禮約之。

肆嗣王丕承基緒。傳肆。故也。言先祖勤德。致有天下。故子孫得大承基業。宜念祖修德。○丕。普悲反。徐甫眉反。

惟尹躬先見于西邑夏自周有終。相亦惟終。傳周。忠信也。言身先見夏君臣。用忠信有終。夏都在亳西。○先見。並如字。注同。

其後嗣王罔克有終。相亦罔終。傳言桀君臣。滅先人之道德。不能終其業。以取亡。○相。悉亮反。

嗣王戒哉。祗爾厥辟。辟不辟。忝厥祖。傳以不終爲戒。愼之至。敬其君道。則能終。忝。辱也。

爲君不君。則辱其祖。**王惟庸罔念聞。**傳言太甲守常不改。無念聞伊尹之戒。**伊尹乃言曰。先王昧爽丕顯。坐以待旦。**傳爽。顯。皆明也。言先王昧明思大明其德。坐以待旦而行之。○昧。音妹。**旁求俊彥。啓迪後人。**傳旁非一方。美士曰彥。開道後人言訓戒。○俊本亦作畯。迪。大歷反。**無越厥命以自覆。**傳越。墜失也。無失亡祖命而不勤德。以自顛覆。○越。于月反。本又作粵。覆。芳服反。注同。**愼乃儉德。惟懷永圖。**傳言當以儉爲德。思長世之謀。**若虞機張。往省括于度則釋。**傳機。弩牙也。虞。度也。度機。機有度以準望。言脩德夙夜思之。明旦行之。如射先省矢括于度。釋則中。○省。息井反。括。故活反。度。如字。虞度。待洛反。中。竹仲反。

欽厥止。率乃祖攸行。傳 止。謂行所安止。君止於仁。子止於孝。

惟朕以懌。萬世有辭。傳 言能循汝祖所行。則我喜悅。王亦見歎美無窮。○懌。音亦。

疏 伊尹至有辭○正義曰。伊尹作書以告。太甲不念聞之。伊尹乃又言曰。先王以昧爽之時。思大明其德。既思得其事。則坐以待旦。明則行之。其身既勤於政。又乃旁求俊彥之人。置之於位。令以開導後人。先王之念子孫。其憂勤若是。嗣王今承其後。無得墜失其先祖之命。以自覆敗。王當慎汝儉約之德。令其以儉爲德。而謹慎守之。惟思爲長世之謀。謀爲政之事。譬若以弩射也。可準度之機已張之。入當以意往省視矢括。當於所度。則釋而放之。如是而射則無不中矣。猶若人君所修政教。欲發命也。當以意夙夜思之。使當於民心。明旦行之。則無不當矣。王又當敬其身所安止。循汝祖之所行。若能如此。惟我以此喜悅。王于萬世常有善辭言有聲譽。亦見歎美無窮也。○傳爽顯至行之○正義曰。昭七年左傳云。是以有精爽至於神明。從爽以至於明。是爽謂未大明也。昧是晦冥。爽是未明。謂夜向晨也。釋詁云。丕。大也。顯。光也。光。亦明也。於夜昧冥之時。思欲大明其德。既思得之。坐以待旦而行之。言先王身之勤也。○傳旁非至訓戒○正義曰。旁。謂四方求之。故言非一方也。美士曰彥。釋訓文。舍人曰。國有美士。爲人所言道也。○傳機弩至則中○正義曰。括。謂矢末。機張省括。則是以射喻也。機是轉關。故爲弩牙。虞訓度也。度機者。機有法度。以準望所射之物。準望。則解經虞也。如射者。弩以張訖機關。先省矢括與所射之物。三者於法度相當。乃後釋弦發矢。則射必中矣。言爲政亦如是也。

王未克變。傳未能變。不用訓。太甲性輕脫。伊尹至忠。所以不已。○輕。遣政反。疏傳未能至不巳。○正義曰。未能變者。據在後能變。故當時爲未能也。時旣未變。是不用伊尹之訓也。太甲終爲人主。非是全不可移。但體性輕脫。與物推遷。雖有心向善。而爲之不固。伊尹至忠。所以進言不巳。是伊尹知其可移。故誨之不止。冀其終從巳也。

伊尹曰。茲乃不義。習與性成。傳言習行不義。將成其性。○義本亦作誼。

予弗狎于弗順。營于桐宮。密邇先王其訓。無俾世迷。傳狎。近也。經營桐墓立宮。令太甲居之。近先王。則訓於義。無成其過。不使世人迷惑怪之。○俾必爾反。後篇同。近。附近之近。令。力呈反。

疏伊尹至世迷○正義曰。伊尹以王未變。乃告於朝廷羣臣曰。此嗣王所行。乃是不義之事。習行此事。乃與性成。言爲之不巳。將以不義爲性也。我不得令王近於不順之事。當營於桐墓立宮。使比近先王。當受人教訓之。無得成其過失。使後世人迷惑怪之。○傳狎近至怪之○正義曰。狎習。是相近之義。故訓爲近也。不順。卽是近不順也。習爲不義。近於不順。則當日日益惡。必至滅亡。故伊尹言已不得使王近於不順。故經營桐墓。立宮墓傍。令太甲居之。不使復知朝政。身見廢退。必當改悔爲善也。

王徂桐宮居憂。傳往入桐宮。居憂位。疏傳往入至憂位○正義曰。亦既不知朝政之事。惟行居喪之禮。居憂位。謂服治喪禮也。伊尹亦使兵士衛之。選賢俊敎之。故太甲能終信德也。

克終允德。傳言能思念其祖。終其信德。

太甲中第六

商書

惟三祀十有二月朔。傳湯以元年十一月崩。至此二十六月。三年服闋。○闋，苦穴反。

伊尹以冕服奉嗣王歸于亳。

傳 冕，冠也。踰月卽吉服。○冕，音免。疏 惟三至于亳。○正義曰：周制，君薨之年屬
前君，明年始爲新君之元年。此殷法，君薨之年而新
君卽位，卽以其年爲新君之元年。惟三祀者，太甲卽
位之三年也。湯以元年十一月崩，至此年十一月，爲
再朞，除喪服也。至十二月，服闋。闋，息也。如喪服息，卽
吉服。舉事貴初始，故於十二月朔，以冕服奉嗣王歸
于亳。冕是在首之服，冠內之別名，冠是首服之大名，
故傳以冕爲冠。案王制云：殷人哻而祭。大雅云：常服
黼哻。哻是殷之祭冠。今云冕者，蓋冕爲通名。王制又
云：有虞氏皇而祭，夏后氏收而祭，殷人哻而祭，周人
冕而祭。並是當代別名。殷禮不知天子幾冕。周禮天
子六冕，大裘之冕，祭天尚質，弁師惟掌五冕，備物盡
文，惟衮冕耳。此以冕服，蓋以衮冕之服也。顧氏云：祥
禫之制，前儒不同。案士虞禮云：朞而小祥，又朞而大
祥，中月而禫。王肅云：祥月之內又禫祭，服彌寬而變

彌數也。禮記檀弓云。祥而縞。是月禫。徙月樂。王肅云。是祥之月而禫。禫之明月可以樂矣。案此孔傳云。二十六月服闋。則與王肅同。鄭玄以中月爲閒一月。云祥後復更有一月而禫。則三年之喪。凡二十七月。與孔爲異。

作書曰。民非后罔克胥匡以生。傳 無能相匡。故須君以生。○胥息餘反。**后非民罔以辟四方。**傳 須民以君四方。**皇天眷佑有商。俾嗣王克終厥德。實萬世無疆之休。**傳 言王能終其德。乃天之顧佑商家。是商家萬世無窮之美。○疆居良反。**王拜手稽首曰。予小子不明于德。自厎不類。**傳 君而稽首於臣。謝前過。類善也。闇於德。故自致不善。○厎之履反。**欲敗度。縱敗禮。以速戾于厥**

躬。傳 速，召也。言已放縱情欲，毀敗禮儀法度，以召罪於其身。○敗，必邁反，徐甫邁反。疏 傳「速召至其身」。○縱，子用反。戾，郎計反。正義曰：釋言云：「速，徵也。」「徵，召也。」轉以相訓，故速為召也。欲者，本之於情。縱者，放之於外。有欲而縱之，縱欲為一也。準法謂之度，體見謂之禮，禮度一也。故傳幷釋之。言已放縱情欲，毀敗禮儀法度，以召罪於其身也。**天作孽，猶可違；自作孽，不可逭。**傳 孽，災；逭，逃也。言天災可避，自作災不可逃。○孽，魚列反。逭，胡亂反。疏 傳「孽災至可逃」。○正義曰：洪範五行傳有妖孽眚祥。漢書五行志說云：「凡草物之類謂之妖。妖，猶天胎，言尚微也。蟲豸之類謂之孽，孽則牙孽矣。甚則異物生，謂之眚；自外來，謂之祥。」是孽為災初生之名，故為災也。逭，逃也，釋言文。樊光云：「行相避逃謂之逭，亦行不相逢也。」天作災者，謂若太戊桑穀生朝，高宗雊雉升鼎耳，可修德以禳之，是可避也。自作災者，謂若桀放鳴條。紂死宣室。是不可逃也。據其將來。修德可去。及其已至。改亦無益。天災自作。逃否亦同。且天災亦由人行而至。非是横加災也。此太甲自悔之深。故言自作甚於天災耳。**既往背師保之訓。弗克于厥初。尚賴匡救之德。圖惟厥終。**傳 言已往之前。不能修德於其初。今庶幾賴教訓之德。謀終於善。悔過之辭。○背音佩。徐扶代反。**伊尹拜手稽首。**傳 拜手。首至手。

疏 傳拜手首至手○正義曰。周禮大祝辨九拜。一曰稽首。二曰頓首。三曰空首。鄭玄云。稽首拜。頭至地也。頓首拜。頭叩地也。空首拜。頭至手。所謂拜手也。鄭惟解此三者。拜之形容。所以爲異也。稽首。頭至地。頭下至地也。頓首。頭下至地。暫一叩之而已。此言拜手稽首者。初爲拜頭至手。乃復申頭以至于地。至手是爲拜手。至地乃爲稽首。然則凡爲稽首者。皆先爲拜手。乃後爲稽首。故拜手稽首連言之。

諸言拜手稽首。義皆同也。大祝又云。四曰振動。五曰吉拜。六曰凶拜。七曰奇拜。八曰褒拜。九曰肅拜。鄭注云。振動者。戰栗變動而拜。吉拜者。拜而後稽顙。謂齊衰不杖以下者之拜。凶拜者。稽顙而後拜。即三年喪拜也。奇拜者。謂君答臣一拜也。褒拜者。謂再拜。拜神與尸也。肅拜者。謂揖拜也。禮。介者不拜。及婦人之拜也。左傳云。天子在。寡君無所稽首。則諸侯於天子稽首也。諸侯相施。則頓首也。君於臣。則空首也。曰。

脩厥身。允德協于下。惟明后。（傳）言脩其身。使信德合於羣下。惟乃明君。

先王子惠困窮。民服厥命。罔有不悅。（傳）言湯子愛困窮之人。使皆得其所。故民心服其教命。無有不忻喜。

並其有邦厥鄰。乃曰。徯我后。后來無罰。（傳）湯俱與鄰並有國。鄰國人乃曰。待我君來。言忻戴君來。無罰。言仁惠。○徯，胡啓反。疏「並其」至「無罰」。○正義曰。言湯昔爲諸侯之時。與湯並居。其有邦國。謂諸侯之國也。此諸侯國人。其與湯鄰近者。皆願以湯爲君。乃言曰。待我后。后來無罰於我。言羨慕湯德。忻戴之也。

王懋乃德。視乃厥祖。無時豫怠。

傳言當勉脩其德。法視其祖而行之。無爲是逸豫怠惰。○懋，音茂。

奉先思孝。接下思恭。

傳以念祖德爲孝。以不驕慢爲恭。

視遠惟明。聽德惟聰。

傳言當以明視遠。以聰聽德。疏傳「言當」至「聽德」。○正義曰。人之心識所知。在於聞見。聞見所得。在於耳目。故欲言人之聰明。以視聽爲主。視若不見。故言惟明。明謂監察是非也。聽若不聞。故言惟聰。聰謂識知善惡也。視戒見近迷遠。故言視遠。聽戒背正從邪。故言聽德。各準其事。相配爲文。

朕承王之休無斁。

傳 王所行如此。則我承王之美無斁。○斁音亦。厭。於豔反。

太甲下第七

商書

伊尹申誥于王曰。嗚呼。惟天無親。克敬惟親。傳 言天於人無有親疏。惟親能敬身者。疏 伊尹申誥于王。○正義曰。伊尹以至忠之心。喜王改悔。重告於王。冀王大善。一篇皆誥辭也。天無親克敬。民歸有仁。神享克誠。言天民與神皆歸于善也。奉天宜其敬謹。養民宜用仁恩。事神當以誠信。亦準事相配而爲文也。民罔常懷。懷于有仁。傳 民所歸無常。以仁政爲常。鬼神無常享。享于克誠。傳 言鬼神不係一人。能誠信者。則享其祀。天位艱哉。傳言居天子之位難，以此三者。德惟治，否德亂。傳為政以德則治，不以德則亂。○治，直吏反，訖及下同。與治同道罔不興，與亂同事罔不亡。傳言安危在所任，治亂在所法。疏傳言安至所法○正義曰：任賢則興，任佞則亡，故安危在所任。於善則治，於惡則亂，故治亂在所法。總言治國則稱道，單指所行則言事。興難而亡易，道大而事小，故大言興而小言亡也。此所云惟言治亂在所法耳。下句云終始慎厥與，言當與賢不與佞，治亂在於用臣，故傳於此言安危在所任也。終始慎厥與，惟明明后。傳明慎其所與，治亂之機，則為明王明君。疏惟明明后○正義曰：重言明明，言其為大明耳。傳因文重，故言明王明君，君王猶是一也。先王惟時懋敬厥德，克配上帝。傳言湯惟是終始所與之難。勉修其德。能配天而行之。今王嗣有令緒。尚監茲哉。傳 令，善也。繼祖善業，當夙夜庶幾視祖此配天之德而法之。若升高必自下。若陟遐必自邇。傳 言善政有漸，如登高升遠，必用下近為始，然後終致高遠。無輕民事惟難。傳 無輕為力役之事，必重難之乃可。無安厥位惟危。傳 言當常自危懼，以保其位。慎終于始。傳 於始慮終，於終思始。疏 慎終于始 ○正義曰：欲慎其終，於始即須慎之，故傳云於始慮終。傳以將終戒惰，故又云於終思始。言終始皆當慎也。有言逆于汝心，必求諸道。傳 人以言咈違汝心，必以道義求其意。勿拒逆之。有言遜于汝志。必求諸非道。傳遜。順也。言順汝心。必以非道察之。勿以自臧。嗚呼。弗慮胡獲。弗爲胡成。一人元良。萬邦以貞。傳胡。何。貞。正也。言常念慮道德。則得道德。念爲善政。則成善政。一人。天子。天子有大善。則天下得其正。疏傳胡何至其正。○正義曰。胡之與何。方言之異耳。易象皆以貞爲正也。伊尹此言。勸王爲善。弗慮弗爲。必是善事。人君善事。惟有道德政教。言不慮何獲。是念慮有所得。知心所念慮是道德也。不爲何成。則爲之有所成。則知心所念是爲善政也。謂天子爲一人者。其義有二。一則天子自稱一人。是爲謙辭。言己是人中之一耳。一則臣下謂天子爲一人。是爲尊稱。言天下惟一人而已。君罔以辯言亂舊政。傳利口覆國家。故特慎焉。臣罔以寵利居成功。傳 成功不退。其志無限。故爲之極以安之。疏 傳 成功至安之。○正義曰。四時之序。成功者退。臣既成功。不知退謝。其志貪欲無限。其君不堪所求。或有怨恨之心。君懼其謀。必生誅殺之計。自古以來。人臣有功不退者。皆喪家滅族者衆矣。經稱臣無以寵利居成功者。爲之限極以安之也。伊尹告君而言及臣事者。雖復汎說大理。亦見已有退心也。邦其永孚于休。傳 言君臣各以其道。則國長信保於美。

咸有一德第八

商書

伊尹作咸有一德。傳 言君臣皆有純一之德。以戒太甲。

疏伊尹作咸有一德○正義曰太甲既歸於亳伊尹致仕而退恐太甲德不純一故作此篇以戒之經稱尹躬及湯有一德言已君臣皆有純一之德戒太甲使君臣亦然此主戒太甲而言臣有一德者欲令太甲亦任一德之臣經云任官惟賢材左右惟其人是戒太甲使善用臣也伊尹既放太甲又迎而復之是伊尹有純一之德已爲太甲所信是已君臣純一欲令太甲法之

咸有一德

傳卽政之後恐其不一故以戒之

疏咸有一德○正義曰此篇終始皆言一德之事發首至陳戒于德敘其作戒之由已下皆戒辭也德者得也內得於心行得其理既得其理執之必固不爲邪見更致差貳是之謂一德也而凡庸之主監不周物志既少決性復多疑與智者謀之與愚者敗之則是二三其德不爲一也經云德惟一動罔不吉德二三動罔不凶是不二三則爲一德也又曰終始惟一時乃日新言守一

必須固也。太甲新始卽政，伊尹恐其二三，故專以一德爲戒。

伊尹既復政厥辟。（傳）還政太甲。將告歸，乃陳戒于德。（傳）告老歸邑，陳德以戒。

（疏）伊尹至于德。○正義曰：自太甲居桐而伊尹秉政，太甲既歸于亳，伊尹還政其君，將欲告老歸其私邑，乃陳言戒王於德，以一德戒王也。太甲既得復歸，伊尹卽應還政，其告歸陳戒，未知在何年也。下云「今嗣王新服厥命」，則是初始卽政，蓋太甲居亳之後，卽告者也。君奭云「在太甲，時則有若保衡」，保衡，伊尹也。襄二十一年左傳云「伊尹放太甲而相之，卒無怨色」，則伊尹又相太甲。蓋伊尹此時將欲告歸，太甲又留之爲相，如成王之留周公，不得歸也。○傳告老至以戒。○正義曰：伊尹，湯之上相，位爲三公，必封爲國君，又受邑于畿內。告老致政事於君，欲歸私邑以自安。將離王朝，故陳戒以德也。無逸云「肆祖甲之享國三十三年」，傳稱祖甲卽太甲也。殷本紀云：太甲崩，子沃丁立。沃丁序云。沃丁既葬伊尹于亳。則伊尹卒在沃丁之世。湯爲諸侯之時。已得伊尹。此至沃丁始卒。伊尹壽年百有餘歲。此告歸之時。已應七十左右也。殷本紀云。太甲既立三年。伊尹放之於桐宫。居桐宫三年。悔過反善。伊尹乃迎而授之政。謂太甲歸亳之歲。已爲即位六年。與此經相違。馬遷之説妄也。紀年云。殷仲壬即位居亳。其卿士伊尹。仲壬崩。伊尹乃放太甲於桐而自立也。伊尹即位於太甲七年。太甲潛自出桐。殺伊尹。乃立其子伊陟伊奮。命復其父之田宅而中分之。案此經序。伊尹奉太甲歸于亳。其文甚明。左傳又稱伊尹放太甲而相之。孟子云。有伊尹之志則可。無伊尹之志則篡。伊尹不肯自立。太甲不殺伊尹也。必若伊尹放君自立。太甲起而殺之。則伊尹死有餘罪。義當汙宫滅族。太甲何所感德。而復立其子。還其田宅乎。紀年之書。晉太康八年汲郡民發魏安僖王冢。得之。蓋當時流俗有此妄説。故其書因記之耳。

曰。嗚呼。天難諶。命靡常。傳以其無常。故難信。○諶。市林反。常厥德。保厥位。厥德匪常。九有以亡。傳人能常其德。則安其位。九有諸侯。桀不能常其德。湯伐而兼之。疏九有以亡。○正義曰。毛詩傳云。九有。九州也。此傳云九有諸侯。謂九州所有之諸侯。伊尹此言。汎説大理。未指夏桀。但傳顧下文比桀。爲此言之驗。故云。桀不能常其德。湯伐而兼之。夏王弗克庸德。慢神虐民。傳言桀不能常其德。不敬神明。不恤下民。皇天弗保。監于萬方。啓迪有命。傳言天不安桀所爲。廣視萬方。有天命者開道之。眷求一德。俾作神主。傳天求一德。使伐桀爲天地神祇之主。惟尹躬暨湯咸有一德。克享天心。受天明命。傳享。當也。所征無敵。謂之受天命。疏傳享當至天命○正義曰德當神意神乃享之故以享爲當也天道遠而人道近天之命人非有言辭文誥正以神明祐之使之所征無敵謂之受天命也緯候之書乃稱有黃龍玄龜白魚赤雀負圖銜書以授聖人正典無其事也漢自哀平之間緯候始起假託鬼神妄稱祥瑞孔時未有其說縱使時已有之亦非孔所信也。以有九有之師，爰革夏正。傳爰於也。於得九有之衆，遂伐夏勝之，改其正。非天私我有商，惟天佑于一德。傳非天私商而王之，佑助一德，所以王。○王，于況反，下同，或如字。非商求于下民，惟民歸于一德。傳非商以力求民，民自歸於一德。德惟一，動罔不吉；德二三，動罔不凶。傳二三，言不一。惟吉凶不僭在人，惟天降災祥在德。【傳】行善則吉，行惡則凶，是不差。德一，天降之善；不一，天降之災。是在德。○僭，子念反。【疏】"惟吉"至"在德"。○正義曰：指其已然，則爲吉凶；言其徵兆，則曰災祥，其事不甚異也。吉凶已成之事，指人言之，故曰在人。災祥未至之徵，行之所招，故言在德。在德，謂爲德有一與不一。在人，謂人行有善與不善也。吉凶已在其身，故不言來處；災祥自外而至，故言天降。其實吉凶亦天降也。今嗣王新服厥命，惟新厥德。【傳】其命，王命。新其德，戒勿怠。終始惟一，時乃日新。【傳】言德行終始不衰殺，是乃日新之義。○行，下孟反。殺，色界反。衰，微也。殺，害也。言小小害也。任官惟賢材，左右惟其人。【傳】官賢才而任之，非賢才不可任。選左右，必忠良。不忠良，非其人。臣爲上爲德。爲下爲民。傳言臣奉上布德。順下訓民。不可官所私。任非其人。○爲上。于僞反。下爲民同。爲德。如字。下爲下同。徐皆于僞反。其難其愼。惟和惟一。傳其難無以爲易。其愼無以輕之。羣臣當和一心以事君。政乃善。○易。以豉反。疏令嗣王至惟一。○正義曰。上既言在德。此指戒嗣王。令新始服其王命。惟當新其所行之德。所云新者。終始所行。惟常如一。無有衰殺之時。是乃日新也。王既身行一德。臣亦當然。任人爲官。惟用其賢才。輔弼左右。惟當用其忠良之人。乃可爲左右耳。此任官左右。卽王之臣也。臣之爲用。所施多矣。何者。言臣之助爲在上。當施爲道德。身爲臣下。當須助爲於民也。臣之既當爲君。又須爲民。故不可任非其才。用非其人。此臣之所職。其事甚難。無得以爲易。其事須愼。無得輕忽。爲臣之難如此。惟當衆臣和順。惟當其秉一心以此事君。然後政乃善耳。言君臣宜皆有一德。○傳其命至勿怠。○正義曰。說命云。王言宜作命。成十八年左傳云。人之求君。使出命也。是言人君職在發命。新服厥命。新始服行王命。故云。其命。王命也。新其德者。勤行其事。日日益新。戒王勿懈怠也。○傳言德至之義。○正義曰。日新者。日日益新也。若今日勤而明日惰。昨日是而今日非。自旁觀之。則有新有舊。言王德行終始皆同。不有衰殺。從旁觀之。每日益新。是乃日新之義也。○傳官賢至其人。○正義曰。任官。謂任人以官。故云。官賢才而任之。言官用賢才而委任之。詩序云。任賢使能。非賢才不可任也。冏命云。小大之臣。咸懷忠良。故言選左右必忠良。不忠良。卽是非其人。任官是用人爲官。左右亦是任而用之。故言選左右也。直言其人。人字不見。故據冏命之文。以忠良充之。○傳言臣至其人。○正義曰。言臣奉上布德者。奉上。謂奉爲在上。解經爲上也。布德者。謂布爲道德。解經爲德也。順下訓民者。順下。謂卑順以爲臣下。解經爲下也。訓民者。訓以善道。訓助下民。解經爲民也。顧氏亦同此解。○傳其難至乃善。○正義曰。此經申上臣事既所爲如此。其難。無以爲易。其慎。無以輕忽之。戒臣無得輕易臣之職也。既事不可輕。宜和協奉上。羣臣當一心以事君。如此政乃善耳。一心卽一德。言臣亦當一德也。

德無常師。主善爲師。傳德非一方。以善爲主。乃可師。

善無常主。協于克一。傳言以合於能一爲常德。

俾萬姓咸曰大哉王言。傳一德之言。故曰大。

又曰一哉王心。傳能一德。則一心。

克綏先王之祿。永底烝民之生。傳言爲王而令萬姓如此。則能保安先王之寵祿。長致衆民所以自生之道。是明王之事。○烝之承反。

嗚呼。七世之廟可以觀德。傳天子立七廟。有德之王。

則爲祖宗。其廟不毀。故可觀德。萬夫之長可以觀政。

【傳】能整齊萬夫。其政可知。○長。竹丈反。

【疏】嗚呼至觀政○正義曰。此又觀王修德以立後世之名。禮。王者祖有功。宗有德。雖七世之外。其廟不毀。嗚呼。七世之廟。其外則猶有不毀者。可以觀知其有明德也。立德在於爲政。萬夫之長能使其整齊。可以觀知其善政也。萬夫之長尚爾。況天子乎。觀王使爲善政也。○【傳】天子至觀德○正義曰。天子立七廟。是其常事。其有德之王。則列爲祖宗。雖七廟親盡。而其廟不毀。故於七廟之外。可以觀德矣。下云。萬夫之長。可以觀政。謂觀其萬夫之長。此七世之廟。可以觀德。謂觀七世之外。文雖同而義小異耳。所謂辭不害意。漢氏以來。論七廟者多矣。其文見於記傳。禮器。家語。荀卿書。穀梁傳皆曰。天子立七廟。以爲天子常法。不辨其廟之名。王制云。天子七廟。三昭三穆。與太祖之廟而七。祭法云。王立七廟。曰考廟。曰王考廟。曰皇考廟。曰顯考廟。曰祖考廟。皆月祭之。

遠廟爲祧。有二祧。亨嘗乃止。漢書韋玄成議曰。周之所以七廟者。后稷始封。文王武王受命而王。是以三廟不毀。與親廟四而七也。鄭玄用此爲說。惟周有七廟。二祧。爲文王武王廟也。故鄭玄王制注云此周制七者。太祖及文王武王二祧。與親廟四。太祖后稷也。殷則六廟。契及湯與二昭二穆。夏則五廟。無太祖。禹與二昭二穆而已。良由不見古文。故爲此謬說。此篇乃是商書。已云七世之廟。則天子立七廟。王者常禮。非獨周人始有七廟也。文武則爲祖宗。不在昭穆之數。王制之文。不得云三昭三穆也。劉歆馬融王肅雖則不見古文。皆以七廟爲天子常禮。所言二祧者。王肅以爲高祖之父及祖也。幷高祖已下。共爲三昭三穆耳。喪服小記云。王者禘其祖之所自出。以其祖配之。而立四廟。庶子王亦如之。所以不同者。王肅等以爲受命之王。是初基之王。故立四廟。庶子王者。謂庶子之後自外繼立。雖承正統之後。自更別立已之高祖已下之廟。猶若漢宣帝別立戾太子悼皇考廟之類也。或可庶子初基爲王。亦得與嫡子同正立四廟也。后非民罔使民非后罔事。傳君以使民自尊。民以事君自生。無自廣以狹人匹夫匹婦不獲自盡民主罔與成厥功。傳上有狹人之心。則下無所自盡矣。言先盡其心。然後乃能盡其力。人君所以成功。○狹戶夾反。盡徐子忍反。註同。疏無自至厥功。○正義曰。既言君民相須。又戒王虛心待物。凡爲人主無得爲廣大。以狹小前人。勿自以所知爲大。謂彼所知爲小。若謂彼狹小。必待之輕薄。彼知遇薄。則意不自盡。匹夫匹婦。不得自盡其意。則在下不肯親上。在上不得下情。如是則人主無與成其功也。

沃丁既葬伊尹于亳。傳沃丁。太甲子。伊尹既致仕老終。以三公禮葬。○沃烏毒反。徐於毒反。咎單遂訓伊尹事。傳訓暢其所行功德之事。作沃丁。傳 咎單。忠臣名。作此篇以戒也。亡。疏 沃丁至作沃丁○正義曰。沃丁。殷王名也。沃丁既葬伊尹。言重其賢德。借禮而葬之。咎單以沃丁愛慕伊尹。遂訓暢伊尹之事。以告沃丁。史錄其事。作沃丁之篇。○傳沃丁至禮葬○正義曰。世本本紀皆云。太甲崩。子沃丁立。是爲太甲子也。伊尹本是三公。上篇言其告歸。知致仕老終。以三公禮葬。皇甫謐云。沃丁八年。伊尹卒。卒年百有餘歲。大霧三日。沃丁葬之以天子禮。葬祀以太牢。親臨喪以報大德。晉文請隧。襄王不許。沃丁不當以天子之禮葬伊尹也。孔言三公禮葬。未必有文。要情事當然也。

伊陟相太戊。傳 伊陟。伊尹子。太戊。沃丁弟之子。○陟。張力反。相。息亮反。太戊。馬云。太甲子。亳有祥。桑穀共生于朝。傳 祥。妖怪。二木合生。七日大拱。不恭之罰。○桑。蘇藏反。穀。工木反。楮也。朝。直遥反。伊陟

贊于巫咸。作咸乂四篇。〔傳〕贊。告也。巫咸。臣名。皆亡。○巫
咸。馬云。巫。男巫也。名咸。殷之巫也。〔疏〕伊陟至四篇○正義曰。伊陟輔相太戊。於亳都之內。有不善之
祥。桑穀二木。共生于朝。朝非生木之處。是爲不善之
徵。伊陟以此桑穀之事。告于巫咸。史錄其事。作咸乂
四篇。乂。訓治也。言所以致妖。須治理之。故名篇爲咸
乂也。伊陟不先告太戊而告巫咸者。君奭云。在太戊
時則有若巫咸乂王家。則咸是賢臣。能治王事。大臣
見怪而懼。先共議論。而後以告君。下篇序云。太戊贊
于伊陟。明先告於巫咸。而後告太戊。○〔傳〕伊陟至之
子○正義曰。伊陟。伊尹子。相傳爲然。殷本紀云。沃丁
崩。弟太庚立。崩。子小甲立。崩。弟雍己立。崩。弟太戊立。
是太戊爲小甲弟。太庚之子。○〔傳〕祥妖至之罰○正
義曰。漢書五行志云。凡草物之類。謂之妖。自外來謂
之祥。祥是惡事先見之徵。故爲妖怪也。二木合生。謂
共處生也。七日大拱。伏生書傳有其文。或當別出餘
書。則孔用之也。鄭玄注書傳云。兩手搤之曰拱。生七

日而見其大滿兩手也。殷本紀云。一暮大拱。言一夫即滿拱。所聞不同。故說異也。五行傳曰。貌之不恭。是謂不肅。時則有青眚之祥。漢書五行志夏侯始昌劉向筭法云。肅。敬也。內曰恭。外曰敬。人君行已。體貌不恭。怠慢驕蹇。則不能敬。木色青。故有青眚之祥。是言木之變怪。是貌不恭之罰。人君貌不恭。天將罰之。木怪見其徵也。皇甫謐云。太戊問於伊陟。伊陟曰。臣聞妖不勝德。帝之政事有闕。白帝修德。太戊退而占之曰。桑穀野木。而不合生於朝。意者朝亡乎。太戊懼。修先王之政。明養老之禮。三年而遠方重譯而至七十六國。是言妖不勝德也。○傳贊告至臣名。○正義曰。禮有贊者。皆以言告人。故贊為告也。君奭傳曰。巫氏也。當以巫為氏。名咸。此言臣名者。言是臣之名號也。鄭玄云。巫咸。謂之巫官者。案君奭咸子又稱賢。父子並為大臣。必不世作巫宮。故孔言巫氏是也。

太戊贊于伊陟。傳告以改過自新。**作伊陟原命。**傳原。臣名。原命伊陟三篇皆亡。疏太戊至原命○正義曰。言太戊贊於伊陟。惟告伊陟。不告原也。史錄其事。而作伊陟原命二篇。則太戊告伊陟。亦告原。俱以桑穀事告。故序揔以爲文也。原是臣名。而云原命。謂以言命原。故以原命名篇。猶如冏命畢命也。

仲丁遷于囂。傳太戊子。去亳。囂地名。○囂。五羔反。疏仲丁遷于囂○正義曰。此三篇皆是遷都之事。俱以君名名篇。並陳遷都之義。如盤庚之誥民也。發其舊都謂之遷。到彼新邑謂之居。遷于囂。與居相。亦事同也。以河亶甲三字句長。不言于。其實亦是居于相也。圮于耿者。孔意以爲毀于相地。乃遷于耿地。其篇蓋言毀意。故序特言圮也。李顒云。囂在陳留浚儀縣。皇甫謐云。仲丁自亳徙囂。在河北也。或曰。今河南敖倉。二說未知孰是也。相地。孔云在河北。蓋有文而知也。謐又以耿在河東。皮氏縣耿鄉是也。○傳太戊至地名○正義曰。此下傳。言仲丁是太戊之子。河亶甲。仲丁弟也。祖乙。

河亶甲子。皆世本文也。仲丁是太戊之子。太戊之時。仍云亳有祥。知仲丁遷于囂去亳也。作仲丁。

傳陳遷都之義亡。

河亶甲居相。傳仲丁弟。相地名。在河北。○亶丁但反。相息亮反。在河北。今魏郡有相縣。作河亶甲。傳亡。

祖乙圮于耿。傳亶甲子。圮於相。遷於耿。河水所毀曰圮。○圮備美反。徐扶鄙反。馬云。毀也。

疏傳亶甲至曰圮。○正義曰。孔以河亶甲居相。祖乙卽亶甲之子。故以爲圮於相地。乃遷都于耿。釋詁云。圮。毀也。故云河水所毀曰圮。據文圮于耿也。知非圮毀于耿更遷餘處。必云圮於相地。遷於耿者。明與其上文連。上云遷于囂。謂遷來向囂。居於相。謂居於相地。故知圮于耿。謂遷來于耿。以文相類。故孔爲此解。謂古人之言。雖尚要約。皆使言足其文。令人曉解。若圮於相。遷居於耿。經言圮於耿。耿大不辭乎。且亶甲居於相。祖乙居耿。今爲水所毁。更遷他處。故言毁于耿耳。非旣毁乃遷耿也。盤庚云。不常厥邑。于今五邦。及其數之。惟有亳囂相耿四處而已。知此旣毁於耿。更遷一處。盤庚又自彼處而遷於殷耳。殷本紀云。祖乙遷於邢。馬遷所爲說耳。鄭玄云。祖乙又去相居耿。而國爲水所毁。於是修德以禦之。不復徙也。錄此篇者。善其國圮毁。改政而不徙。如鄭所言。稍爲文便。但上有仲丁亶甲。下有盤庚。皆爲遷事作書。述其遷意。此若毁而不遷。序當改文見義。不應文類遷居。更以不遷爲義。汲冢古文云。盤庚自奄遷于殷者。蓋祖乙圮於耿。遷於奄。盤庚自奄遷於殷。亳囂相耿。與此奄五邦者。此蓋不經之書。未可依信也。

作祖乙。(傳)亡。

尚書註疏卷第八

尚書注疏彙校卷八

湯誓第一

一葉五行經　**湯誓第一**　○阮元《校記甲》：湯誓第一。按匡謬正俗卷二引商書湯斷曰：予則孥戮汝。蓋古文尚書「誓」作「斷」也。阮元《校記乙》同。

一葉五行釋文　**釋文凡三十四篇。十七篇存。**　王、纂、平無「釋文」至「篇存」十一字，魏「釋文」作「商書」，「十七」上有「十七篇亡」四字，「存」上有「見」字。毛「十七」上有「亡」字，「存」上有「見」字。○山井鼎《考文》：釋文凡三十四篇，亡，十七篇見存。經典釋文作「商書凡三十四篇，十七篇亡，十七篇見存」。○浦鏜《正字》：釋文凡三十四篇，十七篇亡，十七篇見存。監本脱「十七篇見」四字，毛本脱「十七篇」三字。案：此一十六字當在「商書」二字下。○阮元《校記甲》：商書凡三十四篇，十七篇亾，十七篇見存。十行本作「凡三十四篇，十七篇存」。毛本作「凡三十四篇亡，十七篇見存」。按：此段釋文注疏本隸湯誓弟一下，誤。

一葉六经　商書。　「書」下庫有雙行小字「湯誓、仲虺之誥、湯誥、伊訓、太甲上、太甲中、太甲下、咸有一德」二十三字。

一葉七行注　湯升道從陑。　○浦鏜《正字》：湯升道從陑，出其不意。「陑」，監本誤「而」。

一葉八行注　出其不意。　○山井鼎《考文》：出其不意。〔古本〕下有「也」字。「桀逆拒湯」下同。

一葉八行釋文　俗儒以湯爲謚。　「謚」，魏作「諡」。

一葉十二行疏　伊尹以夏政醜惡。　「夏」，八作「戛」。「醜惡」，魏作「配悪」。「醜」，毛作「配」。○浦鏜《正字》：伊尹以夏政醜惡而歸湯。「醜」，毛本誤「配」。○盧文弨《拾補》：伊尹以夏政醜惡去而歸湯。毛本「醜」作「配」。「配」當作「醜」。○阮元《校記甲》：伊尹以夏政配惡。「配」，十行、閩、監俱作「醜」，是也。○阮元《校記乙》：伊尹以夏政醜惡。閩本、明監本同。毛本「醜」作「配」，誤。

一葉十二行疏　去而歸湯。　「去」，十、永、阮作「志」。

一葉十四行疏　計太公之相武王。　「王」，毛作「玉」。

一葉十七行疏　即漢之河東郡安邑縣是也。　「漢」，八作「滅」。○《定本校記》：即漢之河東郡安邑縣是也。「漢」，〔足利〕八行本誤作「滅」。

一葉十七行疏　羊腸在其北。「腸」，永作「陽」。

一葉十八行疏　上黨郡壺關縣有羊腸坂。「關」，平作「開」，要作「闕」。「腸」，十作「賜」。○浦鏜《正字》：上黨郡壺關縣有羊腸坂。「坂」，漢志作「阪」。

一葉十八行疏　在安邑之北。○張鈞衡《校記》：在安邑之北。阮本無「之」字。（彙校者案：阮本有「之」字。）

二葉一行疏　桀都在亳西。「桀」上永有「之」字。「亳」，八作「毫」。

二葉二行疏　歷險迂路。「迂」，八作「迀」。

二葉二行疏　爲出不意故也。「出」下單、八、魏、平、要、毛有「其」字。○浦鏜《正字》：爲出其不意故也。監本脱「其」字。○阮元《校記甲》：爲出其不意故也。十行、閩、監俱無「其」字。○阮元《校記乙》：爲出不意故也。閩本、明監本同。毛本「出」下有「其」字。

二葉二行疏　蓋今潼關左右。「關」，平作「開」。

二葉二行疏　渡河乃東向安邑。「渡」下魏無「河」字。

二葉三行疏　桀西出拒。「拒」處要爲空白。

二葉四行疏　慙而且懼。「且」，平作「自」。

二葉六行疏　武王有三。　「三」上要無「有」字。「三」下八有「一」字。

二葉六行疏　鄭玄云。嗚條。南夷地名。　「夷」，要作「裔」。

二葉七行疏　東夷之地。　「夷」，要作「裔」。

二葉八行疏　於義不得在陳留與東夷也。　「夷」，要作「裔」。

二葉十一行疏　何得作南夷乎。　「作」，單、八、魏、平、要、十、永、閩、毛、殿、庫、阮作「在」。「夷」，要作「裔」。

二葉十二行注　戒誓湯士衆。　「湯」，八、李、王、岳作「其」。○山井鼎《考文》：戒誓湯士衆。〔古本〕「湯」作「其」，宋板同。〔古本〕「衆」下有「也」字。「今順天下割剥之政」下、「如我所聞之言」下、「謂征賦重」下、「欲殺身以喪桀」下、「僞不實」下、「不用命」下、「使勿犯」下放此。○殿本《考證》：戒誓湯士庶。臣召南按：文義應作「湯戒誓士衆」。○岳本《考證》：戒誓其士衆。「其」，殿本、汲古閣、永懷堂諸本並作「湯」。案文義若作「湯」字，應在「戒誓」二字之上。今在「戒誓」下，應從「其」字爲安。○盧文弨《拾補》：戒誓其士衆也。「其」，毛本作「湯」，古本作「其」。當作「其」。「也」，毛本無，古本有。當據補。○阮元《校記甲》：戒誓湯士衆。「湯」，古本、岳本、宋板俱作「其」，纂傳亦作「湯」。阮元《校記乙》同。

二葉十六行注　則比桀於一夫。　○《定本校記》：則比桀於一夫。九條本、内野本無「於」字。

二葉十六行釋文　格。庚白反。　「反」下纂、平、殿、庫有「來也」二字。○山井鼎《考文》：格，庚白反。〔經典釋文〕此下有「來也」二字。

二葉十八行注　天命誅之。　「天」，八作「民」。○《定本校記》：天命誅之。「天」，〔足利〕八行本誤作「民」。

三葉一行經　我后不恤我衆。　○山井鼎《考文》：汝曰我后不恤我衆。〔古本〕「不」作「弗」。下皆同。

三葉一行經　舍我穡事而割正夏。　○阮元《校記甲》：而割正夏。按：段玉裁云：孔傳：「正，政也。言奪民農功，而爲割剥之政。」按：傳不言「於夏邑」，則各本「夏」字賸也。正義云：「爲割剥之政於夏邑」，增此三字，以暢經意耳。史記殷本紀云：舍我嗇事而割政。裴駰引孔安國曰：奪民農功而爲割剥之政。蓋今古文尚書皆無「夏」字，後人據正義妄增之，非也。阮元《校記乙》同。

三葉二行注　正。政也。　「政」，十、永、阮作「改」。○阮元《校記甲》：正，政也。「政」，十行、葛本俱誤作「改」。按：閩本初亦作「改」，後改作「政」。○阮元《校記乙》：正，改也。

葛本同。閩本初作「改」，後改作「政」。案：「政」字是也。

三葉五行注　不敢不正桀罪誅之。　○盧文弨《拾補》：不敢不正桀之罪而誅之。上「之」字毛本脱，史記集解有，下同。「而」，毛本脱。○阮元《校記甲》：不敢不正桀罪誅之。按：史記集解引此「桀」下有「之」字，「罪」下有「而」字，文義較明。阮元《校記乙》同。

三葉七行注　言桀君臣相率爲勞役之事。以絶衆力。謂廢農功。　○阮元《校記甲》：言桀君臣相率爲勞役之事，以絶衆力，謂廢農功。按：史記集解引此作「桀之君臣相率遏止衆力，使不得事農」。蓋隱栝傳意，非原文也。阮元《校記乙》同。

三葉八行注　相率割剥夏之邑居。　「割剥」，王、纂、魏作「剥割」。

三葉九行釋文　馬云。止也。　「止」，平作「上」。

三葉十行注　不與上和合。　○阮元《校記甲》：不與上和合。「合」，纂傳作「協」。

三葉十一行釋文　喪。息浪反。　「反」下平、殿、庫有「注同」二字。○山井鼎《考文》：喪，息浪反。〔經典釋文〕此下有「註同」二字。

三葉十三行經　予其大賚汝。　○盧文弨《拾補》：予其大賚汝。「賚」，毛本从「夾」，譌。

三葉十三行注　賚。與也。　○阮元《校記甲》：賚，與也。「與」，纂傳作「予」。

三葉十六行經　予則孥戮汝。○阮元《校記甲》：予則孥戮汝。按：匡謬正俗引此句「戮」作「剹」，蓋亦古文尚書也。阮元《校記乙》同。

三葉十七行注　今云孥戮汝。○《定本校記》：今云孥戮汝。「孥」，九條本、内野本作「子」。

三葉十七行注　使勿犯。「犯」上王有一字空白。

四葉一行疏　多有夏罪。「夏」，單、八、魏、平、永、毛、殿庫作「大」。○阮元《校記甲》：多有大罪。「大」，十行、閩、監俱誤作「夏」。○阮元《校記乙》：多有夏罪。閩本、明監本同。毛本「夏」作「大」。案：「大」字是也。

四葉三行疏　奪我農功之業。爲割剥之政於夏邑。「業」，平作「業」。「爲」上單、魏、平、十、殿、庫、阮有「而」字。○物觀《補遺》：爲割剥之政。〔宋板〕「爲」上有「而」字。○盧文弨《拾補》：奪我農功之業而爲割剥之政於夏邑。「而」，毛本脱。○阮元《校記甲》：爲割剥之政。「爲」上宋板、十行俱有「而」字。

四葉六行疏　上下同惡。「惡」，十作「悪」。

四葉六行疏　是日何時能喪。君其可喪。上「喪」字，毛作「畏」。「君」，單、魏作「若」，八、毛、殿、庫作「若」。○山井鼎《考文》：是日何時能畏。[正誤]「畏」，當作「喪」。物觀《補遺》：宋板「畏」作「𠷎」。○浦鏜《正字》：是日何時能喪，若其可喪云云。「能喪」，毛本誤「能畏」。「若」，監本誤「君」。○盧文弨《拾補》：是日何時能喪。毛本「喪」作「畏」。「畏」當作「喪」。○阮元《校記甲》：是日何時能畏。「畏」，宋板、十行、閩、監俱作「喪」。又：若其可喪。「若」，十行、閩、監俱誤作「君」。○阮元《校記乙》：君其可喪。閩本、明監本同。毛本「君」作「若」。案：「若」字是也。

四葉七行疏　今我必往誅之。「往」，魏作「性」。

四葉九行疏　我則并殺汝子以戮汝身。「并」，魏、平、十、永作「弃」。

四葉十行疏　契始封商。湯遂以商爲天下之號。「湯」上單、八、魏、平、要、毛、殿、庫有「湯號爲商，知契始封商」九字。○浦鏜《正字》：湯號爲商，知契始封商。九字監、閩二本無，當誤衍。○盧文弨《拾補》：契始封商。「商」下毛本有「湯號爲商，知契始封商」九字，衍。元本、監、閩本俱無。○阮元《校記甲》：契始封商，湯號爲商。知契始封商。十行、閩、監俱無下九字。浦鏜云：當誤衍。

四葉十一行疏　相土居商丘。「土」，十、阮作「士」。○張鈞衡《校記》：相土居商丘。阮本「土」作「士」，誤。下同。

四葉十二行疏　非相土之商也。　「土」，阮作「士」。

四葉十二行疏　則相土至湯。　「土」，阮作「士」。

四葉十二行疏　相土既非始祖。　「土」，阮作「士」。

四葉十三行疏　復何取乎。　「何」上魏無「復」字。

四葉十四行疏　周不取后稷封邰爲天下之號者。　「邰」，平作「部」。

四葉十五行疏　公劉爲豳。　○浦鏜《正字》：公劉爲豳。豳，誤從「豕」，於文二豕山間爲豳，後並同。

四葉十五行疏　太王爲周。　「太」，單、魏、平、要、十、永、阮作「大」。

四葉十五行疏　三代不同。理則然矣。　「三」，單、八、魏、平、要、十、永、毛、殿、庫、阮作「二」。○浦鏜《正字》：二代不同，理則然矣。「二」，監本誤「三」。○阮元《校記甲》：二代不同。「二」，閩、監俱誤作「三」。

四葉十五行疏　泰誓云獨夫受。　「獨」，魏作「獨」。

四葉十七行疏　正義曰。稱。舉。釋言文。　○浦鏜《正字》：稱，舉。釋言文。「稱」，爾雅作「偁」。

四葉十八行疏　桀有昏德。宣三年左傳文。　○浦鏜《正字》：桀有昏德，宣三年左傳文。「三」，毛本誤「二」。（彙校者案：毛本作「三」。）

五葉二行疏　言桀至賦重○正義曰。此經與上舍我穡事而割正夏。　「言桀至賦重○正義曰」，殿、庫作「率遏衆力，率割夏邑」。

五葉三行疏　再言所以積桀之罪也。　「罪」，十、永、閩、阮作「非」。○阮元《校記甲》：再言所以積桀之罪也。「罪」，十行、閩本俱作「非」。○阮元《校記乙》：再言所以積桀之非也。閩本同。毛本「非」作「罪」。

五葉六行疏　所以比於日者。　「比」下單、八、魏、平有「桀」字。○物觀《補遺》：所以比於日者。〔宋板〕「比」下有「桀」字。○盧文弨《拾補》：所以比桀於日者。「桀」，毛本脱。○阮元《校記甲》：所以比於日者。「比」下宋板有「桀」字，是也。○阮元《校記乙》：所以比於日者。閩本、明監本、毛本同。宋本「比」下有「桀」字。案：有者是也。

五葉八行疏　日若喪亡。　「日」，永作「曰」。

五葉十二行疏　權時以迫脅之。　「迫」，十、永作「伯」。

五葉十二行疏　使勿犯刑法耳。　「勿」，平作「切」。

五葉十四行疏　女子入于春稾。「春」，魏、閩作「舂」。

五葉十四行疏　故周禮注云。「禮」下魏無「注」字。

五葉十五行疏　春人稾人之官。「春」，十、永作「舂」。「稾」，八作「槀」。

五葉十八行注　變置社稷。而後世無及句龍者。「稷」，魏作「禝」。「句」，八、要作「勾」。○浦鏜《正字》：欲變置社稷而後世無及句龍者。脱「欲」字，從史記正義挍。○盧文弨《拾補》：欲變置社稷而後世無及句龍者。「欲」，毛本脱，史記集解有。○阮元《校記甲》：變置社稷。按：史記集解引此傳「變」上有「欲」字。浦鏜挍從之，似可不必。蓋改正易服，變置社稷，其事相因。疏言「改正易服，因變置社稷」是也，非更端之詞。又據疏説湯已變稷，唯社未遷，明不得有「欲」字。阮元《校記乙》同。

六葉一行釋文　社后土之神。「社」下纂有「常者反」三字。

六葉二行釋文　正。音征。又音正。上「正」字上，平有「改」字。下「正」字，王、纂、魏、十、永、阮作「政」。○阮元《校記甲》：改正，又音「正」，十行本作「政」。

六葉二行釋文　句。音鉤。「句，音鉤」，平作「句龍，上音鉤」。

六葉四行疏　湯既伐而勝夏。「夏」，單作「夏」。

六葉四行疏　變置社稷。欲遷其社。　「置」，毛作「制」。○物觀《補遺》：變制社稷。〔宋板〕「制」作「置」，下「因變制」同。○浦鏜《正字》：革命創制，變置社稷。「置」，毛本誤「制」，下同。○盧文弨《拾補》：變置社稷。毛本「置」作「制」，下同。「制」當作「置」。○阮元《校記甲》：變制社稷，欲遷其社。「制」，宋板、十行、閩、監俱作「置」，是也。「因變制社稷也」同。

六葉四行疏　無人可代句龍。　「句」，八作「勾」。

六葉七行疏　因變置社稷也。　「置」，毛作「制」。

六葉八行疏　欲易人之視聽。　「易」，永作「見」。

六葉九行疏　共工氏有子曰句龍。　「句」，八、要作「勾」。

六葉十行疏　能殖百穀。　「穀」，魏作「榖」。

六葉十二行疏　即令廢柱祀棄。　「令」，平作「今」。

六葉十三行疏　其功無及句龍者。　「句」，八、要作「勾」。

六葉十四行疏　鄭玄等注此序。乃在湯誓之上。　「玄」，毛作「云」。「注」，平作「云」。「此」，魏作「云」。○物觀《補遺》：鄭云等注。〔宋板〕「云」作「玄」。下「社稷鄭云」同。○浦鏜《正字》：鄭玄等注此序，乃在湯誓之上。「玄」誤「云」。下「鄭云因此」誤同。○盧文弨《拾補》：鄭玄等注此序。毛本「玄」作「云」，下同。「云」當作「玄」。○阮元《校記甲》：鄭云等注此序。「云」，宋板、十行、閩、監俱作「元」。下「鄭云因此」同。

六葉十五行疏　粢盛既潔。「粢」，閩作「粢」。「潔」，單、平、要、永作「絜」，八、十作「絜」，魏、阮作「絜」。

六葉十五行疏　然而旱乾水溢。「溢」，十、永、閩、阮作「益」，殿作「益」。○《薈要》案語：然而旱乾水溢。刊本「溢」訛「益」，今改。○阮元《校記甲》：然而旱乾水溢。「溢」，十行本作「益」。按：閩本初亦作「益」，後加「水」。○阮元《校記乙》：然而旱乾水益。閩本「益」初作「益」，然後加水。毛本作「溢」。

六葉十五行疏　鄭玄因此乃云湯伐桀之時大旱。「玄」，毛作「云」。

六葉十六行疏　故更置社稷。「置」，單、八、魏、平、要、十、永、阮作「致」。○山井鼎《考文》：故更置社稷。〔宋板〕「置」作「致」。○盧文弨《拾補》：故更致社稷。「致」，毛本作「置」，通。宋、元本作「致」。○阮元《校記甲》：故更置社稷。「置」，宋板、十行俱作「致」。盧文弨云可通用。○阮元《校記乙》：故更致社稷。宋本同。毛本「致」作「置」。盧文弨云可通用。

六葉十八行疏　猶七年祀柱。　「柱」，永作「桂」。

六葉十八行疏　左傳亦不得斷爲自夏已上祀柱。自商已來祀棄也。　「柱」，永作「桂」。「已」，阮作「以」。

七葉一行疏　孔稱改正朔而變置社稷。　「社」，永作「社」。

七葉一行疏　左傳説社祭句龍。　「句」，八、要作「勾」。

七葉二行疏　句龍柱棄。　「句」，八、要作「勾」。

七葉二行疏　而此經云遷社。　「社」，殿作「社」。

七葉二行疏　孔傳云無及句龍。　「句」，八、要作「勾」。

七葉三行疏　以社爲句龍也。　「句」，八、要作「勾」。

七葉四行疏　聖人不可自專。復用二臣自明也。　「聖」下魏無「人」字。○浦鏜《正字》：聖人不可自專，復用二臣自明也。「自明」疑。○盧文弨《拾補》：聖人不可自專，復用二臣自明也。「自明」疑有譌。

七葉五行注　大崩曰敗績。　「大」，王作「太」。○山井鼎《考文》：大崩曰敗績。〔古本〕「崩」下有「壞」字。○阮元《校記甲》：大崩曰敗績。「崩」下古本有「壞」字。阮元《校記乙》同。○《定本校記》：大崩曰敗績。「崩」下九條本、内野本、足利本有「壞」字。清原宣賢手鈔本引家本亦有。

七葉五行注　從。謂遂討之。　「遂」，八、李、要、岳作「逐」。○山井鼎《考文》：從，謂遂討之。〔古本〕「遂」作「逐」，宋板同。○岳本《考證》：從，謂逐討之。案：「逐」字正釋「從」字之義。即春秋左氏傳「晉師從齊師」意也。不必依諸本改作「遂討」。○盧文弨《拾補》：從謂逐討之。毛本「逐」作「遂」。「遂」當作「逐」。○阮元《校記甲》：從，謂遂討之。「遂」，古本、岳本、宋板俱作「逐」，纂傳亦作「遂」。岳本攷證云：「逐」字正釋「從」字之義，即春秋左氏傳「晉師從齊師」意也。阮元《校記乙》同。

七葉六行釋文　從才容反。　平下「從」有「之立」二字。

七葉六行經　遂伐三朡。　「朡」，李作「朡」。○浦鏜《正字》：遂伐三朡。「朡」，釋文及監、閩本作「朡」，韻書作「艐」，史記作「嵏」，或作「鬷」。

七葉七行注　出太行。　「太」，要作「大」。

七葉九行注　故取而寶之。　「寶」，魏作「宝」。

七葉九行释文　行。户剛反。　「行」上平有「太」字。

七葉九行疏　三朡至寶之。　「三朡」，毛作「二朡」。

七葉十一行疏　出大行。　「大」，單、八、魏、平、十、永、閩、庫、阮作「太」。

七葉十二行疏　玉足以庇廕嘉穀。　「穀」魏作「榖」，十作「穀」。○浦鏜《正字》：玉足以庇廕嘉穀。「廕」，楚語作「蔭」。

七葉十三行疏　言用玉禮神。　「玉」，單作「王」。

七葉十三行經　誼伯仲伯作典寶。　○阮元《校記甲》：誼伯仲伯作典寶。陸氏曰：「誼」本或作「義」。阮元《校記乙》同。

七葉十四行注　二臣作典寶一篇。　「二」，十、永作「一」。

仲虺之誥第二

七葉十七行經　至于大坰。　○殿本《考證》：至于大坰仲虺作誥。臣召南按：史記作「至於泰卷陶中㽠作誥」，注「徐廣曰，一無陶字」。○岳本《考證》：至于大坰仲虺作誥。案：「大坰」，史記作「泰卷」。

七葉十七行注　大坰。地名。　○山井鼎《考文》：大坰，地名。〔古本〕下有「也」字。

七葉十七行释文　夏。亥雅反。　王、纂、魏、平無「夏，亥雅反」四字釋文。○山井鼎《考文》：夏，亥雅反。经典釋文無此反。〇浦鏜《正字》：夏，亥雅切。案：四字通志堂本無。

七葉十八行釋文　坰。故螢反。徐欽螢反。又古螢反。「故」，魏作「涓」。「古螢」，王、平作「古營」。〇阮元《校記甲》：坰，故螢反，又古螢反。「螢」，葉本作「營」。

七葉十八行經　仲虺作誥。〇殿本《考證》：仲虺作誥。按：「仲虺」，荀子作「中蘬」，大戴作「仲傀」。趙岐曰：萊朱一曰仲虺。左傳仲虺爲湯左相，是伊尹爲右相。〇岳本《考證》：仲虺作誥。「仲虺」史记作「中鸓」，荀子作「中蘬」，大戴作「仲傀」。

八葉一行釋文　虺。許鬼反。「許」，永作「作」。

八葉一行釋文　相。息亮反。「相」上平有「左」字。

八葉一行釋文　奚。弦雞反。王、纂、魏、平無「奚，弦雞反」四字釋文。〇山井鼎《考文》：奚，弦雞反。經典釋文無此反。〇浦鏜《正字》：奚，弦雞切。案：四字通志堂本無。

八葉一行疏　至于大坰之地。「大」，毛作「人」。

八葉二行疏　史録其言。「史」，魏、十、永、閩、阮作「使」。〇阮元《校記甲》：史録其言。「史」，十行、閩本俱誤作「使」。〇阮元《校記乙》：使録其言。閩本、明監本、毛本「使」作「史」。案：「史」字是也。

八葉二行疏　上言遂伐三朡。「言」，平作「皆」。

八葉三行疏　於今方始旋歸。「旋」，十作「旋」。

八葉三行疏　大坰。地名。「坰」，毛作「垌」。○浦鏜《正字》：大坰，地名。「坰」，毛本誤從「同」。

八葉五行疏　以理足文便。「便」，平作「史」。

八葉九行疏　自簡賢附勢至言足聽聞。「附」，單、八、魏、平、十、永、阮作「輔」。○阮元《校記甲》：自簡賢附勢。「附」，十行本誤作「輔」。○阮元《校記乙》：自簡賢輔勢。閩本、明監本、毛本「輔」作「附」。案：「附」字是也。○《定本校記》：自簡賢輔勢。「輔」，閩本改作「附」，是也。

八葉十行疏　説湯在桀時怖懼之事。「怖」，永作「垧」。

八葉十行疏　自佑賢輔德以下。「佑」，十作「估」，永作「怙」。

八葉十一行疏　康誥召誥之類。「康」，毛作「湯」。○物觀《補遺》：湯誥召誥之類。宋板「湯」作「康」。○盧文弨《拾補》：康誥召誥之類。毛本「康」作「湯」。「湯」當作「康」。○阮元《校記甲》：湯誥召誥之類。「湯」，宋板、十行、閩、監俱作「康」。○阮元《校記乙》：康誥召誥之類。宋本、閩本、明監本同。毛本「康」作「湯」。

八葉十一行疏　一字足以爲文。　「一」，單、八、魏、平、毛、殿、庫作「二」。○浦鏜《正字》：湯詔召詔之類，二字足以爲文。「二」，監本誤「一」。○阮元《校記甲》：二字足以爲文。「二」，十行、閩、監俱作「一」。○阮元《校記乙》：一字足以爲文。閩本、明監本同。毛本「一」作「二」。

八葉十二行疏　畢命冏命不言之。　「冏」，單作「囧」。○盧文弨《拾補》：畢命冏命不言之。「冏」，舊「囧」。案：當作「冋」。

八葉十四行疏　古人名或不可審知。　「或」，單、八、魏、平、要、毛、殿、庫作「字」。○浦鏜《正字》：古人名字不可審知。「字」，監本誤「或」。○阮元《校記甲》：古人名字。「字」，閩本誤作「或」。

八葉十六行疏　誥謂於會之所。設言以誥衆。　○浦鏜《正字》：誥謂於會之所，設言以誥衆。「會」下疑脱「同」字，上「誥」字疑衍。○盧文弨《拾補》：誥謂於會同之所，設言以誥衆。上「誥」字，浦疑衍。當有。「同」，毛本脱，浦補。○阮元《校記甲》：謂於會之所。浦鏜云：「會」下當脱「同」字。阮元《校記乙》同。

八葉十八行注　故以爲號。　○《定本校記》：故以爲號。九條本、内野本無「爲」字。

九葉一行釋文　湯伐桀。　「湯」上平有「成」字。

九葉二行經　予恐來世。以台爲口實。　「恐」，李作「恐」。○浦鏜《正字》：予恐来世，以台爲口實。「予」，毛本誤「子」。

九葉三行注　恐來世論道我放天子。　「子」，毛作「于」。○山井鼎《考文》：我放天于。正誤「于」當作「子」。物觀《補遺》：古本、宋板「于」作「子」。○盧文弨《拾補》：恐來世論道我放天子。毛本「子」作「于」。「于」當作「子」。○阮元《校記甲》：恐來世論道我放天于。「于」，古本、岳本、葛本、宋板、十行、閩、監俱作「子」，是也。

九葉三行注　常不去口。　○山井鼎《考文》：「常不去口」下、「可無慙」下、「是治民亂」下、「統其故服」下，〔古本〕共有「也」字。

九葉三行注　陳義誥湯可無慙。　「誥」，纂作「告」。

九葉五行經　惟天生聰明時乂。　「生」上石無「天」字。○《定本校記》：惟天生聰明時乂。九條本、内野本無「天」字。

九葉七行注　無救之者。　○物觀《補遺》：無救之者。〔古本〕下有「也」字。

九葉十行注　但當循其典法。　「但」，平作「伹」。

九葉十一行注　奉順天命而已。無所慙。　○山井鼎《考文》：巳無所慙。〔古本〕下有「之也」二字。○阮元《校記甲》：無所慙。「慙」下古本有「之也」二字。

九葉十一行疏　「成湯放桀于南巢○正義曰」至「故未明言之」　○浦鏜《正字》：茲率節下疏。當在上「成湯」節下，跳行也。後可知者不出。○盧文弨《拾補》：成湯放桀于南巢。案：此段疏當在前傳「常不去口」下。○疏文「成湯放桀于南巢○正義曰」至「故未明言之」，此節疏定本在上傳「慙德不及古」下。《定本校記》：成湯放桀于南巢。此節疏〔足利〕八行本在後文「奉若天命」下，今移。

九葉十三行疏　以其國在南。　「南」下魏有「方」字。

九葉十五行注　乃桀之大罪。　○山井鼎《考文》：「桀之大罪」下、「無道之世所常」下、「鋤治簸颺」下，〔古本〕共有「也」字。

九葉十五行經　帝用不臧。式商受命。　○山井鼎《考文》：帝用不臧，式商受命。〔古本〕「不」作「弗」，篇內皆同。

九葉十六行注　用商受王命。　「王」，李作「主」。

十葉一行經　肇我邦于有夏若苗之有莠。　「肇」，石、八、李、平、毛作「肈」。「于」，十、永、阮作「予」。○阮元《校記甲》：肇我邦于有夏。「于」，十行本誤作「予」。○阮元《校記乙》：肇我邦予有夏。各本「予」作「于」。案：「予」字誤也。

十葉三行注　若秕在粟。　○《定本校記》：若秕在粟。九條本作「秕之在粟」。

十葉三行釋文　莠。羊九友。　「羊九」，十、閩作「九羊」。「友」，各本作「反」。

十葉三行釋文　徐甫里反。　「里」，殿、庫作「理」。

十葉四行釋文　籔。波我反。　「波」，平、十、永、阮作「彼」。○阮元《校記甲》：籔。波我反。「波」，十行本改「彼」。

十葉五行注　恐其非罪見滅。　○山井鼎《考文》：恐其非罪見滅。〔古本〕「其」作「以」，「滅」下有「也」字。「自然理」下、「兼有此行」下放此。○盧文弨《拾補》：恐以非罪見滅也。毛本「以」作「其」，古本作「以」。「其」當作「以」。「也」，毛本無，古本有。當據補。○阮元《校記甲》：恐其非罪見滅。「其」，古本作「以」。○《定本校記》：恐其非罪見滅。「其」，九條本、内野本、足利本俱作「以」，清原宣賢手鈔本引家本亦作「以」。

十葉六行注　況我之道德善言足聽聞乎。　「足」，永作「是」。

十葉七行注　自然理。　○物觀《補遺》：自然理。古本作「自然之理也」。○盧文弨《拾補》：無道之惡有道，自然之理也。下「之」字、「也」字，毛本脱，古本有。○阮元《校記甲》：自然理。古本作「自然之理也」。

十葉七行釋文　惡。烏路反。　「惡，烏路反」，平作「矧，申忍反。之惡，烏路反」。「惡」上殿、庫有「刿，申忍反」四字。○山井鼎《考文》：補脱刿，忍反〔據經典釋文〕。謹按當在「惡，烏路反」上。

十葉七行經　惟王不邇聲色。○阮元《校記甲》：惟王不邇聲色。按：篇題疏引此句「不」作「弗」，與古本合。阮元《校記乙》同。

十葉七行注　邇。近也。「邇」，永作「迩」。

十葉九行注　言不貪也。「貪」，平作「貪」。

十葉九行釋文　行。下孟反。「行」上平有「此」字。

十葉十行疏　「夏王至厥師○正義曰」至「謂未大明也」○盧文弨《拾補》：夏王至厥師。案：此兩段疏當在前，疏缺逸者猶多。○疏文「夏王至厥師○正義曰」至「謂未大明也」兩節疏定本在上傳「言爲主也」下。《定本校記》：夏王有罪。此節疏〔足利〕八行本在後文「不殖貨利」下，今移。

十葉十二行疏　用命商王明其所有之衆。「王」，平作「主」。

十葉十三行疏　則爽是明之始。「明」，永作「名」。「始」，單作「如」。○《定本校記》：則爽是明之始。「始」，單疏本誤作「如」。

十葉十四行經　德懋懋官。　上「懋」，魏作「德」。○《定本校記》：德懋懋官。此節疏〔足利〕八行本在後文「彰信兆民」下，今移。

十葉十六行注　用人之言。若自巳出。　○山井鼎《考文》：用人之言，若自巳出。〔古本〕「若」上有「皆」字。○阮元《校記甲》：若自己出。「若」上古本有「皆」字。

十葉十六行注　所以能成王業。　「業」下平有釋文「懋，音茂。吝，良刃反。王業，上如字，又于況反」共十六字，殿、庫有釋文「懋，音茂。吝，良刃反。王，如字。又于況反」十四字。○山井鼎《考文》：能成王業。〔古本〕下有「也」字。「信於天下」下同。補脱懋懋，音茂。吝，良忍反。王業，上如字。又于況反〔據經典釋文〕。謹按經文「德懋懋官」，又云「改過不吝」。註「能成王業」。

十葉十七行注　明信於天下。　「下」，毛作「卜」。

十一葉一行疏　恥非巳智。　「非」上單無「恥」字。

十一葉三行經　東征西夷怨。　「怨」，李作「怨」。

十一葉四行經　南征北狄怨。　「怨」，李作「怨」。

十一葉五行注　故謂之仇餉。　○《定本校記》：故謂之仇餉。九條本、内野本無「故」字。

十一葉六行注　從此後遂征無道。　○山井鼎《考文》：從此後遂征無道。〔古本〕「後」上有「之」字。○阮元《校記甲》：從此後遂征無道。「後」上古本有「之」字。○《定本校記》：從此後。「後」上九條本、内野本、足利本有「之」字。

十一葉六行注　則近者著矣。　○山井鼎《考文》：則近者著矣。〔古本〕「矣」上有「也」。○阮元《校記甲》：則近者著矣。「矣」上古本有「也」字。

十一葉八行經　曰徯予后。　「徯」，閩作「傒」。○山井鼎《考文》：徯予后，后來其蘇。〔古本〕「予」作「我」。○盧文弨《拾補》：徯予后。「予」，古本作「我」。「我」當作「予」。○阮元《校記甲》：曰徯予后。「予」，古本作「我」。阮元《校記乙》同。

十一葉九行注　待我君來。其可蘇息。　○山井鼎《考文》：待我君來，其可蘇息。〔古本〕「來」上復有「君」字。「息」下有「也」。○盧文弨《拾補》：皆喜曰：待我君，君來，其可蘇息。「君君」，毛本闕一「君」字，古本重。當重。○阮元《校記甲》：待我君來，其可蘇息。古本重「君」字。○《定本校記》：來其可蘇息。「來」上内野本、足利本有「君」字。

十一葉九行釋文　蘇字。亦作穌。　「穌」，平作「蘇」，十、永作「蘓」。

十一葉十行注　舊。謂初征自葛時。　「舊」，李、魏、平作「久」。「自」，纂作「目」。○山井鼎《考文》：舊，謂初征自葛時。〔古本〕「舊」作「久」。○盧文弨《拾補》：舊久謂初征自葛時。「久」，毛本無，古本有。當補。○阮元《校記甲》：舊謂初征自葛時。「舊」，古本作「久」。○《定本校記》：舊，謂初征自葛時。「舊」，九條本、内野本、足利本、清原宣賢手鈔本作「久」。景鈔八行本亦然。

十一葉十一行注　明王之道。○山井鼎《考文》：明王之道。〔古本〕下有「也」字。「日新不懈怠」下、「示後世」下、「所以足」下、「所以小」下、「如其始」下、「安命之道」下並同。

十一葉十五行疏　「乃葛伯仇餉○正義曰」至「非是故違孟子」。　疏文「乃葛伯仇餉○正義曰」至「非是故違孟子」，定本在上注文「則近者著矣」下。○《定本校記》：乃葛伯仇餉。此節疏〔足利〕八行本在後文「邦乃其昌」下，今移。

十一葉十五行疏　乃季秋月朔。「朔」，毛作「玥」。

十一葉十六行疏　左傳稱怨耦曰仇。○物觀《補遺》：怨耦曰仇。〔宋板〕「曰仇」間空一字。○阮元《校記甲》：左傳稱怨耦曰仇。宋板「曰仇」二字間空一字，非也。

十一葉十六行疏　謂彼人有負於我。「負」，魏、平、十作「貟」。

十一葉十六行疏　不負葛伯葛伯。「負」，魏、平、十作「貟」。

十二葉一行疏　以人之枉死而爲之報耳。「報」，閩作「報」。

十二葉二行疏　「㊝賢則至之道○正義曰」至「隨便而言之」。　疏文「㊝賢則至之道○正義曰」至「隨便而言之」，定本在上注文「明王之道」下。○《定本校記》：賢則助之。此節疏〔足利〕八行本亦在後文「邦乃其昌」下，今移。

十二葉三行疏　周禮鄉大夫云。　「鄉」，永作「卿」，阮作「卿」。○張鈞衡《校記》：周禮卿大夫。阮本同。案：當作「鄉」，兩本均誤。

十二葉四行疏　良是爲善之稱。　「良」，十作「艮」。

十二葉五行疏　「傳弱則至正義○正義曰」至「其意亦在桀也」。　「傳弱則至正義○正義曰」至「其意亦在桀也」，定本在上注文「言正義」下。○《定本校記》：弱則兼之。此節疏〔足利〕八行本亦在後文「邦乃其昌」下，今移。

十二葉六行疏　政荒爲亂。國滅爲亡。　「亂國」，永作「國亂」。

十二葉六行疏　攻。謂擊之。　「攻」，毛作「政」。○山井鼎《考文》：政謂擊之。〔宋板〕「政」作「攻」。○浦鏜《正字》：兼，謂包之。攻，謂擊之。「攻」，毛本誤「政」。○盧文弨《拾補》：攻謂擊之。毛本「攻」作「政」。「政」當作「攻」。○阮元《校記甲》：政謂擊之。「政」，宋板、十行、閩、監俱作「攻」，是也。

十二葉七行疏　是此欲吞并之意。　「并」，平作「倂」。

十二葉七行疏　未是滅其國。　「未」，魏、毛、阮作「末」。○浦鏜《正字》：此二者，始欲服其人，未是滅其國。「未」，監本誤「末」。○盧文弨《拾補》：此二者，始欲服其人，未是滅其國。毛本「未」作「末」。「末」當作「未」。○阮元《校記甲》：未是滅其國。「未」，閩本誤作「末」。

十二葉十行經　志自滿。　「滿」，平作「蒲」。

十二葉十一行注　自滿。志盈溢。　「滿」，十作「蒲」。「溢」，平作「溢」。

十二葉十一行疏　正義曰。繫辭云。　「繫」上單、八、魏、平、十、永、閩、阮有「易」字。○阮元《校記甲》：正義曰：繫辭云。「繫」上十行、閩本俱有「易」字。

十二葉十二行疏　脩德不怠。　殿、庫「脩」上有「言」字。「脩」，單、八、魏、平、十、閩、阮作「修」。

十二葉十二行疏　德加于人。　「于」，阮作「於」。

十二葉十二行疏　志意自滿則陵人。　「滿」，平作「蒲」，十作「蒲」。

十二葉十二行疏　人既被陵。　「陵」，永作「陵」。

十二葉十二行疏　情必不附。　「情」上殿、庫有「則」字。

十二葉十三行疏　舉遠以明近。　「近」下殿、庫有「也」字。

十二葉十三行疏　漢代儒者説九族。　「族」下殿、庫有「之義」二字。

十二葉十四行疏　案禮戴及尚書緯歐陽。　「歐」，十作「甌」，永作「甌」，閩作「甌」。

十二葉十四行疏　古尚書。説九族。　「古」，要作「右」。

十二葉十六行疏　父子之間。　「間」，單、阮作「閒」。

十二葉十六行疏　便以志滿相棄。　「滿」，十作「満」。

十二葉十七行經　王懋昭大德。建中于民。　○阮元《校記甲》：王懋昭大德，建中于民。陸氏曰：「中」，本或作「忠」，非。

十二葉十七行經　垂裕後昆。　「裕」，八、李、王、纂、魏、岳、十、永、毛作「裕」。○浦鏜《正字》：垂裕後昆。「裕」，誤從示。後並同。○盧文弨《拾補》：埀裕後昆。「埀」，毛本前後俱作「垂」，此从古，不畫一。「裕」，毛本从示，譌。下同。

十三葉一行釋文　中。如字。中或作忠非。　「中，如字」，平作「建中，如字」。「中或」，王、纂、魏、平、殿、庫作「本或」。○浦鏜《正字》：本或作忠，非。「本」誤「中」。○阮元《校記甲》：建中，本或作忠，非。「本」，十行本、毛本俱作「中」。

十三葉一行釋文　裕。徐以樹反。　「裕」，王、纂、魏、十、永、毛作「裕」。

十三葉二行注　求賢聖而事之。　○《定本校記》：求賢聖而事之。「賢聖」二字内野本倒。

十三葉二行釋文　王。徐于況反。又如字。　平「王」上有「者」字，「又」作「或」。○山井鼎《考文》：王，徐于況反。又如字。〔經典釋文〕「又」作「或」。○阮元《校記甲》：者王，或如字。「或」，十行本、毛本俱作「又」。

十三葉三行經　好問則裕。　「裕」，八、李、纂、魏、岳、十、永、毛作「裕」。

十三葉四行釋文　好呼報反。　「好」下平有「問二」二字。

十三葉七行釋文　暴。蒲報反。字或作虣。　「或」上殿無「字」字。「虣」，永作「虣」。○山井鼎《考文》：暴，字或作虣。〔經典釋文〕無「字」字。○阮元《校記甲》：暴，或作虣。「或」上葉本、十行本、毛本俱有「字」字。

湯誥第三

十三葉十一行注　退其王命。　○山井鼎《考文》：退其王命。〔古本〕下有「也」字。「告天下」下、「萬方之衆人」下、「皇大」下、「爲君之道」下、「忍虐之甚」下、「訴天地」下並同。

十三葉十二行疏　「湯既至湯誥○正義曰」至「仲虺之下」　○浦鏜《正字》：湯誥下疏。當在上序下。○盧文弨《拾補》：湯既至湯誥。案：此段疏當在上序之下。○「湯既至湯誥○正義曰」至「仲虺之下」，此節疏定本在經文「作湯誥」下。《定本校記》：湯誥。此經傳〔足利〕八行本在「作湯誥」下，今移。

十三葉十三行疏　史録其事作湯誥仲虺在路作誥。「虺」，殿作「虺」。

十三葉十六行疏　王歸自克夏。「王」，十作「工」。

十三葉十七行疏　所云庶邦冢君暨百工受命于周也。「冢」，魏作「家」。

十四葉一行疏　凡我造邦。是誥諸侯也。「誥」，庫作「告」。

十四葉三行注　皇。大。上帝。「大」，王、纂、魏、平、十、永、閩、阮作「天」。○阮元《校記甲》：皇大。「大」，十行、閩、葛俱作「天」。○阮元《校記乙》：皇天。閩本、葛本同。毛本「天」作「大」。

十四葉四行疏　則是爲君之道。○浦鏜《正字》：順人有常之性，則是爲君之道。「是」當依傳作「惟」。

十四葉五行注　順人有常之性。○物觀《補遺》：順人有常。〔古本〕「人」作「民」。○盧文弨《拾補》：順人有常之性。古本「人」作「民」。○阮元《校記甲》：順人有常之性。「人」，古本作「民」。

十四葉六行注　則惟爲君之道。　○阮元《校記甲》：則唯爲君之道。按：前疏引此句「惟」作「是」。阮元《校記乙》同。

十四葉六行經　夏王滅德作威。　○山井鼎《考文》：夏王滅德作威以敷虐。〔古本〕「威」作「畏」。下「天命明威」同。○盧文弨《拾補》：夏王滅德作威。古本「威」作「畏」。下「將天命明威」同。○阮元《校記甲》：夏王滅德作威。「威」，古本作「畏」。下「明威」同。阮元《校記乙》同。

十四葉七行經　以敷虐于爾萬方百姓。　「方」，王作「万」。

十四葉七行注　以布行虐政於天下百官。　○阮元《校記甲》：以布行虐政於天下百官。毛氏曰：「官」作「宫」，誤。

十四葉八行經　爾萬方百姓罹其凶害。　○山井鼎《考文》：罹其凶害。〔古本〕「害」作「虐」。○盧文弨《拾補》：罹其凶害。古本「害」作「虐」。○阮元《校記甲》：罹其凶害。陸氏曰：罹，力之反。本亦作羅，洛何反。「害」，古本作「虐」。阮元《校記乙》同。

十四葉九行注　罹。被。　○物觀《補遺》：罹，被。〔古本〕下有「也」字。

十四葉十一行經　並告無辜于上下神祇。　「于」，王作「於」。「祇」，王、庫作「祗」。

十四葉十一行注　言百姓兆民並告無罪。　○浦鏜《正字》：言百姓兆民並告無罪。「兆」，監本誤「先」。○阮元《校記甲》：言百姓兆民。「兆」，監本誤作「先」。

十四葉十二行注　稱寃訴天地。　○阮元《校記甲》：稱寃訴天地。毛氏曰「訴」作「許」，誤。

十四葉十二行釋文　寃。紆元反。　「紆」，纂作「於」，魏作「於」。

十四葉十三行經　降災于夏。　○阮元《校記甲》：降災于夏。毛氏曰：「于」作「子」，誤。

十四葉十四行注　譴寤之而桀不改。　○山井鼎《考文》：而桀不改。〔古文〕作「而桀不改政也」。○盧文弨《拾補》：譴寤之而桀不改。「改」下古本有「政也」二字。○阮元《校記甲》：而桀不改。古本作「而桀不改政也」。纂傳作「而桀終不改」。阮元《校記乙》同。○《定本校記》：而桀不改。「改」下内野本、清原宣賢手鈔本有「心」字，足利本有「政」字。

十四葉十五行經　不敢赦。　「不」，石作「弗」。○阮元《校記甲》：不敢赦。「不」，唐石經作「弗」。阮元《校記乙》同。

十四葉十六行經　敢昭告于上天神后。　○《定本校記》：敢昭告于上天神后。内野本無「敢」字，清原宣賢手鈔本引家本亦無。

十四葉十七行注　問桀百姓有何罪而加虐乎。　○山井鼎《考文》：而加虐乎。〔古本〕下有「也」字。「是請命」下、「退伏遠屏」下、「民信樂生」下、「謙以求衆心」下、「危懼之甚」下、

「禁之」下、「承天美道」下並同。○阮元《校記甲》：而加虖乎。「乎」下古本有「也」字。按：凡古本所加「也」字，有甚不可從者，此類是也。

十四葉十七行疏　敢用玄牡。　「牡」，平作「牲」。

十四葉十七行疏　檀弓云。　永「檀」作「擅」，「云」作「玄」。

十五葉一行疏　故云玄牡。　「云」，單、八、魏、平、要、十、永、阮作「用」。○山井鼎《考文》：故云玄牡。宋板「云」作「用」。○浦鏜《正字》：未變夏禮，故用玄牡。「用」誤「云」。○盧文弨《拾補》：未變夏禮，故用玄牡。毛本「用」作「云」。「云」當作「用」。○阮元《校記甲》：故云元牡。「云」，宋板、十行俱作「用」。按：「用」是也。

十五葉一行疏　周家冬至祭皇天大帝于圜丘。　「于」，要作「干」。

十五葉一行疏　夏至祭靈威仰於南郊。　○《定本校記》：夏至祭靈威仰於南郊。「至」，疑當作「正」。郊特牲注易説曰：「三王之郊，一用夏正。夏正，建寅之月也。」

十五葉三行疏　所言敢用玄牡。　「牡」，十作「牲」。

十五葉三行疏　撿大禹謨。　「撿」，單、平、殿作「檢」，庫作「檢」。

十五葉四行疏　與泰誓武成。　○《定本校記》：檢大禹謨及此篇與泰誓武成。「泰」，〔足利〕八行本誤作「秦」。（彙校者案：足利八行本作「泰」。）

十五葉四行疏　用玄牡△者。　「牡」，十、阮作「壯」。○阮元《校記甲》：用元牡者。「牡」，十行本誤作「壯」。○阮元《校記乙》：用元壯者。閩本、明監本、毛本「壯」作「牡」。案：「牡」字是也。

十五葉四行疏　於時ˇ揔△告五方之帝。　「揔」上魏有一字空白。「揔」，要、殿、庫作「總」。

十五葉五行疏　用皇天大帝之牲△。　「牲」，平作「牡」。

十五葉五行經　與之戮△力。　「戮」，石、八、李、纂、岳作「勠」。○浦鏜《正字》：與之勠力。「戮」，釋文作「勠」。○盧文弨《拾補》：與之勠力。釋文本「戮」作「勠」。○阮元《校記甲》：聿求元聖與之戮力。「戮」，釋文、唐石經、岳本、纂傳俱作「勠」。

十五葉七行釋文　戮△。舊音六。又力彫反。説文力周反。史記音力消△反。　「戮」，纂作「勠」，平作「勠」。○阮元《校記甲》：勠，史記音力消反。「勠」，十行、毛本俱作「戮」。「消」，葉本作「洛」字。按：説文云：勠，并力也。與殺戮字有別。嚴杰云：集韻三蕭有勠字，亦訓并力也。葉抄作力洛反，非是。

十五葉七行疏　聿遂也△至請命。　「遂」下單、八、魏、平無「也」字。

十五葉十一行疏　孔子。聖人之時△者也。　「時」，單、八作「明」。○《定本校記》：孔子聖人之明者也。單疏、〔足利〕八行本如此。十行本「明」改作「時」，是也。

十五葉十二行疏　是謂伊尹爲聖人者也。　「人」下單、八、魏、平無「者」字。○物觀《補遺》：伊尹爲聖人者也。宋板無「者」字。○盧文弨《拾補》：是謂伊尹爲聖人也。「人」下毛本有「者」字，衍。○阮元《校記甲》：是謂伊尹爲聖人者也。宋板無「者」字。

十五葉十三行注　孚。信也。　「孚」，魏、十、阮作「浮」。○阮元《校記甲》：孚，信也。「孚」，十行本誤作「浮」。○阮元《校記乙》：浮，信也。閩本、明監本、毛本「浮」作「孚」。案：「浮」字誤也。○張鈞衡《校記》：孚，信也。阮本「孚」作「浮」，誤。

十五葉十四行注　僭。差。賁。飾也。　○浦鏜《正字》：僭差。「僭」，毛本誤從贊。○盧文弨《拾補》：僭差。毛本「僭」作「儹」。「儹」當作「僭」。

十五葉十六行注　民信樂生。　「民」上魏有「而」字。

十五葉十六行釋文　僭。子念反。忒也。　「忒」，毛作「忒」。○浦鏜《正字》：僭，子念切，忒也。毛本「忒」字誤。

十五葉十六行釋文　賁。彼義反。　「彼」，纂作「波」。

十五葉十六行釋文　徐扶云反。　「反」下平、殿、庫有「飾也」二字。○物觀《補遺》：扶云反。〔經典釋文〕「反」下有「飾也」二字。

十五葉十七行疏　**身既黜伏。**　「既」，單、八、魏、平、十、永、阮作「即」。

十五葉十七行疏　**天下焕然脩飾。**　「脩」，阮作「修」。

十五葉十八行疏　**不齊之意。**　「意」，庫作「恴」。

十六葉二行注　**卿大夫。**　「夫」下王、纂、魏、毛有「俾，必爾反，徐甫婢反。輯，音集，又七入反」十五字。平、殿、庫下有「俾，必爾反，徐甫俾反，使也。輯，音集，又七入反」十七字。○物觀《補遺》：甫婢反。〔經典釋文〕下有「使也」二字。○浦鏜《正字》：「俾，必爾切，徐甫婢切。輯，音集，又七入切」二十五字監本脱。

十六葉二行經　**兹朕未知獲戾于上下。**　「戾」，永作「戻」。

十六葉二行注　**此伐桀未知得罪於天地。**　「於」，毛作「于」。

十六葉四行疏　**言伐桀之事。**　「言」上十、永、阮有「言伐桀之事，未知得罪于天地」十二字。○阮元《校記甲》：言伐桀之事。此句上十行本衍「言伐桀之事，未知得罪於天地」兩句。

十六葉六行注　**若墜深淵。**　「墜」，永作「陘」。

十六葉六行注　**危懼之甚。**　○《定本校記》：危懼之甚。「甚」，内野本作「至」，清原宣賢手鈔本引家本亦作「至」。

十六葉六行釋文　隕。于敏反。　「于」，平作「子」。

十六葉七行經　無從匪彝。無即慆淫。　○山井鼎《考文》：無從匪彝，無即慆淫。〔古本〕「無」作「亡」。下「無以爾萬方」同。○盧文弨《拾補》：無從匪彝。古本「無」作「亡」。下同。「彝」，毛本作「彞」。上當從彑，不從彐。○阮元《校記甲》：凡我造邦，無從匪彝，無即慆淫。兩「無」字古本俱作「亡」。下「無以爾萬方」同。阮元《校記乙》同。

十六葉八行注　無從非常。　「非」，庫作「匪」。

十六葉八行注　禁之。　「禁」，王作「禁」。

十六葉九行注　承天美道。　「天」，十、永、阮作「大」。○阮元《校記甲》：承天美道。「天」，十行本誤作「大」。○阮元《校記乙》：承大美道。閩本、明監本、毛本「大」作「天」。案：「大」字誤也。

十六葉十行經　朕弗敢蔽。　○山井鼎《考文》：爾有善，朕弗敢蔽。〔古本〕「蔽」作「弊」。○阮元《校記甲》：朕弗敢蔽。「蔽」古本作「獘」。阮元《校記乙》同。

十六葉十一行注　以其簡在天心故也。　「故」下八、岳無「也」字。○山井鼎《考文》：以其簡在天心故也。宋板無「也」字。○阮元《校記甲》：以其簡在天心故也。岳本、宋板俱無「也」字。

十六葉十三行注　自責化不至。　○山井鼎《考文》：「自責化不至」下、「言非所及」下、「終世之美」下、「一篇亡」下，〔古本〕共有「也」字。

十六葉十四行注　無用爾萬方。　○阮元《校記甲》：無用爾萬方。毛氏曰「用」作「羽」，誤。

十六葉十四行經　乃亦有終。　○山井鼎《考文》：乃亦有終。〔古本〕「亦」作「亓」。謹按「亓」，古「其」字。○盧文弨《拾補》：乃亦有終。「亦」，古本作「亓」，是「其」字。○阮元《校記甲》：乃亦有終。「亦」，古本作「亓」。山井鼎曰：「亓」，古「其」字。按：「亦」與「亓」形相似而誤，當作「亦」。阮元《校記乙》同。

十六葉十八行釋文　單音善。卷末同。　「單」上纂、平、殿、庫有「呇，其九反」四字。「卷末」，魏作「下」。「末」，十作「未」。「末」下平有「並」字。○山井鼎《考文》：補脱「呇，其九反」〔據經典釋文〕。謹按當在「單，音善」上。又：卷末同。經典釋文「同」上有「並」字。○浦鏜《正字》：呇，其九切。四字脱。○阮元《校記甲》：單，卷末並同。十行本、毛本俱無「並」字。

十六葉十八行疏　伊尹作咸有一德。　「尹」，平作「伊」。「咸」，十作「威」。

十七葉一行疏　直言其所作之人。　「直」下魏無「言」字。

十七葉一行疏　蓋以經文分明。「經」，永作「今」。

伊訓第四

十七葉八行疏　伊尹以太甲成湯之後。「成」，單、八、魏、平、十、永、閩、毛、殿、庫、阮作「承」。

十七葉十一行疏　伊尹祠于先王。「于」，要作「於」。

十七葉十二行疏　奉嗣王祗見厥祖。「祗」，要、毛、庫作「祇」。

十七葉十三行疏　伊尹以冕服奉嗣王歸于亳。「嗣」，毛作「祀」。○山井鼎《考文》：奉祀王歸于亳。[正誤]「祀」當作「嗣」。○物觀《補遺》：宋板「祀」作「嗣」。○浦鏜《正字》：奉嗣王歸于亳。「嗣」，毛本誤「祀」。○盧文弨《拾補》：奉嗣王歸于亳。毛本「嗣」作「祀」。「祀」當作「嗣」。○阮元《校記甲》：伊尹以冕服奉祀王歸于亳。「祀」，宋板、十行、閩、監俱作「嗣」，是也。

十七葉十五行疏　太甲必繼湯後。○浦鏜《正字》：太甲本繼湯後。「本」誤「必」。○盧文弨《拾補》：太甲本繼湯後。毛本「本」作「必」。「必」當作「本」。

十七葉十六行疏　三年崩。「三」，殿、庫作「二」。○盧文弨《拾補》：外丙三年崩。「三」，史記同。○阮元《校記甲》：於是乃立太丁之弟外丙，三年崩。「三」，纂傳是「二」。按：諸本俱作「三」，與史記殷本紀合。纂傳蓋據孟子改之。

十七葉十六行疏　別立外丙之弟仲壬。「壬」，魏作「任」。○浦鏜《正字》：別立外丙之弟仲壬。「別」，衍字。○盧文弨《拾補》：立外丙之弟仲壬。「立」上毛本有「別」字，衍。

十七葉十七行疏　不見古文。「文」，要作「人」。

十七葉十七行疏　謬從史記。「史」上永無「從」字。

十八葉一行注　作訓以教道太甲。「道」，纂作「導」。「太」，八、李作「大」。○山井鼎《考文》：「教道太甲」下、「奠殯而告」下、「居位主喪」下、「在位次」下、「攝冢宰」下、「言皆安之」下、「其餘無不順」下、「誅紂之」下、「修德于亳」下、「商王之德」下、「欲其慎始」下、「終洽四海」下、「先民之言是順」下、「言理恕」下、「事上竭誠」下、「自立之難」下、「仁及後世」下、「儆戒百官」下、「酣歌則廢德」下、「淫過之風俗」下、「荒亂之風俗」下、「亡家之道」下、「國亡之道」下、「涅以墨」下、「例謂下士」下、「自匡正」下、「念祖德」下、「甚明可法」下、「不常在一家」下、「天下賚慶」下、「墜失宗廟」下、「至忠之訓」下、「以戒太甲」下、「明君以戒」下，「古本」並有「也」字。

十八葉二行注　此湯崩踰月。　「崩」，平作「崩」。

十八葉三行注　太甲即位。　「太」，閩作「大」。

十八葉三行釋文　尹祠。音辭。祭也。　「祠」上纂、魏、平、殿無「尹」字。○浦鏜《正字》：尹祠，音辭。「尹」，衍字。○阮元《校記甲》：祠，音辭。「祠」上十行本、毛本俱有「尹」字。

十八葉四行疏　惟元祀。　○浦鏜《正字》：惟元祀至先王。脱下三字。○盧文弨《拾補》：惟元祀至先王。「至先王」三字毛本脱。

十八葉四行疏　奉嗣王祗見厥祖。　「祗」，要、毛、殿、庫作「祇」。

十八葉五行疏　祠喪于殯斂。祭皆名爲奠。　○浦鏜《正字》：祠喪于殯斂，祭皆名爲奠。「祠」當「禮」字誤。○盧文弨《拾補》：禮喪于殯斂，祭皆名爲奠。毛本「禮」作「祠」，浦改「禮」，當作「禮」。○《定本校記》：祠喪于殯斂祭。浦氏云：「祠」當作「禮」。

十八葉六行疏　虞祔卒哭。　「虞祔」，永作「虞附」。

十八葉六行疏　元祀即是初喪之時。　「祀」，永作「祠」。

十八葉七行疏　其禮大。　「大」，平作「犬」。

十八葉八行疏　未有節文。　「節」，庫作「莭」。

十八葉八行疏　故傳解祠爲奠耳。　「傳」上要無「故」字。

十八葉十行疏　知此年十二月湯崩。　「二」，單、八、魏、平、要、十、永、閩、毛、殿、庫、阮作「一」。○浦鏜《正字》：知此年十一月湯崩。「十一」，監本誤「十二」。○阮元《校記甲》：知此年十一月湯崩。「一」，監本誤作「二」。

十八葉十行疏　此奠殯而告。　「此」，閩作「此」。

十八葉十二行疏　是特設祀也。　「祀」，毛作「祠」。○阮元《校記甲》：是特設祠也。「祠」，十行、閩、監俱作「祀」。下「特設祠禮」同。○阮元《校記乙》：是特設祀也。閩本、明監本同。毛本「祀」作「祠」。下「特設祀禮」同。

十八葉十二行疏　嗣王祇見厥祖。　「祇」，要、毛、殿、庫作「祗」。

十八葉十二行疏　特設祀禮而王始見祖。　「祀」，毛作「祠」。

十八葉十三行經　奉嗣王祇見厥祖。　「嗣」，毛作「祠」。「祇」，王作「祗」，要、毛、殿、庫作「祗」。○物觀《補遺》：奉祠王。〔古本〕「祠」作「嗣」，宋板同。○浦鏜《正字》：奉嗣王祇見厥祖。「嗣」，毛本誤「祠」。○盧文弨《拾補》：奉嗣王祇見厥祖。毛本「嗣」作「祠」。「祠」當作「嗣」。毛本「祇」作「祗」。「祗」當作「祇」。下倣此。○阮元《校記甲》：奉祠王祇見厥祖。山井鼎曰：古本「祠」作「嗣」，宋板同。按：諸本俱作「嗣」，唯毛本誤耳。

十八葉十四行經　百官總已以聽冢宰。　「冢」，李作「家」，永作「冡」。

十八葉十五行注　伊尹制百官。　「尹」，毛作「伊」。○盧文弨《拾補》：伊尹制百官。毛本「尹」作「伊」。「伊」當作「尹」。○阮元《校記甲》：伊伊制百官。下「伊」字，岳、葛、十行、閩、監、纂傳俱作「尹」，是也。

十八葉十五行注　以三公攝冢宰。　「冢」，李作「家」，要作「冡」。

十八葉十五行釋文　總。音揔。　「揔」，殿作「摠」。

十八葉十六行注　故稱焉。　○物觀《補遺》：故稱焉。〔古本〕「焉」上有「之」字。○阮元《校記甲》：故稱焉。「焉」上古本有「之」字。

十八葉十七行疏　爲商家一代之太祖。　「太」，單、八、魏、十、永、阮作「大」。

十八葉十八行注　先君。　「君」，王、纂、岳作「后」。○阮元《校記甲》：先君謂禹以下。「君」，岳本、纂傳俱作「后」。按：疏標目作「君」。

十九葉一行注　謂禹以下。　「謂」，纂、岳作「稱」。

十九葉一行釋文　少詩照反。上。時掌反。　平「少」下有「康上」二字，「上」上有「以」字。「時」，永作「将」。

十九葉二行疏　揔指桀之上。　「揔」，殿、庫作「總」。

十九葉三行疏　杼能師禹者也。　「師」，庫作「帥」。○浦鏜《正字》：杼能帥禹者也。「帥」誤「師」。○《四庫考證》：杼能帥禹者也。刊本「帥」訛「師」，据國語改。○《薈要》案語：抒（杼）能帥禹者也。刊本「帥」訛「師」，據國語改。○盧文弨《拾補》：杼能帥禹者也。毛本「帥」作「師」。「師」當作「帥」。○阮元《校記甲》：杼能師禹者也。盧文弨云：「師」，國語作「帥」。阮元《校記乙》同。○《定本校記》：杼能師禹者也。浦氏云：「師」當作「帥」。

十九葉三行疏　傳蓋其德衰薄。　「衰」，永作「衺」。

十九葉四行經　亦莫不寧。　○山井鼎《考文》：亦莫不寧。〔古本〕「不」作「弗」。下除「不善」外，皆同。

十九葉六行釋文　暨。具器反。　「具」，王、纂、魏、平、十、永、殿、庫、阮作「其」。○山井鼎《考文》：暨，具器反。經典釋文「具」作「其」。○浦鏜《正字》：暨，其器切。「其」誤「具」。○阮元《校記甲》：暨，其器反。「其」，毛本作「具」字。按：「具器」即「其器」。

十九葉七行疏　無妖孽也。　「孽」，平作「蘖」。

十九葉八行疏　水陸所生。　「水」下魏、平無「陸」字。

十九葉十一行注　有命商王誅討之。「王」，纂作「主」。

十九葉十一行經　朕哉自亳。「亳」，平作「毫」。○阮元《校记甲》：朕哉自亳。「哉」，石經補缺誤作「載」。阮元《校記乙》同。

十九葉十四行疏　天不能自誅於桀。「於」，毛作「于」。

二十葉二行注　始於親長。「於」，毛作「于」。

二十葉二行注　終洽四海。「洽」，纂、魏、平、十、永、阮作「治」。○阮元《校記甲》：終洽四海。毛氏曰「洽」作「合」，誤。按：「洽」，葛本、十行本俱誤作「治」。疏「乃洽于四海」，十行本亦誤作「治」。○阮元《校記乙》：終治四海。葛本同。各本「治」作「洽」。案：「洽」字是也。疏「乃治于四海」同。

二十葉三行釋文　長。竹丈反。「長」上平有「惟」字。「竹」，王、纂、魏、平、十、永、閩、殿、庫、阮作「丁」。○阮元《校記甲》：惟長，丁丈反。「丁」，毛本作「竹」，下並同。

二十葉四行疏　立愛惟親。「愛」，魏作「爱」。

二十葉五行疏　敬親者不敢慢於人。「者」下八重「者」字。○《定本校記》：敬親者不敢慢於人。〔足利〕八行本誤重「者」字。

二十葉六行疏　終乃洽於四海。「洽」，平、十、永、阮作「治」。

二十葉六行疏　德教加於百姓。「於」，毛作「于」。

二十葉六行疏　刑于四海是也。「刑」，平作「形」。「于」，阮作「於」。

二十葉六行疏　並始於親。「於」，毛作「于」。

二十葉六行疏　令緣親以人及踈。「令」，魏、平、十、永、阮作「今」。○阮元《校記甲》：令緣親以及踈。「令」，十行本誤作「今」。○阮元《校記乙》：今緣親以及踈。閩本、明監本、毛本「今」作「令」。按：「令」字是也。

二十葉七行經　嗚呼。先王肇修人紀。「嗚」，永作「鳴」。「王」，平作「生」。「肇」，石、李、平、十、永、阮作「肈」，八、毛作「肇」。

二十葉八行注　言湯始修爲人網紀。「修」，八作「脩」。

二十葉九行疏　賈逵注周語云。「逵」，八作「達」。

二十葉十三行經　檢身若不及。「檢」，八、平、永、毛作「撿」。○浦鏜《正字》：撿身若不及。「撿」，當從監本作「檢」。○阮元《校記甲》：與人不求備，撿身若不計。「撿」，唐石經、岳本、十行、閩、監俱從木作「檢」字。按：作「撿」避所諱，汲古閣全書皆然。

二十葉十四行疏　檢身若不及。　「檢」，毛作「撿」。

二十葉十四行疏　檢。謂自攝斂也。　「檢」，毛作「撿」。

二十葉十四行疏　撿勑其身。　「撿」，魏、十、永、殿作「檢」，庫作「檢」。

二十葉十五行經　茲惟艱哉。　○山井鼎《考文》：茲惟艱哉。〔古本〕「艱」作「難」。○盧文弨《拾補》：茲惟艱哉。古本「艱」作「難」。○阮元《校記甲》：以至于有萬邦。茲惟艱哉。「艱」，古本作「難」。○《定本校記》：茲惟艱哉。「艱」，内野本、足利本作「難」。

二十葉十五行注　言湯操心常危懼。動而無過。　○《定本校記》：言湯操心常危懼，動而無過。内野本無「動」字。清原宣賢手鈔本引家本無「懼」字，「動」作「勤」。

二十葉十六行注　以至爲天子。　「以」，王作「必」。

二十葉十六行釋文　操。七曹反。　「曹」，庫作「曺」。

二十葉十六行釋文　又七報反。　「又」，毛作「乂」。

二十葉十七行經　敷求哲人。　○阮元《校記甲》：敷求哲人。陸氏曰：「哲」本又作「喆」。

二十一葉一行注　以儆戒百官。　「儆」，十作「敬」。

二十一葉二行經　酣歌于室。　○《定本校記》：酣歌于室。「室」，内野本作「宫」。

二十一葉二行注　傳常舞則荒淫。　「傳」，閩作一字空格。

二十一葉三行釋文　樂。音洛。　「樂」上平有「淫」字。

二十一葉四行經　敢有殉于貨色。　○阮元《校記甲》：敢有殉于貨色。按：一切經音義卷一云：尚書「狥于貨色」，注云：狥，干求也。凡元應所引尚書，注不出姓名者，皆孔傳也，其經文當亦據孔本。此經「殉」字，古文葢作「狥」，今文則作「殉」，當以「狥」爲正。傳云：「殉，求也。」宜改作「狥，干求也」。阮元《校記乙》同。

二十一葉四行注　昧求財貨美色。　「昧」，纂、岳作「敢」。○阮元《校記甲》：昧求財貨美色。「昧」，岳本、纂傳俱作「敢」。按：「敢」字固與經相應，然疏云「昧求，謂貪昧以求之」，則疏自作昧。阮元《校記乙》同。

二十一葉五行注　常遊戲畋獵。　○阮元《校記甲》：常遊戲畋獵。「畋」，纂傳作「田」。

二十一葉七行注　狎侮聖人之言而不行。　「侮」，殿、薈作「悔」。

二十一葉八行注　是荒亂之風俗。　○物觀《補遺》：是荒亂之風俗。古本「是」下有「謂」字。○阮元《校記甲》：是荒亂之風俗。「是」下古本有「謂」字。○《定本校記》：是荒亂之風俗。「是」下内野本、足利本、清原宣賢手鈔本俱有「謂」字。

二十一葉十一行釋文　愆。去乾反。　「去」，平作「夫」。

二十一葉十一行釋文　喪。如字。又息浪反。　「喪」上平有「必」字。「浪」下十、永、阮無「反」字。

二十一葉十二行經　具訓于蒙士。　「具」，殿作「其」。○《薈要》案語：具訓于蒙士。刊本「具」訛「其」，今改。

二十一葉十三行注　則以争臣自匡正。　○阮元《校記甲》：則以争臣自匡正。「争」，纂傳作「諍」，下「争友」同。按：釋文云：「争，諫争之争。」不必改「諍」。

二十一葉十三行注　鑿其頟。　「頟」，李、殿、阮作「頟」，平、岳作「額」。

二十一葉十四行注　士以争友僕隸自匡正。　李「友」作「犮」，「隸」作「隷」。「正」，永作「止」。

二十一葉十四行釋文　争。諫争之争。　「争」上平有「以」字。

二十一葉十五行釋文　頟。魚白反。　「頟」，殿作「頟」。「白」，永作「曰」。

二十一葉十七行疏　巫以歌舞事神。故歌舞爲巫覡之風俗也。　「爲」上平無「事神。故歌舞」五字。

二十一葉十八行疏　故言殉於貨色。　「於」，毛作「于」。

二十二葉一行疏　親比頑愚幼童。　「比」，十、阮作「此」。○阮元《校記甲》：親比頑愚幼童。「比」，十行本作「此」，非也。○阮元《校記乙》：親此頑愚幼童。閩本、明監本、毛本「此」作「比」。案：「比」字是也。

二十二葉二行疏　但有一於身者。　「身」下單、八、魏、平、十、永、阮無「者」字。○山井鼎《考文》：但有一於身者。宋板無「者」字。○盧文弨《拾補》：但有一於身皆喪國亾家。「身」下毛本有「者」字，衍。○阮元《校記甲》：但有一於身者。宋板、十行俱無「者」字。○阮元《校記乙》：但有一於身。宋本同。各本「身」下有「者」字。

二十二葉五行疏　不甚異也。　「甚」，平作「其」。

二十二葉六行疏　酣。樂酒也。　○浦鏜《正字》：酣，酒樂也。「酒樂」字誤倒。○盧文弨《拾補》：酣，樂酒也。「樂酒」，説文倒。

二十二葉六行疏　民之精爽不攜貳者。　「攜」，魏作「雋」，十、永作「擕」。○浦鏜《正字》：民之精爽不攜貳者，則明神降之。「攜」，楚語作「懏」，同。

二十二葉八行疏　心循其事。　「心」，永作「必」。○張鈞衡《校記》：殉者必徇其事。阮本「必」作「心」。

二十二葉八行疏　**是貪求之意。**　「貪」，庫作「貪」。

二十二葉八行疏　**昧求。謂貪昧以求之。無逸云。于遊于畋。是遊與畋別。**　「昧」，單作「味」。「貪」，庫作「貪」。○浦鏜《正字》：昧求，謂昏昧以求之。「昏昧」誤「貪昧」，從六經正譌校。又：無逸云，于遊于畋。「畋」，無逸作「田」。○盧文弨《拾補》：昧求，謂貪昧以求之。「貪」，正誤作「昏」。○阮元《校記甲》：謂貪昧以求之。按：六經正誤引此文「貪」作「昏」。攷疏上云「殉者，心循其事，是貪求之意」。此云「貪昧以求」，與上「貪求」相應，貪者必昧，故曰「貪昧」。似不當作「昏」。阮元《校記乙》同。

二十二葉九行疏　**狎侮至風俗。**　「侮」，毛作「舞」。「俗」，平作「谷」。

二十二葉十行疏　**正義曰。侮。謂輕慢。**　「慢」，永作「漫」。

二十二葉十二行疏　**謂鑿其頟。**　「頟」，魏、毛作「頟」，平作「額」。

二十二葉十二行疏　**司刑所謂墨罪五百者也。**　○阮元《校記甲》：所謂墨罪五百者也。「者」，纂傳作「是」。

二十二葉十三行疏　**故蒙士例謂下士也。**　「謂」，要作「爲」。

二十二葉十四行經　**嗚呼。嗣王祗厥身。**　「嗚」，永作「鳴」。「祗」，十、永、闔、毛、庫、阮作「祇」。

二十二葉十五行注　洋洋。美善言。甚明可法。　「善」下岳有「也」字。「甚」上永有「其」字。○阮元《校記甲》：洋洋美善。岳本下有「也」字。○《定本校記》：洋洋，美善言，甚明可法。案：正義曰：此歎聖人之謨，洋洋美善者。又曰：是善言甚明可法也。「言」上復有「善」字。

二十二葉十五行釋文　洋。音羊。　「洋」上平有「洋」字。

二十三葉一行注　修德無小。　「修」，岳作「脩」。

二十三葉一行注　則天下賚慶。　○阮元《校記甲》：則天下賚慶。按：釋文云：賚，力代反。是陸氏本作「賚」也。疏云：德雖小，猶萬邦賴慶。是孔氏本作「賴」也。似當以「賴」爲正。「賴慶」，謂一人有慶，兆民賴之。若作「賚慶」，則費解矣。阮元《校記乙》同。○《定本校記》：則天下賴慶。内野本如此。清原宣賢手鈔本引家本同。各本「賴」作「賚」。阮氏云：按：釋文云：賚，力代反。是陸氏本作「賚」也。疏云：德雖小，猶萬邦賴慶。是孔氏本作「賴」也。

二十三葉五行疏　爾惟德。謂修德以善也。　○浦鏜《正字》：爾惟德，謂修德爲善也。「爲」誤「以」。○盧文弨《拾補》：爾惟德，謂修德爲善也。毛本「爲」作「以」。「以」當作「爲」。

二十三葉九行疏　趙文子冠。見韓獻子曰。戒之。此謂成人。　○浦鏜《正字》：趙文子冠，見韓獻子。獻子曰：戒之。此謂成人。脱「獻子」二字。○盧文弨《拾補》：趙文子冠，見韓獻子。獻子曰：戒之。此謂成人。「獻子」下，毛本脱「獻子」二字。

二十三葉十行疏　成人在始。始與善。善進。不善蔑由至矣。　「成」下平無「人」字。○浦鏜《正字》：成人在始，始與善，善進云云。案：原文作「成人在始與善。始與善，善進善，不善蔑由至矣。始與不善，不善進不善，善亦蔑由至矣」。○盧文弨《拾補》：成人在始，始與善，善進，不善蔑由至矣。「始始」，毛本不重，晉語本不重，脱。「進」下晉語本又有「善」字。

二十三葉十行疏　始與不善。不善進。善亦蔑由至矣。　○盧文弨《拾補》：始與不善，不善進，善亦蔑由至矣。「進」下晉語本又有「不善」二字。右三段疏，與國語本文得兩通。

二十三葉十行疏　言惡有類。　「言」，要作「善」。

太甲上第五

二十三葉十四行經　太甲上第五　○《定本校記》：太甲上第五。内野本無「上」字。注云：

「上」字，刻本并釋文或本有。般庚、説命、泰誓放此。有「上」字，非也。後三篇皆然。案：此當用陸德明語。禮記釋文亦云：「曲禮第一，本或作曲禮上者，後人加也。檀弓、雜記放此。」可證。

二十三葉十六行經　太甲既立不明。　○山井鼎《考文》：太甲既立不明。〔古本〕「不」作「弗」。經文放此。

二十三葉十六行注　不明居喪之禮。　○山井鼎《考文》：居喪之禮。〔古本〕下有「也」字。「念常道」下、「故以名篇」下、「伊尹之訓」下、「常目在之」下、「承順天地」下、「撫安天下」下、「天下之衆」下並同。

二十三葉十七行釋文　朝直遥反。　「朝」下平有「政上」二字。

二十三葉十八行經　復歸于亳。　「亳」，平作「毫」。

二十三葉十八行疏　傳太甲至三篇。　魏「傳」上有「疏」字，「傳」爲小字，在「太」字上。

二十四葉一行疏　三年復歸於亳都。　「年」，單作「𢆉」。「於」，殿、庫作「于」。閩、殿「傳」作「疏」。

二十四葉三行疏　以摠三篇也。　「摠」，殿、庫作「總」。

二十四葉五行疏　密邇先王。　「邇」，永作「迩」。

二十四葉五行疏　舜放四凶。徙之遠裔。　「徙」，毛作「徒」。○物觀《補遺》：四凶徒之。宋板「徒」作「徙」。○浦鏜《正字》：舜放四凶，徙之遠裔。「徙」，毛本誤「徒」。○盧文弨《拾補》：舜放四凶，徙之遠裔。毛本「徙」作「徒」。「徒」當作「徙」。○阮元《校記甲》：舜放四凶，徒之遠裔。「徒」，宋板、十行、閩、監俱作「徙」。按：「徒」字非也。

二十四葉七行疏　政事聽於冢宰。　「於」，毛作「于」。

二十四葉八行疏　冢宰猶尚諮稟。　「稟」，十作「禀」。

二十四葉九行經　太甲。　「甲」下殿有「上」字。

二十四葉九行注　戒太甲。　「太」，閩作「大」。

二十四葉十行疏　以被告之人名篇。　「被」，永作「彼」。○張鈞衡《校記》：以彼告之人名。阮本「彼」作「被」。

二十四葉十三行注　阿。倚。衡。平。　○物觀《補遺》：阿，倚。衡，平。〔古本〕下有「也」字。○盧文弨《拾補》：阿，倚，衡，平也。「也」，毛本無，古本有。當據補。○阮元《校記甲》：阿，倚，衡，平。古本下有「也」字。

二十四葉十三行注　言不順伊尹之訓。　○阮元《校記甲》：言不順伊尹之訓。「訓」，纂傳作「言」。

二十四葉十四行疏　惟嗣至阿衡。　「嗣」，平作「詷」。

二十四葉十四行疏　此至放桐之時。　「此」，單、魏、平、毛作「比」。○阮元《校記甲》：比至放桐之時。「比」，十行、閩、監俱誤作「此」。○阮元《校記乙》：此至放桐之時。閩本、明監本同。毛本「此」作「比」。案：「比」字是也。○《定本校記》：比至放桐之時。「比」，〔足利〕八行本誤作「此」。

二十四葉十五行疏　蓋以三五月矣。　「以」，庫作「已」。

二十四葉十六行疏　故言不惠于阿衡。　「于」，永作「於」。

二十四葉十七行疏　故阿亦倚也。　「亦」，單、八、魏、平、永作「爲」。

二十四葉十八行疏　伊尹也鄭文亦云。　「文」，單、八、魏、平、永、毛、阮作「玄」。○浦鏜《正字》：鄭玄亦云：阿，依。衡，平也。「玄」，監本誤「文」。○阮元《校記甲》：鄭玄亦云。「玄」，閩、監俱誤作「文」。

二十四葉十八行疏　伊尹。湯倚而取平。　○浦鏜《正字》：伊尹，湯所依倚而取平。脱「所依」二字。○盧文弨《拾補》：伊尹，湯所依倚而取平。「所依」二字毛本脱，浦補。

二十四葉十八行疏　故以爲官名。「名」，永作「也」。

二十五葉一行經　以承上下神祇。「祇」，要、殿、庫作「祗」。

二十五葉三行釋文　祇。巨支反。「祇」，纂、魏、十、永、閩、毛、阮作「祗」。

二十五葉三行疏　還視也諟與是。「是」，要作「視」。

二十五葉四行疏　謂常日在之。「日」，八、永作「目」。

二十五葉五行疏　以承上天下地之神祇也。「祇」，十作「於」，殿、庫作「祗」。

二十五葉五行疏　罔不祇肅。「祇」，十、永、閩、毛、庫、阮作「祗」。

二十五葉六行釋文　遠。于萬反。「萬」，王作「万」。

二十五葉九行釋文　辟。必亦反。徐甫亦反。○浦鏜《正字》：辟，徐甫亦切。案：毛氏居正云：「甫」當作「浦」。

二十五葉九行疏　孫武兵書。「兵」，平作「子」。

二十五葉九行疏　及呂氏春秋皆云。「及」，平作「與」。

二十五葉十一行疏　禮法君前臣名。「前」，魏、毛作「稱」。○浦鏜《正字》：禮法君前臣名。「法」疑衍字。「前」，毛本誤「稱」。○盧文弨《拾補》：禮法君前臣名。「法」，浦云衍。不衍。毛本「前」作「稱」。「稱」當作「前」。○阮元《校記甲》：禮法君稱臣名。「稱」，十行、閩、監俱作「前」，是也。

二十五葉十三行釋文　**○丕普悲反。**　「普」上十、永、閩無「丕」字。○張鈞衡《校記》：○普慈（悲）反。上脱「丕」字，阮本脱「○」，亦誤。

二十五葉十四行經　**自周有終。**　○殿本《考證》：周忠信也。王柏曰：「周」當作「君」。金履祥曰：古文「君」字與「周」字相似，故誤。吴氏經説亦云當作「君」。○浦鏜《正字》：自周有終，相亦惟終。案：金氏履祥云：「周」當爲「君」，古文「君」作「冏」，與「周」字相似，故誤。○盧文弨《拾補》：自周有終，相亦惟終。「周」，金仁山云當爲「君」。古文「君」形近「周」。

二十五葉十五行注　**夏都在亳西。**　○山井鼎《考文》：夏都在亳西。〔古本〕作「夏都在亳之西也」。○阮元《校記甲》：夏都在亳西。〔古本〕作「夏都在亳之西也」。

二十五葉十六行注　**滅先人之道德。**　○阮元《校記甲》：滅先人之道德。「人」，纂傳作「王」。

二十五葉十七行注　**不能終其業以取亡。**　○山井鼎《考文》：以取亡。〔古本〕作「亡，取滅亡也」。○盧文弨《拾補》：不能終其業以取滅亾也。「滅」，毛本無，古本有，當補。「也」，毛本無，古本有，當補。○阮元《校記甲》：不能終其業以取亾。「以取亾」，古本作

「亡。取滅亾也」。按：古本疑有誤字。○《定本校記》：不能終其業以取亡。「亡」上内野本、足利本、清原宣賢手鈔本皆有「滅」字。

二十五葉十七行釋文　相，悉亮反。　「相，悉亮反」，纂在上文「先、見並如字，注同」下。平作「相亦，上息亮反」。「悉」，殿、庫作「息」。○山井鼎《考文》：相，悉亮反。經典釋文「悉」作「息」。

二十五葉十七行經　祇爾厥辟。　「祇」，閩、毛、庫作「祗」。

二十五葉十八行注　慎之至。　○山井鼎《考文》：「慎之至」下，「則能終」下，「則辱其祖」下，〔古本〕共有「也」字。

二十六葉一行注　則辱其祖。　「祖」，十作「祖」。

二十六葉四行經　旁求俊彦。　○阮元《校記甲》：旁求俊彦。陸氏曰：「俊」本亦作「畯」。

二十六葉五行注　旁非一方。　○物觀《補遺》：旁非一方。〔古本〕下有「也」字。

二十六葉五行注　開道後人。　○山井鼎《考文》：開道後人。〔古本〕「道」作「導」。○阮元《校記甲》：開道後人。「道」，古本作「導」。

二十六葉五行注　言訓戒。　○山井鼎《考文》：「言訓戒」下〔古本〕有「也」字。「以自顛覆」下、「長世之謀」下同。

二十六葉五行釋文　**俊。本亦作畯。**「亦」上殿、庫無「本」字。

二十六葉五行經　**無越厥命以自覆。**○阮元《校記甲》：無越厥命以自覆。陸氏曰：「越」，本又作「粵」。

二十六葉七行注　**以自顛覆。**「顛」，平作「顚」。

二十六葉七行釋文　**越。于月反。本又作粵。**「粵」，魏作「奥」。

二十六葉七行釋文　**覆。芳服反。**「服」，毛作「覆」。○浦鏜《正字》：覆，芳服切。「服」，毛本誤「覆」。

二十六葉九行注　**機。弩牙也。**○山井鼎《考文》：機，弩牙也。〔古本〕作「機，弩也，牙也」。○阮元《校記甲》：機，弩牙也。〔古本〕作「機，弩也，牙也」。

二十六葉九行注　**虞。度也。**○《定本校記》：虞，度也。三字内野本無。清原宣賢手鈔本引家本亦無。案：「虞，度」已見大禹謨。

二十六葉九行注　**以準望。**○山井鼎《考文》：以準望。〔古本〕下有「也」字。

二十六葉九行注　**言脩德夙夜思之。**「脩」，八、李、王、纂、魏、平、岳、十、永、閩、殿、庫、阮作「修」。「夙」，李作「凤」。

二十六葉十行注　**明旦行之。**○山井鼎《考文》：明旦行之。〔古本〕作「須明旦行之」。

○盧文弨《拾補》：言修德夙夜思之，須明旦行之。「須」，毛本無，古本有，當補。○阮元《校記甲》：明旦行之。「明」上古本有「須」字。

二十六葉十一行釋文　括。故活反。　○山井鼎《考文》：括，故活反。〔經典釋文〕下有「註同」二字。

二十六葉十一行釋文　中。竹仲反。　「中」上平有「則」字。「竹」，王、纂、魏、平、岳、十、永、閩、殿、庫、阮作「丁」。○物觀《補遺》：中，竹仲反。〔經典釋文〕「竹」作「丁」。下皆同。○阮元《校記甲》：則中，丁仲反。「丁」，毛本作「竹」。

二十六葉十一行經　欽厥止。率乃祖攸行。　○阮元《校記甲》：欽厥止，率乃祖攸行。按：今本皆以此兩句爲一節，下文「惟朕以懌，萬世有辭」兩句爲一節。以傳攷之，此節傳云「止，謂行所安止，君止於仁，子止於孝」，專釋「止」字之義。至下傳乃云「言能循汝祖所行，則我喜悦，王亦見歎美無窮」，似當以「欽厥止」一句爲一節。「率乃祖攸行」合下兩句爲一節。然疏云「王又當敬其身所安止，循汝祖之所行，若能如此，惟我以此喜悦」，其分節葢已同今本矣。阮元《校記乙》同。

二十六葉十二行注　謂行所安止。君止於仁。子止於孝。　○山井鼎《考文》：「行所安止」下、「子止於孝」下，〔古本〕共有「也」字。

二十六葉十三行經　萬世有辭。○山井鼎《考文》：萬世有辭。〔古本〕「辭」作「䛐」。○阮元《校記甲》：萬世有辭。「辭」，古本作「䛐」。

謹按「䛐」，古「嗣」字。○盧文弨《拾補》：萬世有辭。「辭」，古本作「䛐」，薛作「司」。○阮元《校記乙》同。

二十六葉十三行注　言能循汝祖所行。○山井鼎《考文》：言能循汝祖所行。〔古本〕「言」下有「王」字。○盧文弨《拾補》：言王能循汝祖所行。「王」，毛本無，古本有，當補。○阮元《校記甲》：言能循汝祖所行。「言」下古本有「王」字。○《定本校記》：言能循汝祖所行。「能」上内野本、足利本有「王」字。案：西域考古圖譜所收殘簡亦有「王」字。

二十六葉十四行注　王亦見嘆美無窮。○山井鼎《考文》：「嘆美無窮」下、「不用訓」下、「將成其性」下、「居憂位」下，〔古本〕並有「也」字。

二十六葉十六行疏　令以開導後人。「導」，庫作「遵」。

二十六葉十七行疏　惟思爲長世之謀。「爲」，阮作「其」。

二十六葉十八行疏　入當以意往省視矢括。「入」，單、八、魏、平、十、永、毛、殿、庫、阮作「又」。○浦鏜《正字》：又當以意往省視矢括。「又」，監本誤「人」。○阮元《校記甲》：又當以意往省視矢括。「又」，閩本誤作「人」。

二十六葉十八行疏　猶若人君所修政教。欲發命也。「命」，毛作「明」。○浦鏜《正字》：猶若人君所脩政教，欲發命也。「命」，毛本誤「明」。○盧文弨《拾補》：猶若人君所修政教，欲發命也。毛本「命」作「明」。「明」當作「命」。○阮元《校記甲》：欲發明也。「明」，十行、閩、監俱作「命」。

二十七葉二行疏　王于萬世常有善辭。「常」，魏作「當」。

二十七葉二行疏　昭七年左傳云。「七」，永作「十」。

二十七葉三行疏　爽。是未明。○阮元《校記甲》：爽，是未明。「未」，纂傳作「將」。

二十七葉六行疏　○(傳)機弩至則中。○張鈞衡《校記》：傳機弩至則中。上脱「○」。

二十七葉七行疏　如射者。弩以張訖機關。○浦鏜《正字》：如射者，弩以張訖機關。「以」，疑「已」字誤。○盧文弨《拾補》：如射者，弩以張訖機關。「以」，疑作「已」。

二十七葉八行疏　則射必中矣。「射」上要無「則」字。

二十七葉九行注　不用訓。○盧文弨《拾補》：不用訓也。「也」，毛本無，古本有。當補。

二十七葉十行疏　未能至不已。「未」，閩作「末」。

二十七葉十一行疏　雖有心向善。「向」，永作「回」。

二十七葉十二行經　伊尹曰。茲乃不義。　○阮元《校記甲》：伊尹曰：茲乃不義。陸氏曰：「義」，本亦作「誼」。

二十七葉十三行釋文　義。本亦作誼。　「義，本亦作誼」五字，纂作孔傳。

二十七葉十四行經　無俾世迷。　○山井鼎《考文》：無俾世迷。〔古本〕「無」作「亡」。○盧文弨《拾補》：無俾世迷。古本「無」作「亡」，後竝同。○阮元《校記甲》：無俾世迷。「無」，古本作「亡」。

二十七葉十五行注　令太甲居之。　「令」，十作「今」。

二十七葉十六行注　不使世人迷惑怪之。　○《定本校記》：不使世人迷惑怪之。內野本無「不」字。清原宣賢手鈔本引家本亦無。

二十七葉十六行釋文　令。力呈反。　「令」上平有「令太甲」三字。「力」上平有「音」字。○阮元《校記甲》：令，力呈反。「令」下葉本有「音」字。

二十七葉十八行疏　我不得令王近於不順之事。　「令」，要作「今」。

二十七葉十八行疏　使比近先王。　「比」，要、十、永、閩、阮作「此」。○阮元《校記甲》：使比近先王。「比」，十行、閩本俱誤作「此」。○阮元《校記乙》：使此近先王。閩本同。明監本、毛本「此」作「比」。案：「比」字是也。

二十七葉十八行疏　當受人教訓之。　○浦鏜《正字》：當受人教誨之。疑。○盧文弨《拾補》：當受人教訓之。「受」，浦疑作「使」。

二十八葉一行疏　不順。即是近不順也。　○《定本校記》：不順即是近不順也。此句恐有譌。

二十八葉二行疏　習爲不義。　「義」，魏作「爲」。

二十八葉二行疏　立宫墓傍。　「傍」上魏無「立宫墓」三字。「傍」，阮作「旁」。

二十八葉三行疏　必當改悔爲善也。　「悔」，毛作「過」。○阮元《校記甲》：必當改過爲善也。「過」，十行、閩、監俱作「悔」。○阮元《校記乙》：必當改悔爲善也。閩本、明監本同。毛本「悔」作「過」。

二十八葉四行注　往入桐宫。　「往」，閩作「徃」。

二十八葉四行疏　惟行居喪之禮。　「惟」，永作「推」。

太甲中第六

二十八葉九行注　至此二十六月。　「至」下要無「此」字。

二十八葉十行注　三年服闋。　○山井鼎《考文》：「三年服闋」下、「即吉服」下、「須君以生」下、「須民以君四方」下、「無窮之美」下、「謝前過」下、「自致不善」下、「以召罪於其身」下、「不可逃」下、「悔過之辭」下、「首至手」下、「惟乃明君」下、「無有不忻喜」下、「言忻戴」下、「言仁惠」下、「以不驕慢爲恭」下、「以聰聽德」下，〔古本〕並有「也」字。

二十八葉十行釋文　闋。苦穴反。　「穴」，十、永、閩、毛作「宂」。○浦鏜《正字》：闋，苦穴切。「穴」，毛本誤「宂」。

二十八葉十三行疏　爲再朞。　「朞」，永作「碁」。

二十八葉十四行疏　以冕服奉嗣王歸于亳。　「亳」，平作「毫」。

二十八葉十五行疏　殷人冔而祭。　「冔」，單、魏、永作「哻」。

二十八葉十五行疏　常服黼冔。　「冔」，單、魏作「哻」。

二十八葉十五行疏　冔是殷之祭冠。　「冔」，單、魏作「哻」。

二十八葉十五行疏　今云冕者。　○阮元《校記甲》：今云冕者。「云」，纂、傳作「爲」。

二十八葉十六行疏　王制又云。　「又」，八作「文」。○《定本校記》：王制又云。「又」，〔足利〕八行本誤作「文」。

二十八葉十六行疏　殷人哻而祭。　「哻」，單作「哻」。

二十八葉十八行疏　案士虞禮云。朞而小祥。又朞而大祥。　二「朞」字，永皆作「㫷」。〇浦鏜《正字》：案士虞禮云：朞而小祥云云。見士虞記中。〇盧文弨《拾補》：案士虞禮記云：朞而小祥。「記」，毛本無，當補。

二十九葉二行疏　鄭玄以中月爲間一月。　「間」，單作「閒」。「一」，要作「之」。

二十九葉二行疏　云祥後復更有一月而禫。　〇浦鏜《正字》：云祥後復更有一月而禫。「禫」誤「禫」。毛本「一」字缺。（彙校者案：毛本有「一」字。）

二十九葉五行經　皇天眷佑有商。　「皇」，魏作「望」。

二十九葉五行經　實萬世無疆之休。　〇山井鼎《考文》：無疆之休。〔古本〕「無」作「亡」。下「無時豫怠」、「朕承王之休無斁」同。〇阮元《校記甲》：實萬世無疆之休。「無」，古本作「亾」。下「無時」、「無斁」同。

二十九葉六行注　言王能終其德。　「王」，平作「主」。

二十九葉六行注　是商家萬世無窮之美。　「萬」，王作「万」。

二十九葉七行釋文　疆。居良反。　「疆」，十作「彊」。〇浦鏜《正字》：疆，居良切。「良」，毛本誤「艮」。

二十九葉七行經　王拜手稽首曰。○《定本校記》：王拜手稽首曰。内野本無「手」字。

二十九葉七行經　予小子不明于德。自厎不類。「厎」，八、李、纂、十、永、阮作「底」。○山井鼎《考文》：不明于德，自厎不類。〔古本〕「不」作「弗」。下皆同。

二十九葉九行釋文　厎。之履反。「厎」，纂、十、永、阮作「底」。「履」，平作「里」。

二十九葉九行經　以速戾于厥躬。「戾」，王作「戻」。○山井鼎《考文》：以速戾於厥躬。〔古本〕「厥」作「亓」。下文「厥初」、「厥終」、「厥身」、「厥命」並同。謹按 篇内但「厥鄰」、「厥祖」〔古本〕作「氒」。「氒」字説見于古文考。

二十九葉十行注　毁敗禮儀法度。「儀」，平作「義」。

二十九葉十一行釋文　戾。郎計反。「戾」，纂作「庆」。「郎計」，平作「即言」。「計」，永作「討」。

二十九葉十一行疏　速召至其身。○《定本校記》：傳速召至其身。「速」，〔足利〕八行本誤作「遠」。

二十九葉十四行經　猶可違。「違」，李作「違」。

二十九葉十六行疏　有妖孽眚祥。「妖」，平作「好」。「眚」，八、閩、殿作「青」。

二十九葉十六行疏　蟲豸之類謂之孽。「豸」，魏、十、永作「豕」，平作「豸」，閩作「豸」。

二十九葉十八行疏　亦行不相逢也。「逢」，庫作「逄」。

二十九葉十八行疏　謂若太戊桑穀生朝。「穀」，永作「榖」。

二十九葉十八行疏　高宗雊雉升鼎耳。「升」，平作「外」。

三十葉二行疏　非是橫加災也。「橫」，平作「撗」。

三十葉三行經　弗克于厥初。○盧文弨《拾補》：弗克于厥初。「厥」，古本作「亓」，下同。疑本作「年」。見下。

三十葉三行注　言巳巳往之前。○阮元《校記甲》：言己巳往之前。「巳巳」，葛本誤作「已已」。

三十葉四行注　不能修德於其初。「於」，毛作「于」。

三十葉五行釋文　背。音佩。「背」，永作「皆」。

三十葉六行注　拜手。首至手。「至手」，平作「至乎」。○浦鏜《正字》：拜手，首至手。

案：此傳應在虞書益稷「皋陶拜手稽首」下。

三十葉六行疏　周禮大祝辨九拜。一曰稽首。「大」，單、八、魏、平、十、永、閩、阮作「太」。

○浦鏜《正字》：太祝辨九拜，一曰稽首。案：周禮「拜」作「𢷎」，「稽」作「䭫」。

三十葉七行疏　頭至手。所謂拜手也。　○浦鏜《正字》：頭至手，所謂拜手也。下「手」字毛本誤「子」。○盧文弨《拾補》：所謂拜手也。毛本「手」作「子」。「子」當作「手」。（彙校者案：毛本作「手」，中横漫漶。）

三十葉十行疏　大祝又云。　「大」，單、八、魏、平、十、永、閩、阮作「太」。

三十葉十行疏　八曰褒拜。　「褒」，永作「裦」。

三十葉十一行疏　振動者。戰栗變動而拜。　○浦鏜《正字》：振動者，戰栗變動之拜。「之」誤「而」。○盧文弨《拾補》：振動者，戰栗變動而拜。「而」，浦云當是「之」。

三十葉十一行疏　稽顙而後拜。即三年喪拜也。　○浦鏜《正字》：稽顙而後拜，謂三年喪拜也。「謂」誤「即」。

三十葉十二行疏　謂君答臣一拜也。　「答」，單、八、魏、平、十、永、閩、毛作「荅」。

三十葉十三行疏　左傳云。天子在。寡君無所稽首。　○浦鏜《正字》：左傳云：非天子，寡君無所稽首。「非天子」誤「天子在」。○盧文弨《拾補》：左傳云：天子在，寡君無所稽首。案：「天子在而君辱稽首」見襄三年。「非天子寡君無所稽首」見哀十七年。此乃參互成文，不若單据哀十七年傳爲得。

三十葉十三行疏　諸侯相施。則頓首也。　「施」，單、八、魏、平、要、永、毛、殿、庫、阮作「於」。○浦鏜《正字》：諸侯相於，則頓首也。「於」，監本誤「施」。

三十葉十三行疏　君於臣則空首也。　「首」，單、八、要作「手」。○《定本校記》：君於臣則空手也。「手」，十行本改作「首」。

三十葉十四行經　脩厥身。　「脩」，石、李、王、纂、魏、平、岳、永、阮作「修」。

三十葉十四行注　言脩其身。　「脩」，八、李、王、纂、魏、平、岳、永、阮作「修」。

三十葉十七行經　並其有邦。厥鄰。　○盧文弨《拾補》：竝其有邦，厥鄰。「厥」，古本作「氒」。下同。

三十葉十八行注　湯俱與鄰並有國。　○阮元《校記甲》：湯俱與鄰並有國。「與」，纂傳作「爲」。

三十葉十八行注　待我君來。　○《定本校記》：待我君來。内野本無「來」字。

三十一葉三行經　王懋乃德。視乃厥祖。　○顧炎武《九經誤字》：視乃厥祖。石經、監本同。今本作「烈祖」。○山井鼎《考文》：視乃厥祖。蔡本「厥」作「烈」。○浦鏜《正字》：視乃厥祖。「厥」，今本作「烈」。案：石經亦作「厥」。○盧文弨《拾補》：視乃厥祖。「厥」，蔡傳作「烈」。當以「乃」、「厥」連文爲不順也，然古人不拘。○阮元《校記甲》：王懋乃德，視乃厥祖。石經考文提要云：坊本作「烈祖」，亦沿蔡沈集傳。案：孔安國傳「視其祖而行之」，「其」訓「厥」也。按：纂傳已從蔡傳作「烈」矣。阮元《校記乙》同。○《定本校記》：王懋乃德。内野本無「乃」字。

三十一葉四行注　言當勉脩其德。「脩」，八、李、王、纂、魏、平、岳、永、阮作「修」，十作「俻」。

三十一葉六行注　以不驕慢爲恭。「驕」，魏作「驕」。

三十一葉八行疏　故欲言人之聰明。「聰」，永作「聽」。

三十一葉八行疏　以視聽爲主視若不見。故言惟明。○浦鏜《正字》：視若不見，故言惟明。「若」，疑「苦」字誤。下「聽若」同。○盧文弨《拾補》：視苦不見，故言惟明。毛本「苦」作「若」。「若」當作「苦」。下同。○《定本校記》：視若不見。浦氏云「若」疑「苦」字誤。下「聽若」同。

三十一葉八行疏　明謂監察是非也。「監」，庫作「鑒」。

三十一葉十行注　則我承王之美無斁。「美」，永、阮作「災」。「斁」，八作「厭」，李、纂、魏、平、岳作「厭」。○山井鼎《考文》：無斁。〔古本〕「斁」作「厭」。宋板同，下有「也」字。謹按 釋文有「厭，於豔反」。二本爲是。○盧文弨《拾補》：我則承王之美無厭也。「厭」，毛本作「斁」。古、宋本竝作「厭」。「斁」當作「厭」。○阮元《校記甲》：則我承王之美無斁。「美」，十行本誤作「災」。「斁」，古本、岳本、宋板、纂傳俱作「厭」，岳本是也。釋文有「厭，於豔反」。○阮元《校記乙》：則我承王之災無斁。各本「災」作「美」。案：「美」字是也。古本、岳本、宋本、纂傳「斁」作「厭」。釋文有「厭，於豔反」。

三十一葉十行釋文　厭。於豔反。「厭」，平作「猒」。

太甲下第七

三十一葉十三行經　嗚呼。惟天無親。○山井鼎《考文》：惟天無親。〔古本〕「無」作「亡」，「鬼神無常」同。○阮元《校記甲》：嗚呼，惟天無親。「無」，古本作「亾」。「鬼神無常」同。

三十一葉十四行注　言天於人無有親疎。○山井鼎《考文》：無有親疏。〔古本〕「有」作「所」。○盧文弨《拾補》：言天於人無有親疎。「有」，古本作「所」。○阮元《校記甲》：無有親疏。「有」，古本作「所」。○《定本校記》：言天於人無有親疏。「有」字，内野本、足利本作「所」，清原宣賢手鈔本引家本亦作「所」。

三十一葉十四行注　惟親能敬身者。○山井鼎《考文》：能敬身者。〔古本〕下有「也」

字。「仁政爲常」下同。〇《定本校記》：惟親能敬身者。「身」上清原宣賢手鈔本有「其」字。

三十一葉十四行疏　「伊尹申誥于王〇正義曰」至「亦準事相配而爲文也」。　疏文「伊尹申誥于王〇正義曰」至「亦準事相配而爲文也」，定本移至經文「伊尹申誥于王曰」下。〇《定本校記》：伊尹申誥于王。此節疏〔足利〕八行本在後文「克敬惟親」下，今移。

三十一葉十五行疏　重告於王。　「於」，要作「于」。

三十一葉十八行注　言鬼神不係一人。　「係」，八、李、王、纂、魏、平、岳、十、永、阮作「保」。〇山井鼎《考文》：言鬼神不係一人。〔古本〕「係」作「保」。宋板同。〇盧文弨《拾補》：言鬼神不保一人。毛本「保」作「係」。「係」當作「保」。〇阮元《校記甲》：言鬼神不係一人。「係」，古本、岳本、宋板、十行、纂傳俱作「保」。

三十一葉十八行注　則享其祀。　〇山井鼎《考文》：則享其祀。〔古本〕下有「之也」二字。〇阮元《校記甲》：則享其祀。古本下有「之也」二字。

三十二葉一行經　天位艱哉。　〇山井鼎《考文》：天位艱哉。〔古本〕「艱」作「難」。〇盧文弨《拾補》：天位艱哉。〔古本〕「艱」作「難」。〇阮元《校記甲》：天位艱哉。「艱」，古本作「難」。〇《定本校記》：天位艱哉。「艱」，内野本、足利本作「難」。

三十二葉一行注　以此三者。　○山井鼎《考文》：以此三者。〔古本〕下有「也」字。「不以德則亂」下、「治亂在所法」下、「明王明君」下、「配天而行之」下、「終致高遠」下、「乃可」下、「勿拒逆之」下、「則成善政」下、「一人天子」下並同。

三十二葉二行釋文　註及下同。　「及」上魏無「註」字。

三十二葉三行經　罔不興。　○山井鼎《考文》：罔不興。〔古本〕「不」作「弗」。下同。

三十二葉四行疏　任佞則亡。　「佞」，十、永作「倿」。

三十二葉五行疏　摠言治國則稱道。　「摠」，要、殿、庫作「總」。

三十二葉六行疏　惟言治亂在所法耳。　「法」，殿作「去」，庫作「與」。○《四庫考證》：言治亂在所與耳。刊本「與」訛「去」，今改。○《薈要》案語：言治亂在所與耳。刊本「與」訛「去」，今改。

三十二葉七行經　終始慎厥與。惟明明后。　「明」下石無「后」字。○山井鼎《考文》：「終始慎厥與」、「懋敬厥德」。〔古本〕「厥」作「亓」。○盧文弨《拾補》：終始慎厥與。「厥」，古本作「亓」。下同。○阮元《校記甲》：終始慎厥與，惟明明后。「惟明明后」，唐石經初刻有「后」字，後磨改，祇作「惟明明」。阮元《校記乙》同。○《定本校記》：惟明明后。内野本無「后」字。清原宣賢手鈔本引家本亦無。阮氏云：唐石經初刻有「后」字，後磨改，祇作「惟明明」。

三十二葉七行注　明慎其所與治亂之機。　「與」上魏無「所」字。「機」，纂作「幾」。

三十二葉九行注　言湯惟是終始與之難。　「惟」，永、阮作「推」。○阮元《校記甲》：言湯惟是終始所與之難。「惟」，十行誤作「推」。○阮元《校記乙》：言湯推是終始所與之難。閩本、明監本、毛本「推」作「惟」。案：「惟」字是也。

三十二葉十行注　勉修其德。　「修」，十作「脩」。

三十二葉十二行經　若陟遐。○阮元《校記甲》：若陟遐。「陟」，葛本誤作「涉」。

三十二葉十四行經　惟難。○《定本校記》：惟難。「難」，内野本作「艱」。

三十二葉十七行疏　於始即須慎之。　「即」下永無「須」字。

三十二葉十八行注　人以言咈違汝心。　「咈」，王作「弗」。「汝心」下平有釋文「咈，扶弗反」四字。

三十三葉一行注　勿拒逆之。　「之」下王、纂、魏、平、毛、殿、庫有釋文「咈，扶弗反」四字。

○浦鏜《正字》：咈，扶弗切。四字監本脱。

三十三葉二行注　勿以自藏。　「藏」，八、李、王、纂、平、岳、十、永、毛、阮作「臧」，魏作「𦵔」。

○浦鏜《正字》：勿以自臧。「臧」，監本誤「藏」。○阮元《校記甲》：勿以自臧。「臧」，葛本、閩、監俱誤作「藏」。

三十三葉二行經　嗚呼。　「嗚」，十作「鳴」。

三十三葉五行注　則天下得其正。　○山井鼎《考文》：則天下得其正。〔古本〕作「則天下得其政也」。○阮元《校記甲》：則天下得其正。古本作「則天下得其政政也」。

三十三葉七行疏　是念慮有所得。知心所念慮是道德也。　「是念慮」下平無「有所得，知心所念慮」八字。

三十三葉十行注　利口覆國家。故特慎焉。　「焉」下王、纂、平、殿、庫有釋文「覆，芳服反」四字，「芳」，平作「方」。○山井鼎《考文》：故特慎焉。〔古本〕下有「也」字。「以安之」下、「保於美」下共同。又：【補脫】覆，芳服反〔據經典釋文〕。【謹按】註「利口覆國家」。

三十三葉十行注　成功不退。　○《定本校記》：成功不退。「成功」二字内野本倒，清原宣賢手鈔本引家本同。

三十三葉十一行注　故爲之極以安之。　「爲」下纂無「之」字。

三十三葉十二行疏　其君不堪所求。　「堪」，魏作「甚」。

咸有一德第八

三十三葉十八行注　以戒太甲。　「戒」，岳作「成」。○山井鼎《考文》：以戒太甲。〔古本〕下有「也」字。○阮元《校記甲》：以戒太甲。「戒」，岳本作「成」，誤。

三十四葉一行疏　太甲既歸於亳。　「於」，毛、殿、庫作「于」。「亳」，毛作「亳」。

三十四葉二行疏　經稱尹躬及湯有一德。　「有」上八有「咸」字。○山井鼎《考文》：經稱尹躬及湯有一德。宋板「湯」下有「咸」字。○浦鏜《正字》：經稱尹躬及湯咸有一德。脱「咸」字。○盧文弨《拾補》：尹躬及湯咸有一德。「咸」，毛本脱。○阮元《校記甲》：經稱尹躬及湯有一德。「湯」下宋板有「咸」字，是也。阮元《校記乙》同。○《定本校記》：經稱尹躬及湯有一德。「有」上〔足利〕八行有「咸」字。

三十四葉二行疏　言已君臣皆有純一之德。　○浦鏜《正字》：言已君臣皆有純一之德。「已」，疑衍字。

三十四葉七行疏　内得於心。　「於」，庫作「于」。

三十四葉八行疏　而凡庸之主。　「主」，十、殿、庫作「王」。

三十四葉十一行經　伊尹既復政厥辟。　○山井鼎《考文》：伊尹既復政厥辟。〔古本〕「厥」作「其」。下文「常厥德」同。○盧文弨《拾補》：伊尹既復政厥辟。「厥」，古本作「其」，下同。○阮元《校記甲》：伊尹既復政厥辟。「厥」，古本作「其」。下「常厥德」同。按：古本多以「其」爲「厥」。亦有以「厥」爲「其」者。後亦不悉挍。阮元《校記乙》同。

三十四葉十二行注　陳德以戒。　○山井鼎《考文》：陳德以戒。〔古本〕下有「之」字。○阮元《校記甲》：陳德以戒。古本下有「之」字。

三十四葉十三行疏　太甲既歸于亳。　「亳」，魏作「毫」。

三十四葉十三行疏　乃陳言戒王於德。　「王」，十、永作「工」。「於」，毛作「于」。

三十四葉十四行疏　今嗣王新服厥命。　「嗣」，平作「嗣」。

三十四葉十四行疏　則是初始即政。　「始」上要無「初」字。

三十四葉十四行疏　即告者也。　「者」，單、八、魏、平、要、十、永、毛、殿、庫、阮作「老」。

三十四葉十五行疏　襄二十一年左傳云。　「一」，平作「二」。

三十四葉十五行疏　卒無怨色。　「卒」，閩作「辛」。

三十四葉十五行疏　則伊尹又相太甲。　○阮元《校記甲》：則伊尹又相太甲。「則」下纂傳有「是」字。

三十五葉一行疏　沃丁既葬伊尹于亳。　「亳」，魏作「毫」。

三十五葉一行疏　已得伊尹。　「已」，永作「也」。

三十五葉一行疏　此至沃丁始卒。　「此」，單、八、魏、要、毛作「比」。○浦鏜《正字》：比至沃丁始卒。「比」，監本誤「此」。○阮元《校記甲》：比至沃丁始卒。「比」，十行、閩、監俱作「此」。○阮元《校記乙》：此至沃丁始卒。閩本、明監本同。毛本「此」作「比」。

三十五葉二行疏　伊尹放之於桐宮。　「於」，毛作「于」。

三十五葉三行疏　伊尹乃迎而授之政。　「授」，魏、平、十、永、閩、阮作「受」。○阮元《校記甲》：伊尹乃迎而授之政。「授」，十行、閩本俱誤作「受」。○阮元《校記乙》：伊尹乃迎而受之政。閩本同。毛本「受」作「授」。案：當作「授」。

三十五葉三行疏　謂太甲歸亳之歲。　「太」，閩作「大」。

三十五葉三行疏　殷仲壬即位居亳。其卿士伊尹。　「壬」，平作「王」。○浦鏜《正字》：殷仲壬即位居亳，命卿士伊尹。「命」誤「其」。○盧文弨《拾補》：殷仲壬即位居亳，命卿士伊尹。毛本「命」作「其」，浦改作「命」，當作「命」。

三十五葉四行疏　仲壬崩。伊尹乃放太甲於桐而自立也。　「壬」，魏作「任」。○浦鏜《正字》：仲壬崩，伊尹乃放太甲於桐而自立也。「崩」，紀年作「陟」。

三十五葉四行疏　太甲潛自出桐。　「自出」，單、八、魏、平、要、十、永、毛、阮作「出自」。○阮元《校記甲》：太甲潛出自桐。「出自」二字，閩、監俱誤倒。

三十五葉七行疏　必若伊尹放君自立。　「君」，毛作「居」。○物觀《補遺》：伊尹放居。宋板「居」作「君」。○盧文弨《拾補》：必若伊尹放君自立。毛本「君」作「居」。「居」當作「君」。○阮元《校記甲》：必若伊尹放居自立。「居」，宋板、十行、閩、監俱作「君」。按：「居」字非也。

三十五葉七行疏　義當汙宮滅族。　「汙」，毛作「汗」。○浦鏜《正字》：義當汙宮滅族。「汙」同「洿」，毛本誤「汗」。○盧文弨《拾補》：義當汙宮滅族。毛本「汙」作「汗」。「汗」當作「汙」。

三十五葉八行疏　紀年之書。　「年」，平作「弃」。

三十五葉八行疏　晉太康八年汲郡民發魏安僖王塚得之。　「晉太」，平作「晉大」。「塚」，十、永作「塜」，毛、阮作「冢」。○《定本校記》：晉太康八年汲郡民發魏安僖王塚得之。劉氏恕通鑑外紀引此疏「八年」作「元年」。案：作「元」是也。左傳後序正義引王隱晉書束晳傳云：太康元年汲郡民盜發魏安釐王塚，得竹書，漆字，科斗之文。

三十五葉八行疏　蓋當時流俗有此妄説。「俗」，要作「落」。

三十五葉八行疏　故其書因記之耳。「記」，毛作「紀」。

三十五葉九行經　曰嗚呼。「曰」，閩作一字空白。○阮元《校記甲》：曰嗚呼，天難諶。閩本「曰」字空。葛本脱「曰」字。按：葛本多依閩本，此亦一證。

三十五葉九行注　故難信。「信」，魏作「言」。○山井鼎《考文》：故難信。〔古本〕下有「也」字。「九有諸侯」下、「湯伐而兼之」下同。

三十五葉九行釋文　諶。徐市林反。「諶」，毛作「謀」。○物觀《補遺》：謀，徐市林反。〔經典釋文〕「謀」作「諶」。○阮元《校記甲》：諶，毛本誤作「謀」。

三十五葉十行經　厥德匪常。○顧炎武《九經誤字》：厥德匪常。石經、監本同。按：唐柳澤上書引此作「匪常」。今本作「靡常」，非。○山井鼎《考文》：厥德匪常。蔡本「匪」作「靡」。○浦鏜《正字》：厥德匪常。「匪」，今本作「靡」。案：石經亦作「匪」。○盧文弨《拾補》：厥德匪常。「匪」，蔡傳作「靡」。○阮元《校記甲》：厥德匪常。顧炎武曰：石經、監本同。按：唐柳澤上書引此作「匪常」。今本作「靡常」，非。石經考文提要云：亦沿蔡沈集傳「因上命靡常」而誤。阮元《校記乙》同。

三十五葉十一行注　九有諸侯。○阮元《校記甲》：九有諸侯。古本下有「也」字。按：

此增「也」字亦可。傳意「九有」，猶言諸侯也。疏云「謂九州所有之諸侯」，此又申釋傳義耳。阮元《校記乙》同。

三十五葉十一行注　湯伐而兼之。　「伐」，永作「代」。○張鈞衡《校記》：湯代而兼之。阮本「代」作「伐」，誤。

三十五葉十二行疏　正義曰。毛詩傳云。九有。九州也。　「傳」，毛作「序」。○物觀《補遺》：毛詩序云。〔宋板〕「序」作「傳」。○浦鏜《正字》：毛詩傳云：九有，九州也。「傳」，毛本誤「序」。○盧文弨《拾補》：毛詩傳云：九有，九州也。毛本「傳」作「序」。「序」當作「傳」。○阮元《校記甲》：毛詩序云。「序」，宋板、十行、閩、監俱作「傳」。按：宋本是也。

三十五葉十二行疏　此傳云九有諸侯。　「此」，魏作「比」。

三十五葉十二行疏　汎説大理。　「汎」，永、阮作「凡」。○阮元《校記甲》：汎説大理。「汎」，十行本作「凡」。

三十五葉十三行疏　但傳顧下文比桀。　「但」，八、平、阮作「伹」。

三十五葉十四行注　不恤下民。　○物觀《補遺》：不恤下民。〔古本〕下有「也」字。

三十五葉十五行經　啓迪有命。　○《定本校記》：啓迪有命。清原宣賢手鈔本引家本「迪」下有「厥」字。内野本作「啓厥有命」，蓋脱「迪」字。

三十五葉十六行注　**有天命者開道之。**　「開」，永作「聞」。○山井鼎《考文》：開道之。〔古本〕「之」作「也」。○阮元《校記甲》：有天命者開道之。「之」，古本作「也」。

三十五葉十七行注　**使伐桀爲天地神祇之主。**　「伐」，王、岳作「代」。「祇」，八、李、纂、魏、平、岳、毛、阮作「祇」。○山井鼎《考文》：神祇之主。〔古本〕下有「也」字。○阮元《校記甲》：使伐桀。「伐」，岳本作「代」。○《定本校記》：使代桀爲天地神祇之主。岳本、纂圖互注本、内野本、清原宣賢手鈔本如此。足利本、注疏本「代」誤作「伐」。

三十六葉二行疏　**正以神明祐之。**　「祐」，單、八、要、殿、庫作「佑」。

三十六葉三行疏　**負圖銜書以授聖人。**　「負」，魏、平作「貟」。

三十六葉三行疏　**漢自哀平之間。**　「間」，單、阮作「閒」。

三十六葉五行注　**改其正。**　○山井鼎《考文》：改其正。〔古本〕作「改其政也」。○盧文弨《拾補》：改其正。「正」，古本作「政也」二字。○阮元《校記甲》：改其正。古本作「改其政也」。○《定本校記》：改其正。「正」，内野本、足利本作「政」。

三十六葉六行注　**佑助一德所以王。**　○山井鼎《考文》：「所以王」下、「歸於一德」下、「言不一」下、「是不差」下、「是在德」下、「其命王命」下、「戒勿怠」下、「日新之義」下、「不可任」下、「非其人」下、「任非其人」下、「無以爲易」下、「無以輕之」下、「乃可師」下、「爲常德」下、

「故曰大」下、「則一心」下、「是明王之事」下並有「也」字。

三十六葉七行釋文　王。于況反。下同。　「王」上纂、魏、平有「而」字。「下」下魏、殿、庫有「以王」二字，平有「以于」二字。○物觀《補遺》：王于況反，下同。〔經典釋文〕「同」上有「以王」二字。○浦鏜《正字》：王，于況切，下以王同。脱「以王」二字。○阮元《校記甲》：而王，下以王同。十行本、毛本俱脱「以王」二字。

三十六葉八行注　民自歸於一德。　「於」，王、纂、岳作「于」。○《定本校記》：民自歸於一德。内野本無「一」字。注云：或本有。

三十六葉八行經　動罔不吉。德二三。動罔不凶。　○山井鼎《考文》：「動罔不吉」、「動罔不凶」。〔古本〕「不」作「弗」。下「不獲自盡」同。

三十六葉十二行疏　指人言之。　「指」，閩作「措」。

三十六葉十五行注　其命。王命。　○盧文弨《拾補》：其命，王命也。「也」，古本有，毛本無。當補。

三十六葉十六行釋文　行。下孟反。殺。色界反。　「行」上平有「德」字。「殺」上魏有「衰」字，平有「衺」字。下「反」字，永作「友」。

三十六葉十七行經　任官惟賢材。　○浦鏜《正字》：任官惟賢材。「材」，今本作「才」。○盧文弨《拾補》：任官惟賢材。「材」，蔡傳改「才」。○阮元《校記甲》：任官惟賢材。浦鏜云：「材」，今本作「才」。阮元《校記乙》同。

三十六葉十八行注　官賢才而任之。　「才」，王、纂、岳作「材」。

三十六葉十八行注　非賢才不可任。　「非」，李作「者」。「才」，王、纂、魏、平、岳、永、阮作「材」。

三十七葉一行注　言臣奉上布德。　「布」，李作「在」。

三十七葉二行釋文　爲上。于僞反。下爲民同。爲德如字。下爲下同。　此段釋文殿、庫作「爲上之爲，于僞反。爲民同。爲德之爲，如字。爲下同」。「如字」上魏、平、毛有「上」字。

三十七葉四行釋文　易。以豉反。　「易」上平有「爲」字。「豉」，王、魏、永、毛作「豉」，平作「市」。

三十七葉六行疏　任人爲官。惟用其賢才。　「才」，單、八、魏、平、永、阮作「材」。○盧文弨《拾補》：任人爲官，惟用其賢材。毛本「材」作「才」。「才」當作「材」。

三十七葉八行疏　身爲臣下當須助爲於民也。　「於」，毛作「于」。○盧文弨《拾補》：當須助爲於民也。毛本「於」作「于」。「于」當作「於」。

三十七葉九行疏　其事甚難。　「甚」，永作「慎」。

三十七葉九行疏　無得以爲易。　「易」，魏、十、永作「異」。

三十七葉十行疏　王言宜作命。　「宜」，單、八、魏、平、十、永、閩、毛、殿、庫、阮作「惟」。

三十七葉十三行疏　若今日勤而明日惰。　「惰」，平作「墮」。

三十七葉十四行疏　故云官賢才而任之。　「故云官」下平重「故云官」三字。

三十七葉十五行疏　冏命云。小大之臣。　「冏」，單、十、永作「回」，八作「問」，毛作「囧」。○浦鏜《正字》：冏命云，小大之臣云云。「冏」字毛本誤。

三十七葉十八行疏　順下。謂卑順以爲臣下。　「臣」，毛作「下」。○山井鼎《考文》：順下，謂卑順以爲下下。[正誤]「下下」當作「臣下」。物觀《補遺》：宋板「下下」作「臣下」。○浦鏜《正字》：順下，謂卑順以爲臣下。「臣下」，毛本誤「下下」。○盧文弨《拾補》：下謂卑順以爲臣下。毛本「臣」作「下」。「下」當作「臣」。○阮元《校記甲》：謂卑順以爲下下。「下下」，宋板、十行、閩、監俱作「臣下」。○阮元《校記乙》：謂卑順以爲臣下。宋本、閩本、明監本同。毛本「臣下」作「下下」。

三十七葉十八行疏　訓民者。訓以善道訓助下民。　「訓以」，單、八、魏、平、庫作「謂以」。○山井鼎《考文》：訓民者，訓以善道訓助下民。〔宋板〕「訓以」作「謂以」。○盧文弨《拾補》：訓民者，謂以善道訓助下民。毛本「謂」作「訓」。「訓」當作「謂」。○阮元《校記甲》：訓以善道訓助下民。上「訓」字宋板作「謂」。按：「訓」字非也。阮元《校記乙》同。

三十八葉一行疏　(傳)其難至乃善。○正義曰。此經申上臣事既所爲如此。　「(傳)其難至乃善。○正義曰」，殿、庫作「其難其慎者」。

三十八葉五行注　一德之言。　○物觀《補遺》：一德之言。〔古本〕無「之」字。○阮元《校記甲》：一德之言。古本無「之」字。

三十八葉六行注　則一心。　「心」上李無「一」字。

三十八葉六行經　永厎烝民之生。　「厎」，八、纂、永作「底」。

三十八葉八行釋文　烝。之丞反。　「丞」，纂、平、殿、庫作「承」。魏作「永」。

三十八葉十行注　有德之王。則爲祖宗。　○山井鼎《考文》：有德之王，則爲祖宗。〔古本〕「宗」作「廟」。○阮元《校記甲》：則爲祖宗。「宗」，古本作「廟」。

三十八葉十行注　其廟不毀。　「毀」，平作「毁」。

三十八葉十行注　故可觀德。　○山井鼎《考文》：故可觀德。〔古本〕下有「也」字。「其政可知」下、「所以成功」下、「沃丁太甲子」下、「以三公禮葬」下、「功德之事」下、「忠臣名」下、「伊陟伊尹子」下、「不恭之罰」下、「巫咸臣名」下、「原臣名」下並同。

三十八葉十一行釋文　長。竹丈反。　「長」上平有「之」字。「竹」，王、纂、魏、平、岳、十、永、閩、阮作「丁」，殿、庫作「之」。○物觀《補遺》：長，竹丈反。〔經典釋文〕「竹」作「丁」。下同。○阮元《校記甲》：之長，丁丈反。「丁」，毛本作「竹」。

三十八葉十一行疏　此又觀王修德以立後世之名。　「觀」，單、八、毛、殿、庫作「勸」，平作「勸」。「修」，單、八作「脩」。○浦鏜《正字》：此又勸王脩德以立後世之名。「勸」，監本誤「觀」。○阮元《校記甲》：此又勸王修德。「勸」，十行、閩、監俱誤作「觀」，下「勸王使爲善政也」同。○阮元《校記乙》：此又觀王修德。閩本、明監本同。毛本「觀」作「勸」。案：「勸」字是也。下「觀王重使爲善政也」同。

三十八葉十四行疏　觀王使爲善政也。　「觀」，單、八、魏、平、毛、殿、庫作「勸」。

三十八葉十五行疏　下云。萬夫之長。可以觀政。　「夫」，平作「大」。

三十八葉十六行疏　**論七廟者多矣。**「者」，十、永、阮作「諸」。○阮元《校記甲》：論七廟者多矣。「者」，十行本誤作「諸」。○阮元《校記乙》：論七廟諸多矣。閩本、明監本、毛本「諸」作「者」。案：「諸」字誤也。

三十八葉十七行疏　**其文見於記傳。**「傳」下單、八、魏、平、要、毛、庫有「者」字。○浦鏜《正字》：其文見於記傳者。監本脱「者」字。○阮元《校記甲》：其文見於記傳者。十行、閩、監俱無「者」字。○阮元《校記乙》：其文見於記傳。閩本、明監本同。毛本「傳」下有「者」字。

三十八葉十七行疏　**穀梁傳。皆曰。**「穀」，魏作「穀」，庫作「穀」。

三十八葉十八行疏　**王立七廟。**○阮元《校記甲》：王立七廟。「立」，纂傳作「之」字。按：「之」字誤。祭法作「王立七廟」。

三十九葉三行疏　**太祖及文王武王二祧。**「太」，十作「大」。

三十九葉三行疏　**太祖。后稷也。**「太」，單作「大」。

三十九葉六行疏　**并高祖巳下。**「巳」，毛作「以」。

三十九葉八行疏　**王肅等以爲受命之王。**「以」下八、要無「爲」字。○《定本校記》：王肅等以爲受命之王。〔足利〕八行本脱「爲」字。

三十九葉九行疏　自更別立巳之高祖巳下之廟。　「祖」，殿作「祀」。○《薈要》案語：自更別立巳之高祖巳下之廟。刊本「祖」訛「祀」，〔今改〕。

三十九葉九行疏　猶若漢宣帝別立戾太子悼皇考廟之類也。　「若」，殿作「苦」。○《薈要》案語：猶若漢宣帝。刊本「若」訛「苦」，今並改。

三十九葉九行疏　或可庶子初基爲王。　「或」下要無「可」字。

三十九葉九行疏　亦得與嫡子同正立四廟也。　「嫡」，平、十、永作「嫡」。

三十九葉十三行注　然後乃能盡其力。　「乃」，平作「人」。

三十九葉十四行疏　凡爲人主無得爲廣大。　「得」下單、八、魏、平、毛、殿、庫有「自」字。○阮元《校記甲》：無得自爲廣大。十行、閩、監俱無「自」字。○阮元《校記乙》：無得爲廣大。閩本、明監本同。毛本「得」下有「自」字。

四十葉一行注　咎單。　「咎」，永作「咎」。

四十葉二行疏　正義曰。沃丁。　「義曰沃」三字十作空白。

四十葉二行疏　借禮而葬之。　「借」，單、八、魏、平、毛、殿、庫、阮作「備」，薈作「僃」。

四十葉四行疏　世本本紀皆云。　「紀」，十作「記」。

四十葉四行疏　太甲崩。　「太」，閩作「大」。

四十葉四行疏　上篇言其告歸。　「上」，殿作「土」。○《薈要》案語：上篇言其告歸。刊本「上」訛「土」，今改。

四十葉四行疏　知致仕老終。　「仕」，十作「社」。

四十葉五行疏　以天子禮葬。　「禮葬」，魏作「葬禮」。

四十葉五行疏　祀以太牢。　「太」，閩作「大」。

四十葉六行疏　親臨喪以報大德。　「大」，十作「犬」。

四十葉六行疏　晉文請隧。　「晉」，平作「晋」。「隧」，十、永、閩、阮作「遂」。○阮元《校記甲》：晉文請隧。「隧」，十行、閩本俱誤作「遂」。○阮元《校記乙》：晉文請遂。閩本同。毛本「遂」作「隧」。案：「隧」字是也。

四十葉七行經　伊陟相太戊。　「太」，八、平、永、阮作「大」。

四十葉八行釋文　相。息亮反。　「亮」，平作「襄」。

四十葉八行釋文　太戊。馬云。太甲子。　「太」，毛作「大」。「馬」下十、永、閩、阮無「云」字。「子」下平有「也」字。○阮元《校記甲》：大戊，馬云，太甲子。十行本脱「云」字。

四十葉八行經　亳有祥。桑穀共生于朝。　「穀」，各本作「榖」。○盧文弨《拾補》：亳有祥，桑榖。「榖」，从㱿从木，不从禾。

四十葉九行釋文　桑。蘇藏反。　「蘇」，永作「穌」。「藏」，王、纂、魏、十、永、殿、薈、阮作「臧」，庫作「減」。

四十葉九行釋文　穀。工木反。　「穀」，各本作「榖」。○阮元《校記甲》：榖，工木反。「木」，葉本作「六」。

四十葉十行注　巫咸。臣名。　「咸」，永作「成」。

四十葉十一行釋文　名咸。殷之巫也。　「也」下魏、平、毛、殿、庫有「乂，治也」三字。○浦鏜《正字》：名咸，殷之巫也。下監本脱「乂，治也」三字。

四十葉十一行疏　伊陟輔相太戊。　「輔」，永作「轉」。「戊」，平作「戍」。

四十葉十二行疏　史録其事。　「史」，魏、平、永、阮作「使」。○阮元《校記甲》：史録其事。「史」，十行作「使」。○阮元《校記乙》：使録其事。各本「使」作「史」。

四十葉十三行疏　須治理之。　「治」下魏無「理」字。

四十葉十三行疏　在太戊時則有若巫咸乂王家。　「太」，魏作「大」。

四十葉十四行疏　大臣見怪而懼。　「大」，平作「太」。

四十葉十四行疏　先共議論而後以告君。　「共」，魏、平作「其」。

四十葉十四行疏　下篇序云。　「云」，十作「公」。

四十葉十四行疏　太戊贊于伊陟。　「太」，單、毛作「大」。「于」，魏作「子」。

四十葉十五行疏　明先告於巫咸。　「於」，庫作「于」。

四十葉十五行疏　而後告太戊。　「太」，毛作「大」。

四十葉十六行疏　弟太戊立。　「太」上永無「弟」字。

四十葉十六行疏　是太戊爲小甲弟。　「太」，要、毛作「大」。

四十葉十八行疏　或當別。出餘書。則孔用之也。　○浦鏜《正字》：或當別，出餘書，則孔用之也。「則」疑。　○盧文弨《拾補》：或當別，出餘書，孔用之也。毛本「孔」上有「則」字，衍。

四十葉十八行疏　鄭玄注書傳云。　「玄」，永作「𤣥」。

四十葉十八行疏　兩手搤之曰拱。　「搤」，永作「㦤」。「拱」，十作「楊」，阮作「揚」。○阮元《校記甲》：兩手搤之曰拱。「拱」，十行本誤作「揚」。○阮元《校記乙》：兩手搤之曰揚。閩本、明監本、毛本「揚」作「拱」。案：「拱」字是也。○張鈞衡《校記》：兩手搤之曰拱。阮本「拱」作「揚」，誤。

四十一葉一行疏　殷本紀云。　「紀」，十作「記」。

四十一葉二行疏　是謂不肅時則有青眚之祥。　「青」，永作「清」。「眚」，十作「青」。「之」，單、八作「青」。○山井鼎《考文》：時則有青眚之祥。〔宋板〕「之」作「青」。謹按 五行志所記與宋板同。浦鏜《正字》：時則有青眚青祥。「青祥」誤「之祥」。下同。案：李奇注曰：內曰眚，外曰祥。○盧文弨《拾補》：時則有青眚青祥。毛本下「青」字作「之」，下同。「之」當作「青」。○阮元《校記甲》：時則有青眚之祥。「之」，宋板作「青」，下同。案：作「青」與五行志合。阮元《校記乙》同。

四十一葉二行疏　夏侯始昌。劉向筭法云。　「筭」，單、八作「等」，魏作「筭」，毛、殿、庫作「算」。「法」，單、八、魏、平、永、阮作「說」。○山井鼎《考文》：劉向算法云。〔宋板〕「算法」作「等說」。○盧文弨《拾補》：劉向等說云。毛本「等說」作「算法」。「算法」當作「等說」。○阮元《校記甲》：夏侯始昌，劉向算法云。「算法」，宋板作「等說」，十行本作「筭說」，閩、監俱作「筭法」。按：「筭」字與「等」相似，故誤「等」爲「筭」。毛本又誤爲「算」，則益遠矣。

四十一葉三行疏　故有青眚之祥。　「眚」，十作「青」。「之」，單、八作「青」。○山井鼎《考文》：故有青眚之祥。〔宋板〕「之」作「青」。

四十一葉三行疏　人君貌不恭。　「恭」，平作「若」。

四十一葉四行疏　太戊退而占之曰。　「太」，殿、薈作「大」。

四十一葉五行疏　桑穀野木。而不合生於朝。　「於」，阮作「于」。○浦鏜《正字》：桑穀野木，而不合生于朝。「而」字，衍。案：書傳、説苑皆以此爲祖巳語。○盧文弨《拾補》：桑穀野木，不合生於朝。「不」上毛本有「而」字，衍。案：書傳、説苑皆以此爲祖己語。

四十一葉五行疏　修先王之政。明養老之禮。　○浦鏜《正字》：修先王之政，明養老之禮。下脱「三日而祥桑枯死」七字。○盧文弨《拾補》：修先王之政，明養老之禮。浦云：下脱「三日而祥桑枯死」七字。

四十一葉五行疏　三年而遠方重譯而至七十六國。　○浦鏜《正字》：三年而遠方重譯而至者十六國。「者」誤「七」。案：書傳云：重譯而朝者六國。説苑作「七國」。惟家語作「十有六國」。疑「六」與「七」近之。○盧文弨《拾補》：三年而遠方重譯而至者十六國。毛本「者」作「七」。「七」當作「者」。案：書傳作「六國」。説苑作「七國」。惟家語作「十有六國」。○阮元《校記甲》：而遠方重譯而至七十六國。浦鏜云：「者」誤「七」。書傳「重譯而朝者六國」。説苑作「七國」。家語作「十有六國」。疑「六」與「七」近之。按：恐仍當以「七十六國」爲是。書傳脱「七十」二字。説苑脱「十六」二字耳。然「者」字似不可省。姑存浦説俟考。阮元《校記乙》同。

四十一葉六行疏　君奭傳曰。巫。氏也。　○浦鏜《正字》：君奭傳曰：巫，氏也。「奭」字監本誤。

四十一葉七行疏　巫咸謂之巫官者。　○《定本校記》：巫咸謂之巫官者。此句疑有譌。孔氏廣林通德遺書所見録云「之」當爲「作」。

四十一葉七行疏　咸子又稱賢。　「又」，殿作「乂」。

四十一葉九行經　太戊贊于伊陟。　「太」，毛作「大」。

四十一葉九行注　告以改過自新。　「告」，十作「造」。

四十一葉十行注　原命伊陟三篇。皆亡。　「三」，八、李、王、纂、岳、殿、庫作「二」。○山井鼎《考文》：原命伊陟三篇，皆亡。〔古本〕「三」作「二」。宋板同。○浦鏜《正字》：原命伊陟二篇，皆亡。「二」誤「三」。○盧文弨《拾補》：原命伊陟二篇皆亾。毛本「二」作「三」。「三」當作「二」。○阮元《校記甲》：三篇皆亾。「三」，古本、岳本、宋板、纂傳俱作「二」，是也。○阮元《校記乙》：三篇皆亾。古本、岳本、宋板、纂傳「三」作「二」。案：「二」字是也。

四十一葉十一行疏　則太戊告伊陟。「太」，十作「大」。

四十一葉十一行疏　故序揔以爲文也。「揔」，殿、庫作「總」，阮作「緫」。

四十一葉十三行經　仲丁遷于囂。○殿本《考證》：仲丁遷于囂。「囂」，史記作「隞」。○岳本《考證》：仲丁遷于囂。「囂」，史記作「隞」。

四十一葉十三行注　太戊子。「太」，八、毛作「大」。○山井鼎《考文》：「太戊子」下、「囂地名」下、「陳遷都之義」下、「仲丁弟」下、「作河亶甲亡」下、「亶甲子」下、「遷於耿」下、「作祖乙亡」下並有「也」字。

四十一葉十五行疏　不言于。「于」，十作「干」。

四十一葉十五行疏　其實亦是居于相也。「居」，阮作「倶」。

四十一葉十五行疏　圯于耿者。「圯」，毛作「圮」。

四十一葉十六行疏　故序特言圯也。「特」，永作「時」。「圯」，毛作「圮」。

四十一葉十六行疏　李顒云囂在陳留浚儀縣。「浚儀」，魏作「俊義」。

四十一葉十八行疏　太戊至地名。「太」，單、八作「大」。

四十一葉十八行疏　言仲丁是太戊之子。「太」，毛作「大」。

四十二葉一行疏　皆世本文也。　「文」，單、十、永、阮作「支」。○《定本校記》：皆世本文也。「文」，單疏本誤作「支」。

四十二葉一行疏　仲丁是太戊之子。　「太」，平作「大」。

四十二葉一行疏　仍云亳有祥。　「亳」，魏作「毫」。

四十二葉一行疏　知仲丁遷于囂去亳也。　「亳」，永作「毫」。

四十二葉三行注　相。地名。在河北。　「河」下永無「北」字。

四十二葉三行釋文　相。息亮反。在河北。　「息亮反」下纂、魏無「在河北」三字。「北」，閩作「此」。

四十二葉五行注　圮於相。　「於」，毛、殿、庫作「于」。

四十二葉五行注　遷於耿。　「於」，毛作「于」。

四十二葉六行釋文　圮。備美反。徐扶鄙反。　「圮」，毛作「圯」。「徐」上魏有「反」字。

四十二葉六行疏　亶甲至曰北。　「北」，單、八、魏、平、十、永、閩、毛作「圮」，阮作「圯」。

四十二葉七行疏　乃遷都于耿。　「于」，毛作「於」。

四十二葉七行疏　圮。毁也。　「圮」，毛作「圯」。

四十二葉七行疏　知非圯毁于耿。「于」，毛作「於」。

四十二葉八行疏　必云圯於相地。「圯」，毛作「圮」。「地」，平作「也」。

四十二葉八行疏　遷於耿者。「於」，毛作「于」。

四十二葉八行疏　居於相。「於」，毛作「于」。

四十二葉八行疏　謂居於相地。「於」，毛作「于」。

四十二葉八行疏　故知圯于耿。「圯」，毛作「圮」。

四十二葉九行疏　以文相類。「相」，永作「祖」。

四十二葉九行疏　謂古人之言。雖尚要約。　○浦鏜《正字》：謂古人之言，雖尚要約。「謂」疑「然」字誤。

四十二葉九行疏　若圯於相。「於」，毛作「于」。

四十二葉十行疏　經言圯於耿。大不辭乎。「圯」，毛作「圮」。「於」，毛作「于」。「大」，單、八、魏、平、要、永作「太」。○山井鼎《考文》：大不辭乎。〔宋板〕「大」作「太」。○浦鏜《正字》：經言圯于耿，大不辭乎。「于耿」下疑脱「不」字。○盧文弨《拾補》：經言圯于耿，太不辭乎。浦疑「耿」下有「不」字。毛本「太」作「大」。「大」當作「太」。○阮元《校記甲》：大不辭乎。「大」，宋板、十行俱作「太」。

四十二葉十行疏　且亶甲君於相。「於」，毛作「于」。

四十二葉十一行疏　知此既毀於耿。「於」，毛作「于」。

四十二葉十二行疏　祖乙遷於邢。「於」，毛作「于」。

四十二葉十二行疏　馬遷所爲説耳。「馬」，十作「焉」。

四十二葉十三行疏　改政而不徙。「政」，要作「正」。

四十二葉十四行疏　汲冢古文云。「冢」，十作「家」。

四十二葉十五行疏　盤庚自奄遷于殷者。「于」，殿、庫、阮作「於」。

四十二葉十五行疏　蓋祖乙圮於耿。「圮」，毛作「圯」。「於」，毛、阮作「于」。

四十二葉十五行疏　遷於奄。「於」，毛、阮作「于」。

四十二葉十五行疏　盤庚自奄遷於殷。「於」，毛、阮作「于」。

尚書註疏卷第九　漢孔氏傳　唐孔穎達疏

皇明朝列大夫國子監祭酒臣田一儁

奉訓大夫司經局洗馬管司業事臣盛訥等奉

勅重校刊

盤庚上第九

商書

盤庚五遷將治亳殷(傳)自湯至盤庚。凡五遷都。盤庚治亳殷。○盤。本又作般。步干反。治。直吏反。民咨胥怨(傳)胥。相也。民不欲徙。乃咨嗟憂愁。相與怨上。○胥。徐思餘反。怨。紆萬反。作盤庚三篇。

【疏】盤庚至三篇○正義曰。商自成湯以來。屢遷都邑。仲丁、河亶甲、祖乙。皆有言誥。歷載於篇。盤庚最在其後。故序揔之。自湯至盤庚凡五遷都。今盤庚將欲遷居而治於亳之殷治。民皆戀其故居。不欲移徙。咨嗟憂愁。相與怨上。盤庚以言辭誥之。史敘其事。作盤庚三篇。○【傳】自湯至亳殷○正義曰。經言不常厥邑。于今五邦。故序言盤庚五遷。傳嫌一身五遷。故辨之云。自湯至盤庚凡五遷都也。上文言自契至于成湯八遷。并數湯爲八。此言盤庚五遷。又并數湯爲五。湯一人再數。故班固云。殷人屢遷。前八後五。其實止十二也。此序云。盤庚將治亳殷。下傳云。殷。亳之別名。則亳殷即是一都。湯遷還從先王居也。汲冢古文云。盤庚自奄遷于殷。殷在鄴南三十里。束晳云。尚書序盤庚五遷。將治亳殷。舊說以爲居亳。亳殷在河南。孔子壁中尚書云。將始宅殷。是與古文不同也。漢書項羽傳云。洹水南殷墟上。今安陽西有殷。束晳以殷在河北。與亳異也。然孔子壁內之書。安國先得其本。此將治亳殷。不可作將始宅殷。亳字摩滅。容或爲宅。壁內之書。安國先得。始皆作亂。其字與治不類。無緣誤作始字。知束晳不見壁內之書。妄爲說耳。若洹水南有殷墟。或當餘王居之。非盤庚也。盤庚治於亳殷。紂滅在於朝歌。則盤庚以後。遷於河北。蓋盤庚後王有從河自亳地遷於洹水之南。後又遷于朝歌。○傳胥相至怨上○正義曰。釋詁云。胥。皆也。相亦是皆義。故通訓胥爲相也。民不欲徙。乃咨嗟憂愁。相與怨上。經云民不適有居。是怨上之事也。仲丁祖乙亦是遷都。序無民怨之言。此獨有怨者。盤庚祖乙之曾孫也。祖乙遷都於此。至今多歷年世。民居已久。戀舊情深。前王三徙。誥令則行。曉喻之易。故無此言。此則民怨之深。故序獨有此事。彼各一篇。而此獨三篇者。謂民怨上。故勸誘之難也。民不欲遷。而盤庚必遷者。鄭玄云。祖乙居耿。後奢侈踰禮。土地迫近。山川嘗圮焉。至陽甲立。盤庚爲之臣。乃謀徙居湯舊都。大序注云。民居耿久。奢淫成俗。故不樂徙。王肅云。自祖乙五世至盤庚。元兄陽甲。宮室奢侈。下民邑居墊隘。水泉瀉鹵。不可以行政化。故徙都於殷。皇甫謐云。耿在河北。迫近山川。自祖辛已來。民皆奢侈。故盤庚遷於殷。此三者之說。皆言奢侈。鄭玄既言君奢。又言民奢。王肅專謂君奢。皇甫謐專謂民奢。言君奢者。以天子宮室奢侈。侵奪下民。言民奢者。以豪民室宇過度。逼迫貧乏。皆爲細民弱劣。無所容居。欲遷都改制以寬之。富民戀舊。故違上意。不欲遷也。案檢孔傳無奢侈之語。惟下篇云。今我民用蕩析離居。罔有定極。傳云。水泉沉溺。故蕩析離居無安定之極。徙以爲之極。孔意蓋以地勢洿下。又久居水變。水泉瀉鹵。不可行化。故欲遷都。不必爲奢侈也。此以君名名篇。必是爲君時事。而鄭玄以爲上篇是盤庚爲臣時事。何得專輒謬妄也。

盤庚

（傳）盤庚。殷王名。殷質。以名名篇。○盤庚。殷王名。馬云。祖乙曾孫。祖丁之子。不言盤庚誥何。非但錄其誥也。取其徙而立功。故以盤庚名篇。【疏】盤庚○正義曰。此三篇。皆以民不樂遷。開解民意。告以不遷之害。遷都之善也。中上二篇。未遷時事。下篇既遷後事。上篇人皆怨上。初啓民心。故其辭尤切。中篇民已少悟。故其辭稍緩。下篇民既從遷。故辭復益緩。哀十一年左傳引此篇云。盤庚之誥。則此篇皆誥辭也。題篇不曰盤庚誥者。王肅云。取其徙而立功。故但以盤庚名篇。然仲丁、祖乙、河亶甲等。皆以王名篇。則是史意異耳。未必見他義。○傳殷質以名篇。○正義曰。周書謚法成王時作。故桓六年左傳云。周人以諱事神。殷時質未諱君名。故以王名名篇也。上仲丁、祖乙亦是王名。於此始作傳者。以上篇經亡。此經稱盤庚。故就此解之。史記殷本紀云。盤庚崩。弟小辛立。殷復衰。百姓思盤庚。乃作盤庚三篇。與此序違。非也。鄭玄云。盤庚。湯十世孫。祖乙之曾孫。以五遷繼湯篇。次祖乙。故繼之。于上累之。祖乙爲湯玄孫。七世也。又加祖乙復其祖父。通盤庚故十世。本紀云。祖乙崩。子祖辛立。崩。子開甲立。崩。弟祖丁立。崩。開甲之子南庚立。崩。祖丁子陽甲立。崩。弟盤庚立。是祖乙生祖辛。祖辛生祖丁。祖丁生盤庚。故爲曾孫。

盤庚遷于殷。傳 亳之別名。民不適有居。傳 適之也。不欲之殷有邑居。率籲衆慼出矢言。傳 籲和也。率和衆憂之人。出正直之言。○籲音喻。慼千歷反。曰我王來既爰宅于茲。傳 我王祖乙居耿。爰於也。言祖乙已居於此。重我民。無盡劉。傳 劉。殺也。所以遷此。重我民。無欲盡殺故。○盡。子忍反。不能胥匡以生卜稽曰其如台。傳 言民不能相匡以生。則當卜考於龜以徙。曰其如我所行。○稽。工兮反。台。音怡。先王有服。恪謹天命。茲猶不常寧。傳 先王有所服行。敬謹天命。如此尚不常安。有可遷輒遷。○恪，苦各反。不常厥邑。于今五邦。傳湯遷亳。仲丁遷囂。河亶甲居相。祖乙居耿。我往居亳。凡五徙國都。○馬云。五邦謂商丘。亳。囂。相。耿也。今不承于古。罔知天之斷命。傳今不承古而徙。是無知天將斷絶汝命。○斷，又音短。矧曰其克從先王之烈。傳天將絶命。尚無知之。況能從先王之業乎。○從，才容反。若顛木之有由櫱。傳言今往遷都。更求昌盛。如顛仆之木。有用生櫱哉。○櫱，五達反。本又作枿。馬云。顛木而肄生曰枿。仆音赴。又步北反。天其永我命于茲新邑。傳言天其長我命於此新邑。不可不徙。**紹復先王之大業，底綏四方。**傳言我徙欲如此。○底，之履反。

疏盤庚至四方。○正義曰：盤庚欲遷於亳之殷地，其民不欲適彼殷地別有邑居，莫不憂愁，相與怨上。盤庚率領和諧其衆憂之人，出正直之言，以曉告曰：我先王初居此者，從舊都來於是宅於此地。所以遷於此者，爲重我民，無欲盡殺故。先王以久居墊隘，不遷則死，見下民不能相匡正以生，故謀而來徙。以徙爲善，未敢專決，又考卜於龜以徙。既獲吉兆，乃曰：其如我所行欲徙之吉。先王成湯以來，凡有所服行，敬順天命，如此尚不常安，可徙則徙，不常其邑，於今五邦矣。今若不承於古，徙以避害，則是無知天將斷絶汝命矣。天將絶命，尚不能知，況曰其能從先王之基業乎。今我往遷都，更求昌盛，若顛仆之木，有用生蘖哉。人衰更求盛，猶木死生蘖哉。我今遷向新都，上天其必長我殷之王命於此新邑，繼復先王之大業，致行其道，以安四方之人。我徙欲如此耳。汝等何以不願徙乎。前云若不徙以避害，則天將絶汝命。謂絶臣民之命。明亦絶我殷王之命。復云。若遷往新都。天其長我殷之王命。明亦長臣民之命。互文也。○傳亳之別名。○正義曰。此序先亳後殷。亳是大名。殷是亳内之别名。鄭玄云。商家自徙此而號曰殷。鄭以此前未有殷名也。中篇云。殷降大虐。將遷於殷。先正其號名。知於此號爲殷也。雖兼號爲殷。而商名不改。或稱殷。又有兼稱殷商。商頌云。商邑翼翼。撻彼殷武。是單稱之也。又大雅云。殷商之旅。咨汝殷商。是兼稱之也。亳是殷地大名。故殷社謂之亳社。其亳。鄭玄以爲偃師。皇甫謐以爲梁國穀熟縣。或云濟陰亳縣。說既不同。未知誰是。○傳適之至邑居○正義曰。釋詁云。適之。往也。俱訓爲往。故適得爲之。不欲往彼殷地。別有新邑居也。○傳籲和至之言○正義曰。籲卽裕也。是寬意。故爲和也。憂則不和。慼訓憂也。故率和衆憂之人。出正直之言。詩云。其直如矢。言爲正直之言。○傳我王至於此○正義曰。孔以祖乙圮於相地。遷都於耿。今盤庚自耿遷于殷。以我王爲祖乙。此謂耿也。○傳劉殺至殺故○正義曰。劉殺。釋

萬曆十五年刊

詁云。水泉鹹鹵。不可行化。王化不行。殺民之道。先王所以決欲遷此者。重我民無欲盡殺故也。○傳言民至所行○正義曰。不徙所以不能相匡以生者。謂水泉沉溺。人民困苦。不能以義相匡正以生。又考卜於龜。以徙。周禮太卜。大遷則貞龜。是遷必卜也。○傳先王至輒遷○正義曰。下云于今五邦。自湯以來數之。則此言先王。摠謂成湯至祖乙也。先王有所服行。謂有典法。言能敬順天命。即是有所服也。盤庚言先王敬順天命。如此。尚不常安。有可遷輒遷。況我不能敬順天命。不遷。民必死矣。故不可不遷也。○傳湯遷至國都○正義曰。孔以盤庚意在必遷。故通數我往居亳爲五邦。鄭王皆云湯自商徙亳。數商亳囂相耿爲五。計湯既遷亳。始建王業。此言先王遷都。不得遠數居亳之前充此數也。○傳言今至蘖哉○正義曰。釋詁云。枿。餘也。李巡曰。枿。槁木之餘也。郭璞云。晉衞之間曰枿。是言木死顛仆。其根更生蘖哉。此都毀壞。若枯死之木。若棄去毀壞之邑。更得昌盛。猶顛仆枯死之木用生蘖哉。

盤庚斅于民。由乃

在位以常舊服正法度。傳斆，敎也。敎人使用汝在位之命，用常故事，正其法度。○斆，户敎反，下如字。度，如字。曰無或敢伏小人之攸箴。傳言無有敢伏絶小人之所欲箴規上者，戒朝臣。○箴，之林反。馬云：諫也。朝，直遥反。疏盤庚至攸箴○正義曰：前旣略言遷意，今復竝戒臣民。盤庚先敎於民云：汝等當用汝在位之命，用舊常故事，正其法度。欲令民從，從其臣言也。民從上命，卽是常事法度也。又戒且曰：汝等無有敢伏絶小人之所欲箴規上者。○傳斆敎至朝臣○正義曰：文王世子云：小樂正斆干，大胥贊之，籥師斆戈，籥師丞贊之。彼竝是敎舞干戈，知斆爲敎也。小民等患水泉沉溺，欲箴規上而從汝臣下，勿抑塞伏絶之。鄭玄云：奢侈之俗，小民咸苦之，欲言於王，今將屬民而詢焉，故勑以無伏之。王命衆悉至于庭。傳衆，羣臣以下。疏傳衆羣臣以下。○正義曰。周禮小司寇掌外朝之政。以致萬民而詢焉。一曰詢國危。二曰詢國遷。三曰詢立君。是國將大遷。必詢及於萬民。故知衆悉至王庭。是羣臣以下。謂及下民也。民不欲徙。由臣不助王勸民。故以下多是責臣之辭。

王若曰。格汝衆。予告汝訓。傳告汝以法教。

汝猷黜乃心。無傲從康。傳謀退汝違上之心。無傲慢從心所安。○傲。五報反。

古我先王亦惟圖任舊人共政。傳先王謀任久老成人共治其政。○任。而鴆反。疏傳先王○正義曰。此篇所言先王。其文無指斥者。皆謂成湯以來諸賢王也。下言神后高后者。指謂湯耳。下篇言古我先王適于山者。乃謂遷都之王。仲丁祖乙之等也。此言先王。謂先世賢王。此既言先王。下句王播告之。王用丕欽。蒙上之先。不言先。省文也。

王播告之修。不匿厥指。傳王布告人以所脩之政。不匿其指。○播，波餓反。匿，女力反。疏傳王布至其指○正義曰：上句言先王用舊人共政。下云王播告之修。當謂告臣耳。傳言布告人者，以下云民用丕變，是必告臣亦又告民。

王用丕欽，罔有逸言，民用丕變。傳王用大敬其政教，無有逸豫之言，民用大變從化。

今汝聒聒，起信險膚，予弗知乃所訟。傳聒聒，無知之貌。起信險偽膚受之言，我不知汝所訟言何謂。○聒，古活反。馬及說文皆云：拒善自用之意。

疏傳聒聒至何謂○正義曰：鄭玄云：聒，讀如聒耳之聒。聒聒，難告之貌。王肅云：聒聒，拒善自用之意也。此傳以聒聒為無知之貌，以聒聒是多言亂人之意也。起信險膚者，言發起所行，專信此險偽膚受淺近之言，信此浮言，妄有爭訟。我不知汝所訟言何謂，言無理也。

非予自荒茲德，惟汝

含德，不惕予一人。予若觀火。傳 我之欲徙，非廢此德。汝不從我命，所含惡德，但不畏懼我耳。我視汝情如視火。○惕，他歷反。疏 非予至觀火○正義曰：言先王敬其教，民用大變。我命教汝，汝不肯徙。非我自廢此丕欽之德，惟汝之所含德甚惡，不畏懼我一人故耳。汝含藏此意，謂我不知。我見汝情若觀火，言見之分明，如見火也。

予亦拙謀作乃逸。傳 逸，過也。我不威脅汝徙，是我拙謀成汝過。○拙，之劣反。疏 傳逸過至汝過○正義曰：逸，過，釋言文。我若以威加汝，汝自不敢不遷，則無違上之過也。我不威脅汝徙，乃是我亦拙謀作成汝過也。恨民以恩導之，而不從已也。

若網在綱，有條而不紊；若農服田力穡，乃亦有秋。傳 紊，亂也。穡，耕稼也。下之順上，當如網在綱。

各有條理而不亂也。農勤穡。則有秋。下承上。則有福。

○紊。音問。徐音文。【疏】傳紊亂至有福。○正義曰。紊是絲亂。故爲亂也。稼穡相對。則種之曰稼。斂之曰穡。穡是秋收之名。得爲耕穫總稱。故云。穡。耕稼。下承上則有福。福謂祿賞。

汝克黜乃心。施實德于民。至于婚友。丕乃敢大言汝有積德。【傳】汝羣臣能退汝違上之心。施實德於民。至于婚姻僚友。則我大乃敢言汝有積德之臣。

乃不畏戎毒于遠邇。惰農自安。不昬作勞。不服田畝。越其罔有黍稷。【傳】戎。大。昬。强。越。於也。言不欲徙。則是不畏大毒於遠近。如怠惰之農。苟自安逸。不强作勞於田畝。則黍稷無所有。

萬曆十五年刊

○昏，馬同。本或作暋，音敏。爾雅昬、暋皆訓强，故兩存。越，本又作粤，音曰，于也。强，其兩反。疏傳「戎大」至「昏所有」。○正義曰：「戎，大」、「昬，强」、「越，於」皆釋詁文。孫炎曰：「昬，夙夜之强也。」書曰「不昬作勞」，引此解彼，是亦讀此爲昬也。鄭玄讀昬爲暋，訓爲勉也，與孔不同。傳云「言不欲徙，則是不畏大毒於遠近」，其意言不徙則有毒，毒爲禍患也。遠近謂徐促，言害至有早晚也。不强於作勞，則黍稷無所獲，以喻不遷於新邑，則福禄無所有也。此經惰農弗昬無黍稷，對上服田力穡乃亦有秋，但其文有詳略耳。

汝不和吉言于百姓，惟汝自生毒。傳責公卿不能和喻百官，是自生毒害。疏傳「責公」至「毒害」。○正義曰：此篇上下皆言民，此獨云百姓，則知百姓是百官也。百姓既是百官，和吉言者又在百官之上，知此經是責公卿不能和喻善言於百官，使之樂遷也。不和百官，必將遇禍，是公卿自生毒害。

乃敗禍姦宄，以自災于厥身。傳言汝不相率共徙。是爲敗禍姦宄以自災之道。○宄。音軌。**乃既先惡于民。乃奉其恫。汝悔身何及。**傳羣臣不欲徙。是先惡於民。恫。痛也。不徙。則禍毒在汝身。徙奉持所痛而悔之。則於身無所及。○奉。孚勇反。注同。恫。徒弄反。又音通。痛也。疏傳羣臣至所及。○正義曰。羣臣是民之師長。當倡民爲善。羣臣亦不欲徙。是乃先惡於民也。恫。痛。釋言文。**相時憸民猶胥顧于箴言。其發有逸口。矧予制乃短長之命。**傳言憸利小民。尚相顧於箴誨。恐其發動有過口之患。況我制汝死生之命。而汝不相教從我。是不若小民。○相時。上息亮反。馬云。視。王。徐息羊反。憸。息廉反。馬云。憸利。小小見事之人也。徐七漸反。**汝曷弗**

告朕而胥動以浮言恐沈于衆。傳曷。何也。責其不情告上。而相恐動以浮言。不徙。恐汝沈溺於衆有禍害。○曷。何末反。若火之燎于原不可嚮邇其猶可撲滅。傳火炎不可嚮近。尚可撲滅。浮言不可信用。尚可刑戮絶之。○燎。力召反。又力烏反。又力紹反。嚮。許亮反。撲。普卜反。近。附近之近。則惟汝衆自作弗靖非予有咎。傳我刑戮汝。非我咎也。靖。謀也。是汝自爲非謀所致。疏相時至有咎○正義曰。又責大臣不相教遷徙。是不如小民。我視彼憸利小民。猶尚相顧於箴規之言。恐其發舉有過口之患。故以言相規。患之小者。尚知畏避。況我爲天子制汝短長之命。滅恩甚大。汝不相教從我。乃是汝不如小民。汝若不欲徙。何以不情告我。而輒相恐動以浮華之言。乃語民云。國不可徙。我恐汝自取沈溺於衆人。而身被刑戮之禍害。此浮言流行。若似火之燎於原野。炎熾不可嚮近。其猶可撲之使滅。以喻浮言不可止息。尚可刑戮使絶也。若以刑戮加汝。則是汝衆自爲。非謀所致此耳。非我有咎過也。○傳曷何至禍害。○正義曰。曷何同音。故曷爲何也。顧氏云。汝以浮言恐動不徙。更是無益。我恐汝自取沈溺於衆人。不免禍害也。○傳我刑至所致。○正義曰。我刑戮汝。汝自招之。非我咎也。靖謀。釋詁文。告民不徙者。非善謀也。由此而被刑戮。是汝自爲。非謀所致也。

遲任有言曰。人惟求舊。器非求舊。惟新。傳遲任。古賢人。貴舊。器貴新。汝不徙。是不貴舊。○遲直疑反。徐持夷反。任。而今反。馬云。古老成人。

古我先王暨乃祖乃父胥及逸勤。予敢動用非罰。傳言古之君臣。相與同勞逸。子孫所宜法之。我豈敢動用非常之罰脅汝乎。**世選爾勞，予不掩爾善。**傳 選，數也。言我世世選汝功勤，不掩蔽汝善，是我忠於汝。○選，息轉反，又蘇管反。掩，本文作弇。數，色主反。**茲予大享于先王，爾祖其從與享之。**傳 古者天子錄功臣配食於廟，大享烝嘗也。所以不掩汝善。○與音預。烝，之丞反。**作福作災，予亦不敢動用非德。**傳 善自作福，惡自作災，我不敢動用非罰加汝，非德賞汝乎。從汝善惡而報之。疏 遲任至非德 ○正義曰：可遷卽遷，是先王舊法。古之賢人遲任有言曰：人惟求舊，器非求舊，惟新。言人貴舊，器貴新。汝不欲徙，是不貴舊，反遲任也。古者我之先王及汝祖、汝父，相與同逸豫，同勤勞。汝爲人子孫，宜法汝父祖，當與我同其勞逸。我豈敢動用非常之罰脅汝乎。自我先王以至於我。世世數汝功勞。我不掩蔽汝善。是我忠於汝也。以此故我大享祭于先王。汝祖其從我先王。與在宗廟而歆享之。是我不掩汝善也。汝有善自作福。汝有惡自作災。我亦不敢動用非德之賞妄賞汝。各從汝善惡而報之耳。其意告臣言從上必有賞。違我必有罰也。○傳遲至貴舊○正義曰。其人既没。其言立於後世。知是古賢人也。鄭玄云。古之賢史。王肅云。古老成人。皆謂賢也。○傳選數至於汝○正義曰。釋詁云。算數也。舍人曰。釋數之曰算。選即算也。故訓爲數。經言世世數汝功勞。是從先王至已常行此事。故云是我忠於汝也。言已之忠。責臣之不忠也。○傳古者至汝善○正義曰。周禮大宗伯祭祀之名。天神曰祀。地祇曰祭。人鬼曰享。此大享於先王。謂天子祭宗廟也。傳解天子祭廟得有臣祖與享之意。言古者天子録功臣配食於廟。故臣之先祖得與享之也。古者孔氏據已而道前世也。此殷時已然矣。大享烝嘗者。烝嘗是秋冬祭名。謂之大享者。以事各有對。若烝嘗對禘祫。則禘祫爲大。烝嘗爲小。若四時自相對。則烝嘗爲大。春礿祠爲小。以秋冬物成。可薦者衆。故烝嘗爲大。春夏物未成。可薦者少。故禘祫爲小也。知烝嘗有功臣與祭者。案周禮司勳云。凡有功者。銘書於王之太常。祭於大烝。司勳詔之是也。嘗是烝之類。而傳以嘗配之。魯頌曰。秋而載嘗是也。祭統云。内祭則大嘗禘是也。外祭則郊社是也。然彼以祫爲大嘗。知此不以烝嘗時爲禘祫。而直據時祭者。以殷祫於三時。非獨烝嘗也。秋冬之祭。尚及功臣。則禘祫可知。惟春夏不可耳。以物未成故也。近代已來。惟禘祫乃祭功臣配食。時祭不及之也。近代已來。功臣配食。各配所事之君。若所事之君。其廟已毁。時祭不祭毁廟。其君尚不時祭。其臣固當止矣。禘祫則毁廟之主亦在焉。其時功臣亦當在也。王制云。犆礿。祫禘。祫嘗。祫烝。諸侯礿犆。禘。一犆。一祫。嘗祫。烝祫。此王制之文。夏殷之制。天子春惟時祭。其夏秋冬。既爲祫。又爲時祭。諸侯亦春爲時祭。夏惟作祫不作祭。秋冬先作時祭而後祫。周則春曰祠。夏曰礿。三年一祫在秋。五年一禘在夏。故公羊傳云。五年再殷祭。禮緯云。三年一祫。五年一禘。此是鄭氏之義。未知孔意如何。**予告汝于難若射之有志。**傳 告汝行事之難。當如射之有所準志。必中所志乃善。○射。食夜反。準。音隼。中。竹仲反。疏 予告至有志。○正義曰。既言作福作災。由人行有善惡。故復教臣行善。我告汝於行事之難。猶如射之有所準志。志之主欲得中也。必中所志。乃爲善耳。以喻人將有行。豫思念之。行得其道。乃爲善耳。其意言遷都是善道。當念從我言也。○傳 告汝至乃善。○正義曰。此傳惟順經文。不言喻意。鄭玄云。我告汝於我心至難矣。夫射者張弓屬矢。而志在所射。必中然後發之。爲政之道。亦如是也。以己心度之。可施於彼。然後出之。**汝無侮老成人。無弱孤有幼。**傳 不用老成人之言。是侮老之。不徙。則孤幼受害。是弱易之。○侮。亡甫反。易。以豉反。疏 傳 不用至易之。○正義曰。

老。謂見其年老。謂其無所復知。弱謂見其幼弱。謂其未有所識。鄭云。老弱皆輕忽之意也。老成人之言云。可從。不用其言。是侮老之也。不從則水泉鹹鹵。孤幼受害。不念其害。則是卑弱輕易之也。

各長于厥居勉出乃力聽予一人之作猷。傳盤庚勑臣下各思長於其居。勉盡心出力。聽從遷徙之謀。○長，竹丈反。

疏傳盤庚至之謀○正義曰。於時羣臣難毀其居宅。惟見目前之利。不思長久之計。其臣非一。共爲此心。盤庚勑臣下各思長久於其居處。勉强盡心出力。聽從我遷徙之謀。自此已下皆是也。

無有遠邇用罪伐厥死用德彰厥善。傳言遠近待之如一。罪以懲之使勿犯。伐去其死道。德以明之使勸慕競爲善。○去，起呂反。

疏無有至厥善○正義曰。此即遷徙之謀也。言我至新都。撫養在下。無有遠之與近。必當待之如一。用刑殺之罪。伐去其死道。用照察之德。彰明其行善。有過罪以懲之。使民不犯非法。死刑不用。是伐去其死道。伐若伐樹然。言止而不復行用也。有善者。人主以照察之德。加賞祿以明之。使競慕爲善。是彰其善也。此二句相對。上言用罪伐厥死。下宜言用賞彰厥生。不然者。上言用刑。下言賞善。死是刑之重者。舉重故言死。有善乃可賞。故言彰厥善。行賞是德。故以德言賞。人生是常。無善亦生。不得言彰厥生。故文互。**邦之臧。惟汝衆。**傳 有善則衆臣之功。○臧。徐子郎反。**邦之不臧。惟予一人有佚罰。**傳 佚。失也。是已失政之罰。罪已之義。○佚。音逸。**凡爾衆。其惟致告。**傳 致我誠。告汝衆。**自今至于後日。各恭爾事。齊乃位。度乃口。**傳 奉其職事。正齊其位。以法度居汝口。勿浮言。○度。徐如字。亦作度。疏 度乃口。○正義曰。度。法度也。故罰及爾身弗可悔。傳不從我謀。罰及汝身。雖悔可及乎。

盤庚中第十

商書

盤庚作惟涉河以民遷。傳為此南渡河之法用民徙。乃話民之弗率誕告用亶其有衆。傳話。善言。民不循教。發善言大告。用誠於衆。○話。胡快反。馬云。告也。言也。誕。徐音但。亶。丁但反。馬本作單。音同。誠也。咸造勿褻在王庭。傳造。至也。衆皆至王庭無褻慢。○造。士報反。注同。馬。在早反。云為也。褻。息列反。盤庚乃登進厥民。傳升進命使前。疏盤庚至厥民○正義曰。盤庚於時見都河北。欲遷向河南。作惟南渡河之法。欲用民徙。乃出善言以告曉。民之不循教者。大爲教告。用誠心於其所有之衆人。於時衆人皆至。無有褻慢之人。盡在於王庭。盤庚乃升進其民。延之使前而衆告之。史敘其事。以爲盤庚發誥之目。○傳爲此至民徙○正義曰。鄭玄云。作渡河之具。王肅云。爲此思南渡河之事。此傳言南渡河之法。皆謂造舟船渡河之具是濟水先後之次。思其事而爲之法也。○傳話善至於衆○正義曰。釋詁云。話。言也。孫炎曰。話。善人之言也。王若民不從教。必發善言告之。故以話爲善言。鄭玄詩箋亦云。話。善言也。

曰明聽朕言。無荒失朕命。傳荒。廢。

嗚呼古我前后罔不惟民之承傳言我先世賢君無不承安民而恤之。

保后胥感鮮以不浮于天時。傳民亦安君之政。相與憂行君令。浮行也。少以不行於天時者。言皆行天時。○鮮。息淺反。疏民亦至天時。○正義曰。以君承安民而憂之。故民亦安君之政。相與憂行君令。使君令必行。責時羣臣不憂行君令也。舟船浮水而行。故以浮爲行也。行天時也。順時布政。若月令之爲也。**殷降大虐。先王不懷。**傳我殷家於天降大災。則先王不思故居而行徙。疏傳我殷至行徙。○正義曰。遷徙者。止爲邑居墊隘。水泉鹹鹵。非爲避天災也。此傳以虐爲災。懷爲思。言殷家於天降大災。則先王不思故居而行徙者。以天時人事。終是相將。邑居不可行化。必將天降之災。上云。不能相匡以生。罔知天之斷命。卽是天降災也。**厥攸作視民利用遷。**傳其所爲。視民有利。則用徙。**汝曷弗念我古后之聞。**傳古后先王之聞。謂遷事。○曷。何末反。下同。**承汝俾汝惟喜**

康共。非汝有咎。比于罰。傳 今我法先王惟民之承。故承汝使汝徙。惟與汝共喜安。非謂汝有惡徙汝。令比近於殃罰。○俾必爾反。咎其九反。比毗志反。徐扶志反。注及下同。共。羣用反。令。力呈反。近。附近之近。疏 承汝至于罰。○正義曰。先王爲政。惟民之承。今我亦法先王。故承安汝使汝徙。惟歡喜安樂。皆與汝共之。非謂汝有咎惡而徙汝。令比近於殃罰也。予若籲懷茲新邑。亦惟汝故。以丕從厥志。傳 言我順和懷此新邑。欲利汝衆。故大從其志而徙之。○籲。羊成反。疏 予若至厥志。○正義曰。盤庚言我順於道理。和協汝衆。歸懷此新邑者。非直爲我王家。亦惟利汝衆。故爲此大從我本志而遷徙。不有疑也。今予將試以汝遷。安定厥邦。傳 試用。汝不憂朕心之攸困。

萬曆十五年刊　尚書注疏卷九　十五

傳所困。不順上命。乃咸大不宣乃心。欽念以忱動予一人。傳汝皆大不布腹心。敬念以誠感動我。是汝不盡忠。○忱。市林反。爾惟自鞠自苦。傳鞠。窮也。言汝爲臣不忠。自取窮苦。○鞠。居六反。若乘舟汝弗濟臭厥載。傳言不徙之害。如舟在水中流不渡。臭敗其所載物。○臭。徐尺售反。載。如字。又在代反。疏臭厥載○正義曰。臭是氣之別名。古者香氣穢氣皆名爲臭。易云其臭如蘭。謂香氣爲臭也。晉語云。惠公改葬申生。臭徹於外。謂穢氣爲臭也。下文覆述此意云無起穢以自臭。則此臭謂穢氣也。肉敗則臭。故以臭爲敗。船不渡水。則敗其所載物也。爾忱不屬惟胥以沈。不其或稽自怒曷瘳。傳汝忠誠不屬逮古。苟不欲徙。

相與沉溺。不考之先王。禍至自怒。何瘳差乎。○屬音燭。注同。馬云。獨也。沉。直林反。瘳。勑留反。【疏】爾忱至曷瘳○正義曰。盤庚責其臣民。汝等不用徙者。由汝忠誠不能屬逮於古賢。苟不欲徙。惟相與沉溺於衆。不欲徙之言。不共有考驗於先王遷徙之事。汝既不考於古。及其禍至。乃自忿怒。何所瘳差也。

汝不謀長以思乃災汝誕勸憂。（傳）汝不謀長久之計。思汝不徙之災。苟不欲徙。是大勸憂之道。【疏】汝誕勸憂○正義曰。凡人以善自勸。則善事多。若以憂自勸。則憂來衆。今不徙則憂來衆。是自勸勵以憂愁之道。

今其有今罔後汝何生在上。（傳）言不徙。無後計。汝何得久生在人上。禍將及汝。【疏】今其至在上○正義曰。顏氏云。責羣臣。汝今日其且有今日前之小利。無後日久長之計。患禍將至。汝何得久生在民上

萬曆十五年刊　尚書注疏卷九　二十一

也。**今予命汝。一無起穢以自臭。**傳 我一心命汝。汝違我。是自臭敗。○穢，於廢反。疏 今予至自臭○正義曰。今我命汝。是我之一心也。汝當從我。無得起爲穢惡。以自臭敗。汝違我命。是起穢以自臭也。**恐人倚乃身迂乃心。**傳 言汝既不欲徙。又爲他人所誤。倚。曲。迂。僻。○倚，於綺反。徐於奇反。迂，音于。僻，四亦反。疏 恐人至乃心○正義曰。言汝心既不欲徙。旁人或更誤汝。我又恐他人倚曲汝身。迂僻汝心。使汝益不用徙也。○傳言汝至迂僻○正義曰。人心不能自決。則好用非理之謀。言汝既不欲遷徙。又爲他人所誤。盤庚疑其被誤。故言此也。以物倚物者必曲。故倚爲曲也。迂是迴也。迴行必僻。故迂爲僻也。**予迓續乃命于天。予豈汝威。用奉畜汝衆。**傳 迓，迎也。言我徙。欲迎續汝命于天。豈以威脅汝乎。用奉畜養汝衆。○迓。五駕反。畜。許竹反。下同。脅。虛業反。［疏］傳迓迎至汝衆。○正義曰。迓。迎。釋詁文。不遷必將死矣。天欲遷以延命。天意向汝。我欲迎之。天斷汝命。我欲續之。我今徙者。欲迎續汝命於天。豈以威脅汝乎。遷都惟用奉養汝衆臣民耳。

予念我先神后之勞爾先。予丕克羞爾用懷爾然。（傳）言我亦法湯大能進勞汝以義懷汝心。而汝違我。是汝反先人。○勞。力報反。又如字。注同。［疏］予念至爾然。○正義曰。我念我先世神后之君成湯愛勞汝之先人。故我大能進用汝。與汝爵位。用以道義德懷安汝心耳。然汝乃違我命。是汝反先人也。○（傳）言我至先人。○正義曰。易稱神者妙萬物而爲言也。殷之先世神明之君。惟有湯耳。故知神后謂湯也。下高后先后。與此神后一也。神者。言其通聖。高者。言其德尊。此神后言先。於高后略而不言先。其下直言先后。又略而不言高。從上省文也。勞爾先。謂愛之也。勞者。

萬曆十五年刊

勤也。閔其勤勞而慰勞之。勞亦愛之義。故論語云愛之能勿勞乎。是勞爲愛也。追言湯勞汝先。則此所責之臣。其祖於成湯之世已在朝廷。世仕王朝。而不用己命。故責之深也。**失于政。陳于茲。**

高后丕乃崇降罪疾。曰曷虐朕民。傳崇。重也。今既失政。而陳久於此而不徙。湯必大重下罪疾於我。曰何爲虐我民而不徙乎。○重。直勇反。又直恭反。**汝萬民乃不生生。暨予一人猷同心。**傳不進進謀同心徙。**先后丕降與汝罪疾。曰曷不暨朕幼孫有比。**傳言非但罪我。亦將罪汝。幼孫。盤庚自謂。比。同心。**故有爽德。自上其罰汝。汝罔能迪。**傳湯有明德在天。見汝情下罰汝。汝無能道。言無辭。疏失于至能迪○正義曰。盤庚以民不願遷。言神后。將罪汝。欲懼之使從已也。我所以必須徙者。我今失於政教。陳久於此。民將有害。高德之君成湯。必忿我不徙。大乃重下罪疾於我曰。何爲殘虐我民而不徙乎。我既欲徙。而汝與萬民乃不進進與我一人謀計同心。則我先君成湯大下與汝罪疾曰。何故不與我幼孫盤庚有相親比同心徙乎。汝不與我同心。故湯有明德。從上見汝之情。其下罪罰於汝。汝實有罪。無所能道。言無辭以自解說也。○傳崇重至徙乎○正義曰。崇。重。釋詁文。又云。塵。久也。孫炎曰。陳居之久。久則生塵矣。古者塵陳同也。故陳爲久之義。○傳不進至心徙○正義曰。物之生長。則必漸進。故以生生爲進進。王肅亦然。進進是同心願樂之意也。此寔責羣臣而言汝萬民者。民心亦然。因博及之。○傳湯有至無辭○正義曰。訓爽爲明言其見下。故稱明德。詩稱三后在天。死者精神在天。故言下見汝。

古我先后既勞乃祖乃父。傳勞之共治人。汝共

萬曆十五年刊　[illegible]

作我畜民。汝有戕則在乃心。傳戕。殘也。汝共我治民。有戕人之心而不欲徙。是反父祖之行。○戕。在良反。又士良反。行。下孟反。我先后綏乃祖乃父。乃祖乃父乃斷棄汝。不救乃死。傳言我先王安汝父祖之忠。今汝不忠。汝父祖必斷絶棄汝命。不救汝死。○斷。丁緩反。疏古者至乃死○正義曰。又責羣臣。古我先君成湯既愛勞汝祖汝父。與之共治民矣。汝今共爲我養民之官。是我於汝與先君同也。而汝有殘虐民之心。非我令汝如此。則在汝心自爲此惡。是汝反祖父之行。雖汝祖父。亦不祐汝。我先君安汝祖汝父之忠。汝祖汝父忠於先君。必忿汝違我。乃斷絶棄汝命。不救汝死。言汝違我命。故汝祖父亦忿見湯罪汝。不救汝死也。○傳勞之共治人○正義曰。下句責臣之身云。汝共作我畜民。明先后勞其祖父。是勞之共治民也。○傳「朕殘」至「之行」。○正義曰：春秋宣十八年，邾人戕鄫子。左傳云：凡自虐其君曰弒，自外曰戕。戕爲殘害之義，故爲殘也。先后愛勞汝祖汝父，與共治民，汝祖父必有愛人之心。作，訓爲也。汝今共爲我養民之官，而有殘民之心，而不用徙以避害，是汝反祖父之行。盤庚距湯年世多矣，臣父不及湯世，而云父者，與祖連言之耳。

茲予有亂政同位，具乃貝玉。傳 亂，治也。此我有治政之臣，同位於父祖，不念盡忠，但念貝玉而已，言其貪。○治，直吏反。盡，子忍反。

乃祖乃父丕乃告我高后曰：作丕刑于朕孫。傳 言汝父祖見汝貪而不忠，必大乃告湯曰：作大刑於我子孫，求討不忠之罪。○告，工號反。我高后，本又作乃祖乃父。

迪高后丕乃崇降弗祥。傳 言汝父祖開道湯大重下不善以罰汝。陳忠孝之義以督之。〔疏〕茲予至弗祥○正義曰。又責臣云。汝祖父非徒不救汝死。乃更請與汝罪。於此我有治政之臣。同位於其父祖。其位與父祖同。心與父祖異。不念忠誠。但念具汝貝玉而已。言其貪而不忠也。汝先祖先父。以汝如此。大乃告我高后曰。爲大刑於我子孫。以此言開道我高后。故我高后大乃下不善之殃以罰汝。成湯與汝祖父。皆欲罪汝。汝何以不從我徙乎。○〔傳〕亂治至其貪○正義曰。亂。治。釋詁文。舍人曰。亂義之治也。孫炎曰。亂。治之理也。大臣理國之政。此者所責之人。故言於此我有治政之臣。言其同位於父祖。責其位同而心異也。貝者水蟲。古人取其甲以爲貨。如今之用錢然。漢書食貨志。具有其事。貝是行用之貨也。貝玉是物之最貴者。責其貪財。故舉二物以言之。當時之臣。不念盡忠於君。但念具貝玉而已。言其貪也。○〔傳〕言汝至之罪○正義曰。上句言成湯罪此諸臣。其祖父不救子孫之死。此句言臣之祖父。請成湯討其子孫。以不從已。故責之益深。先祖請討。非盤庚所知。原神之意而爲之辭。以懼其子孫耳。○傳言汝至督之。○正義曰。訓迪爲道。言汝父祖開道湯也。不從君爲不忠。違父祖爲不孝。父祖開道湯下罰。欲使從君順祖。陳忠孝之義以督勵之。**嗚呼。今予告汝不易。**傳凡所言皆不易之事。○易。以豉反。注同。**永敬大恤。無胥絶遠。**傳長敬我言。大憂行之。無相與絶遠棄廢之。○遠。于萬反。又如字。注同。**汝分猷念以相從。各設中于乃心。**傳羣臣當分明相與謀念。和以相從。各設中正於汝心。○分。扶問反。又如字。注同。**乃有不吉不迪。**傳不善不道。謂凶人。**顛越不恭。暫遇姦宄。**傳顛。隕。越。墜也。不恭。不奉上命。暫遇人而劫奪之。爲姦於外。爲宄於内。○暫，才淡反。隕，于敏反。我乃劓殄滅之，無遺育，無俾易種于茲新邑。傳 劓，割。育，長也。言不吉之人，當割絶滅之，無遺長其類，無使易種於此新邑。○劓，魚器反，徐吾氣反。殄，徒典反。易，如字，又以豉反，注同。長，竹丈反，下「遺長」同。往哉生生！今予將試以汝遷，永建乃家。傳 自今以往，進進於善，我乃以汝徙，長立汝家。卿大夫稱家。疏 嗚呼至乃家。○正義曰：盤庚以言事將畢，欲戒使入之，故嗚呼而嘆之：今我告汝，皆不易之事。言其難也。事既不易，當長敬我言，大憂行之，無相絶遠棄廢之，必須存心奉行。汝羣臣當分輩相與計謀念，和協以相從，各設中止于汝心，勿爲殘害之事。汝羣臣若有不善不道，隕墜禮法，不恭上命，暫逢遇人，即爲姦宄而劫奪之，我乃割絶滅之，無有遺餘生長。所以然者，欲無使易其種類於此新邑故耳。自今以往哉。汝當進進於善。今我將用以汝遷。長立汝使汝在位。傳諸子孫。勿得違我言也。○傳不易之事○正義曰。此易讀爲難易之易。不易。言其難也。王肅云。告汝以命之不易爲難。鄭玄云。我所以告汝者不變易。言必行之謂。盤庚自道已言必不改易。與孔異。○傳顛隕至於內○正義曰。釋詁云。隕落隕墜顛越也。是從上倒下之言。故以顛爲隕。越是遺落爲墜也。左傳僖九年。齊桓公云。恐隕越於下。文十八年。史克云。弗敢失墜。隕越。是遺落廢失之意。故以隕墜。不恭爲不奉上命也。暫遇人而劫奪之。謂逢人卽劫爲之無已。成十七年左傳曰。亂在外爲姦。在內爲宄。是劫奪之事。故以劫奪解其姦宄也。○傳劓割至新邑○正義曰。五刑截鼻爲劓。故劓爲割也。育。長。釋詁文。不吉之人。當割絕滅之。無遺長其類。謂早殺其人。不使得子孫有此惡類也。易種者。卽今俗語云。相染易也。惡種在善人之中。則善人亦變易爲惡。故絕其類。無使易種於此新邑也。滅去惡種。乃是常法。而言于此新邑。言已若至新都。當整齊使絜清。○傳自今至稱家。○正義曰：長立汝家，謂賜之以族，使子孫不絕。左傳所謂諸侯命氏是也。王朝大夫，天子亦命之氏，故云立汝家也。

盤庚下第十一

商書

盤庚既遷，奠厥攸居，乃正厥位。傳定其所居，正郊廟朝社之位。○奠，田薦反。朝，直遙反。綏爰有衆，曰：無戲怠，懋建大命。傳安於有衆，戒無戲怠，勉立大教。今予其敷心腹腎腸，歷告爾百姓于朕志。傳布心腹言輸誠於百官以告志。○腎，時忍反。腸，徐持良反。罔罪爾衆，爾無共怒，協比讒言予一人。傳羣臣前有此過。故禁其後。今我不罪汝。汝勿共怒我。合比凶人而妄言。○比。毗志反。讒。仕咸反。疏盤庚至一人。○正義曰。盤庚既遷至殷地。定其國都處所。乃正其郊廟朝社之位。又屬民而聚之。安慰於其所有之衆曰。汝等自今以後。無得遊戲怠惰。勉力立行教命。今我其布心腹腎腸。輸寫誠信。歷徧告汝百姓於我心志者。欲遷之日。民臣共怒盤庚。盤庚恐其怖懼。故開解之。今我無復罪汝衆人。我既不罪汝。汝無得如前共爲忿怒。協比讒言毀惡我一人。恕其前愆。與之更始也。○傳定其至之位。○正義曰。訓攸爲所。定其所居。總謂都城之內。官府萬民之居處也。鄭玄云。徙主於民。故先定其里宅所處。次乃正宗廟朝廷之位。如鄭之意。奠厥攸居者。止謂定民之居。豈先令民居使足。待其餘剩之處。然後建王宮乎。若留地以擬王宮。即是先定王居。不得爲先定民矣。孔惟言定其所居。知是官民之居並定之也。禮。郊在國外。左祖右社。面朝後市。

正厥位。謂正此郊廟朝社之位也。○傳安於至大教
○正義曰。鄭玄云。勉立我大命。使心識教令常行之。
王肅云。勉立大教。建性命致之五福。又案下句爾無
共怒予一人。是恐其不從已命。此句宜言我有教命。
汝當勉力立之。鄭說如孔旨也。○傳布心至告志。○
正義曰。此論心所欲言腹內之事耳。以心爲五臟之
主。腹爲六腑之總。腸在腹內。腎在心下。舉腎腸以配
腹心。詩曰公侯腹心。宣十二年。左傳云敢布腹心。是
腹心足以表內。腎腸配言之也。**古我先王將多于前功。**傳言以遷徙
多大前人之功美。**適于山用降我凶德嘉績于朕邦。**
傳徙必依山之險。無城郭之勞。下去凶惡之德。立善
功於我國。○降工巷反。去。羌呂反。**今我民用蕩析離居罔有定**
極。傳水泉沈溺。故蕩析離居。無安定之極。徙以爲之

極

【疏】古我至定極○正義曰言古者我之先王將欲多大於前人之功是故徙都而適於山險之處用下去我凶惡之德立善功於我新國但徙來已久水泉沉溺令我在此之民用播蕩分析離其居宅無有安定之極我今徙而使之得其中也說其遷都之意亦欲多大前人之功定民極也○傳言以至功美○正義曰古我先王謂遷都者前人謂未遷者前人久居舊邑民不能相匡以生則是居人無功矣盤庚言先王以此遷徙故多大前人之功美故我今遷亦欲多前功矣○傳徙必至我國○正義曰先王至此五邦不能盡知其地所都皆近山故總稱適于山也易坎卦象云王公設險以守其國徙必依山之險欲使下民無城郭之勞雖則近山不可全無城郭言其防守易耳徙必近山則舊處新居皆有山矣而云適于山者言其徙必依山不適平地不謂舊處無山故徙就山也水泉鹹鹵民居墊隘時君不爲之徙即是凶惡之德其徙者是下去凶惡之德立善功於我新遷之國也言下者凶德在身下而墜去之○傳水泉至

之極○正義曰民居積世穿掘處多則水泉盈溢令人沈深而陷溺其處不可安居播蕩分析離其居宅無安定之極極訓中也詩云立我烝民莫匪爾極言民賴后稷之功莫不得其中今爲民失中故徙以爲之中也

爾謂朕曷震動萬民以遷【傳】言皆不明己本心

肆上帝將復我高祖之德亂越我家【傳】以徙故天將復湯德治理於我家○治直吏反

朕及篤敬恭承民命用永地于新邑【傳】言我當與厚敬之臣奉承民命用長居新邑

肆予沖人非廢厥謀弔由靈【傳】沖童童人謙也弔至靈善也非廢謂動謀於衆至用其善○弔音的或如字

各非敢違卜用宏茲賁【傳】宏賁皆大也君臣用謀

不敢違卜，用大此遷都大業。○賁，扶云反。

[疏]「爾謂」至「茲賁」。○正義曰：言我徙以爲民立中。汝等不明我心，乃謂我何故震動萬民以爲此遷。我以此遷之故，上天將復我高祖成湯之德，治理於我家。我當與厚敬之臣，奉承民命，用是長居於此新邑。以此須遷之故，我童蒙之人，非敢廢其詢謀，謀於衆人。衆謀不同，至用其善者。言善謀者，皆欲遷都也。又決之於龜卜而得吉。我與汝羣臣各非敢違卜，用是必遷，光大此遷都之大業。我徙本意如此耳。○傳「以徙至我家」。○正義曰：民害不徙，違失湯德，以徙之故，天必祐我，將使復奉湯德，令得治理於我家。言由徙故天福之。○傳「沖童至其善」。○正義曰：沖、童聲相近，皆是幼小之名。將稱童人，言已幼小無知，故爲謙也。弔，至；靈，善，皆釋詁文。禮將有大事，必謀於衆。謀衆乃是常理，故言非廢，謂動謀於衆，言已不自專也。衆謀必有異見，故至極用其善者。○傳「宏賁至大業」。○正義曰：宏、賁皆大也，釋詁文。樊光曰：周禮云其聲大而宏。詩云有賁其首。是宏、賁皆爲大

之義也各者非一之辭故爲君臣用謀不敢違卜洪範云汝則有大疑謀及卿士謀及卜筮言非敢違卜是既謀及於衆又決於著龜也用大此遷都大謂立嘉績以大之也

嗚呼邦伯師長百執事之人尚皆隱哉〔傳〕國伯二伯及州牧也衆長公卿也言當庶幾相隱括共爲善政○長竹丈反註同

予其懋簡相爾念敬我衆〔傳〕簡大相助也勉大助汝念敬我衆民○相息亮反

朕不肩好貨敢恭生生鞠人謀人之保居敘欽〔傳〕肩任也我不任貪貨之人敢奉用進進於善者人之窮困能謀安其居者則我式序而敬之○好呼報反任而林反

〔疏〕嗚呼至敘欽○正義曰言遷事已訖故歎而勑之嗚呼國之長伯及衆官之長

與百執事之人。庶幾皆相與隱括共爲善政哉。我其勉力大助汝等爲善。汝當思念愛敬我之衆民。我不任用好貨之人。有人果敢奉用進進於善。見窮困之人。能謀此窮困之人安居者。我乃次序而敬用之。○

傳國伯至善政。○正義曰。邦伯。邦國之伯。諸侯師長。故爲東西二伯。及九州之牧也。鄭玄注禮記云。殷之州長曰伯。虞夏及周皆曰牧。此殷時而言牧者。此乃鄭之所約。孔意不然。故總稱牧也。師訓爲衆。衆長官之長。故爲三公六卿也。其百執事。謂大夫以下。諸有職事之官皆是也。此總勑衆臣。故二伯已下及執事之人。皆戒之也。釋言云。庶幾。尚也。反復相訓。故尚爲庶幾。庶。幸也。幾。冀也。隱謂隱審也。幸冀相與隱審檢括。共爲善政。欲其同心共爲善也。隱括必是舊語。不知本出何書。何休公羊序云。隱括使就繩墨焉。○

傳簡大至衆民。○正義曰。簡大。釋詁文。又云。相助。慮也。俱訓爲慮。是相得爲助也。盤庚欲使羣臣同心爲善。欲勉力大佐助之。使皆念敬我衆民也。○

傳肩任至敬之。○正義曰。釋詁云。肩。勝也。舍人曰。肩。强之勝

萬曆十五年刊　書疏卷九　二十一

也。强能勝重。是堪任之義。故爲任也。我今不委任貪貨之人。以恭爲奉。人有向善而心不決志。故美其人能果敢奉用進進於善者。言其人好善不倦也。鞠訓爲窮。鞠人。謂窮困之人。謀人之保居。謂謀此窮人之安居。若見人之窮困。能謀安其居。愛人而樂安存之者。則我式序而敬之。詩云式序在位。言其用次序在官位也。鄭王皆以鞠爲養。言能謀養人。安其居者。我則次序而敬之。與孔不同。今我既羞告爾于朕志若否。罔有弗欽。傳已進告汝之後。順於汝心與否。當以情告我。無敢有不敬。○告，故報反。無總于貨寶。生生自庸。傳無總貨寶以己位。當進進皆自用功德。式敷民德。永肩一心。傳用布示民。必以德義。長在一心以事君。疏今我至一心。○正義曰。今我既進而告汝於我心志矣。其我所告。順合於汝心以否。當以情告我。無得有不敬者。汝等無得總於貨寶以求官位。當進進自用功德。不當用富也。用此布示於民。必以德義。長在一心以事君。不得懷二意。以遷都既定。故殷勤以戒之。

尚書註疏卷第九

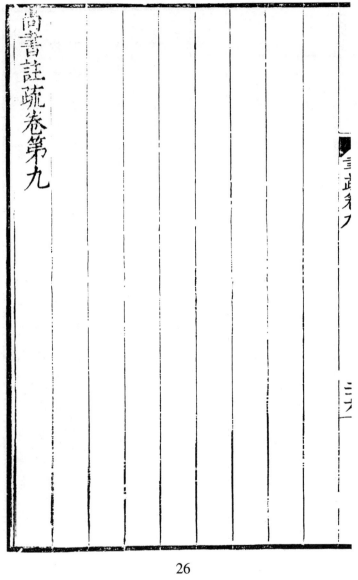

尚書注疏彙校卷九

盤庚上第九

一葉五行經　盤庚上第九　○《定本校記》：盤庚上第九。内野本無「上」字。

一葉七行經　盤庚五遷將治亳殷。　○盧文弨《拾補》：盤庚。石經「盤」作「股」。○阮元《校記甲》：盤庚五遷將治亳殷。陸氏曰：「盤」，本又作「般」。按：疏云壁内之書「治」皆作「乿」，蓋古文尚書也。孔氏正義本用古文，後人改從今文。疏中間存古字，此「乿」字亦其一也。羣經音辨云：「乿」，古文尚書「治」字也。「睪」、「𤔔」、「𤔲」，古文「亂」字也。賈昌朝好宋次道家古文尚書，故其言如此。阮元《校記乙》同。

一葉八行注　盤庚治亳殷。　○山井鼎《考文》：盤庚治亳殷。〔古本〕下有「也」字。「相與怨上」下、下註「殷王名」下，並同。

一葉八行釋文　盤。本又作般。步干反。　「又」，十、永、閩作「以」。「干」，平作「于」。

一葉九行注　乃咨嗟憂愁。相與怨上。　○阮元《校記甲》：乃咨嗟憂愁，相與怨上。史記集解作「皆咨嗟憂愁，相與怨其上也」。

一葉九行釋文　怨。紆萬反。　「紆」，魏作「約」。「萬」，平作「万」。

一葉十行疏　盤庚至三篇。　「至」下魏有「作盤庚」三字。

一葉十行疏　皆有言誥。　「誥」，阮作「語」。○劉承幹《校記》：皆有言誥。阮本「誥」作「語」。誤。

一葉十一行疏　故序摠之。　「摠」，要、殿、庫作「總」。

一葉十一行疏　今盤庚將欲遷居而治於亳之殷治。　「而」下「治」字八作「治」。「殷」下「治」字單、八、平、要、殿、庫作「地」。○山井鼎《考文》：亳之殷治。宋板「治」作「地」。○盧文弨《拾補》：今盤庚將欲遷居而治於亳之殷地。毛本「地」作「治」。「治」當作「地」。○阮元《校記甲》：而治於亳之殷治。下「治」字宋板作「地」。阮元《校記乙》同。

一葉十二行疏　傳自湯至亳殷。　「殷」，十、阮作「怨」，永作「怨」。○阮元《校記甲》：傳自湯至亳殷。「殷」，十行本誤作「怨」。按：十行本此篇誤字尤多，今不盡挍。○阮元《校記乙》：傳自湯至亳怨。岳本、閩本、明監本、毛本「怨」作「殷」。案：「怨」字誤也。

一葉十三行疏　故辨之云。　「辨」，單、八作「辯」。

一葉十三行疏　上文言自契至于成湯八遷。　「于」，庫作「於」。○浦鏜《正字》：上文言自契至于成湯八遷。「八」，監本誤「入」。

一葉十四行疏　**故班固云。殷人屢遷。前八後五。其實止十二也。**　「止」，單、八、魏、平、要、十、永、閩、阮作「正」。「二」，要作「三」。○浦鏜《正字》：其實止十二也。「止十」，監本誤「正千」。○盧文弨《拾補》：殷人屢遷。前八後五。其實正十二也。毛本「正」作「止」，非。蓋言湯一人再數，故八與五非十三，正得十二也。○阮元《校記甲》：其實止十二也。「止」，十行、閩、監俱作「正」。○《定本校記》：故班固云，殷人屢遷，前八後五。

案：語在張衡西京賦，此作班固，誤。

一葉十五行疏　**下傳云。殷。亳之別名。則亳殷即是一都。**　「則」下「亳」字毛作「曰」。「即」上八、要無「殷」字。○物觀《補遺》：則曰殷即是一都。宋板「曰」作「亳」。○浦鏜《正字》：下傳云，殷，亳之別名。則亳殷即是一都。「亳殷」，毛本誤「曰殷」。○盧文弨《拾補》：則亳殷即是一都。毛本「亳」作「曰」。「曰」當作「亳」。○阮元《校記甲》：則曰殷即是一都。「曰」，宋板、十行、閩、監俱作「亳」。

一葉十六行疏　**盤庚自奄遷于殷。**　「于」，庫作「於」。

一葉十六行疏　**束晢云。**　「晢」，單作「晢」，平作「晢」。

一葉十六行疏　**亳殷在河南。**　「南」，要作「內」。

一葉十七行疏　是與古文不△同也。　○《定本校記》：是與古文不同也。段氏玉裁云「不」字衍。

一葉十七行疏　今△安陽西有殷。　「今」，要作「令」。

一葉十七行疏　束△晢△以殷在河北。與亳異也。　「晢」，單作「晳」。○浦鏜《正字》：束晢以殷在河北。與亳異也。「束」，監本誤「東」。

一葉十八行疏　亳字摩△滅。　「摩」，要、庫作「磨」。

二葉一行疏　安國先得。始△皆作亂△。其字與治△不類。　「始」，要作「治」。「亂」，單作「乱」。「治」，要作「始」。○山井鼎《考文》：安國先得，始皆作亂，其字與治不類。〔宋板〕作「安國先得，治皆作乿，其字與始不類」。○浦鏜《正字》：始皆作亂，其字與治不類。「始」、「治」二字當互誤。○盧文弨《拾補》：治皆作乿，其字與始不類。毛本「治」作「始」。「始」當作「治」。毛本「乿」作「亂」。「亂」當作「乿」。毛本「始」作「治」。「治」當作「始」。○阮元《校記甲》：始皆作亂，其字與治不類。宋板作「治皆作乿，其字與始不類」。按：宋板是也。阮元《校記乙》同。○《定本校記》：始皆作乱，其字與治不類。〔足利〕八行本作「治皆作乿，其字與始不類」。今從單疏。

二葉一行疏　**知朿皙不見壁内之書。**　「皙」，單、八作「晳」。

二葉一行疏　**若洹水南有殷墟。**　「水」下單、八、要有「之」字。

二葉二行疏　**紂滅在於朝歌。**　「滅」，十作「滅」。

二葉三行疏　**蓋盤庚後王有從河自亳地遷於洹水之南。**　「庚」，要作「夷」。「自」，單、八、魏、平、要作「南」，十、永、閩、阮作「有」。○山井鼎《考文》：有從河自亳地。〔宋板〕「自」作「南」。謹按正、嘉二本作「有」字，非也，當從宋板。○盧文弨《拾補》：有從河南亳地遷於洹水之南。毛本上「南」作「自」。「自」當作「南」。○阮元《校記甲》：有從河自亳地遷於洹水之南。「自」，宋板作「南」。山井鼎曰：正、嘉二本作「有」字，非也，當從宋板。按：十行、閩本亦俱作「有」。監本始作「自」。○阮元《校記乙》：有從河有亳地遷於洹水之南。閩本同。宋本「河有」作「河南」。案：「南」字是也。明監本、毛本作「河自」，亦誤。

二葉三行疏　**後又遷于朝歌。**　「于」，庫作「於」。

二葉五行疏　**至今多歷年世。**　○《定本校記》：至今多歷年世。「今」，〔足利〕八行本誤作「令」。

二葉五行疏　**民居已久。**　「久」，永作「又」。

二葉六行疏　**誥令則行。**　「令」，十作「今」。

二葉六行疏　**故無此言。**　「此」下「言」字處八爲一字空白。

二葉七行疏　**山川嘗圮焉。**　「圮」，殿作「圯」。

二葉八行疏　**大序注云。民居耿久。**　「大」，單、八、魏、平、要、殿、庫、阮作「又」，十、永作「人」。○山井鼎《考文》：大序注云。〔宋板〕「大」作「又」。○盧文弨《拾補》：又序注云，民居耿久。毛本「又」作「大」。「大」當作「又」。○阮元《校記甲》：大序注云。「大」，宋板作「又」，是也。阮元《校記乙》同。

二葉九行疏　**元兄陽甲。**　「陽」，單作「湯」，八作「湯」。

二葉九行疏　**水泉潟鹵。**　「潟」，單、八、毛、阮作「瀉」，要、十作「潟」，魏、永作「瀉」，平作「瀉」。「鹵」，魏作「𪉈」。

二葉九行疏　**不可以行政化。**　「不」上平有「下」字。

二葉九行疏　**故徙都於殷。**　「徙」，十作「徒」。

二葉九行疏　**耿在河北。**　「耿」下八有「云」字。「北」，八作「比」。○物觀《補遺》：耿在河北。〔宋板〕「耿」、「在」間空一字。○阮元《校記甲》：耿在河北。宋板「耿」、「在」間空一字。阮元《校記乙》同。

二葉十行疏　**自祖辛巳來。民皆奢侈。**　「巳」，單、八、要、庫作「以」。○浦鏜《正字》：自祖辛巳來，民皆奢侈。「巳」字當作「以」。

二葉十一行疏　**侵奪下民。言民奢者。**　「言」上魏有「言民奢者以天子宮室奢侈侵奪下民」十五字。

二葉十二行疏　**案檢孔傳無奢侈之語。**　「檢」，毛作「撿」。

二葉十三行疏　**水泉沉溺。**　「沉」，單、八、魏、平、阮作「沈」。

二葉十四行疏　**水泉瀉鹵。**　「瀉」，單、毛、阮作「潟」，八作「瀉」，魏、要作「瀉」，平作「瀉」，十作「潟」，永作「瀉」。

二葉十六行經　**盤庚。**　「庚」下殿、庫有「上」字。

二葉十六行注　**盤庚。殷王名。**　○《定本校記》：盤庚，殷王名。雲窗叢刻本、内野本、神宮本無「盤庚」二字。

二葉十六行注　**殷質。以名篇。**　○山井鼎《考文》：殷質，以名篇。〔古本〕作「殷質，以名名篇」。○盧文弨《拾補》：殷質，以名名篇。毛本下「名」字脱，從古本補。○阮元《校記甲》：殷質。以名篇。古本重「名」字。按：疏標目不重。阮元《校記乙》同。○《定本校記》：以名篇。雲窗叢刻本、内野本、神宮本、足利本重「名」字。

二葉十六行釋文　盤庚。殷王名。馬云。祖乙曾孫。　「名」下王、魏、平有「也」字。「馬云」上纂無「盤庚，殷王名」五字。○阮元《校記甲》：盤庚。殷王名也。十行本、毛本俱無「也」字。

二葉十七行釋文　非但録其誥也。　「誥」，平作「語」。

二葉十八行疏　此三篇。　「三」，八作「二」。

二葉十八行疏　中上二篇。　○阮元《校記甲》：中上二篇。「中上」二字纂傳倒。阮元《校記乙》同。

三葉一行疏　中篇民巳少悟。　「巳」，單、八作「以」。

三葉二行疏　題篇不目盤庚誥者。　「目」，魏、毛、殿、庫、阮作「曰」，平作「自」。○物觀《補遺》：不曰盤庚誥者。〔宋板〕「曰」作「目」。○盧文弨《拾補》：題篇不目盤庚誥者。毛本「目」作「曰」。「曰」當作「目」。○阮元《校記甲》：題篇不曰盤庚誥者。「曰」，宋板、十行、閩、監俱作「目」。○阮元《校記乙》：題篇不自盤庚誥者。宋本、閩本、明監本同。毛本「自」作「曰」。案：「曰」字是也，今正。

三葉三行疏　然仲丁祖乙河亶甲等。　「亶」，十作「亶」。

三葉三行疏　皆以王名篇。　「王名」下單、八有「名」字。○山井鼎《考文》：皆以王名篇。

〔宋板〕作「皆以王名名篇」。○盧文弨《拾補》：皆以王名名篇。毛本下「名」字脱。○阮元《校記甲》：皆以王名篇。宋板重「名」字。按：下文云：故以王名名篇也。諸本俱重「名」字，則此句當依宋板。而傳文當依古本。其疏中標目亦當重「名」字，諸本不重，誤也。阮元《校記乙》同。

三葉五行疏　故以王名名篇也。　「王名」下魏無「名」字。

三葉五行疏　以上篇經亡。　「亡」，平作「云」。

三葉七行疏　祖乙爲湯玄孫。○《定本校記》：祖乙爲湯玄孫。此句恐有譌。

三葉八行疏　子開甲立。崩。弟祖丁立。崩。開甲之子南庚立。　兩「開」，十、阮皆作「門」。○殿本《考證》：子開甲立。殷本紀作「沃甲」，司馬貞索隱曰「系本作開甲」。臣浩按：此疏所引者，本紀文也。又用系本作「開甲」，蓋「開」字係「沃」字之訛。○浦鏜《正字》：本紀云，弟開甲立，崩，開甲兄祖辛之子祖丁立。誤「子開甲立，崩，弟祖丁立」。「開甲」，本紀作「沃甲」，世本作「開甲」。○盧文弨《拾補》：子開甲立，崩，弟祖丁立。「子開」當作「弟沃」。「弟」當作「兄祖辛之子」。下「開甲」亦「沃甲」之譌。○阮元《校記甲》：子開甲立。「開」，十行本誤作「門」。下同。○阮元《校記乙》：子門甲立。諸本「門」皆作「開」。「門」字誤也。

三葉十一行經　盤庚遷于殷。　「于」，庫作「於」。

三葉十一行注　亳之别名。　○山井鼎《考文》：亳之别名。〔古本〕下有「也」字。「正直之言」下同。

三葉十二行注　不欲之殷有邑居。　○物觀《補遺》：有邑居。〔古本〕下有「也」字。

三葉十三行釋文　慼。千歷反。　「千」，毛、阮作「十」。「歷」，平作「力」。○物觀《補遺》：慼，十歷反。〔經典釋文〕「十」作「千」。○浦鏜《正字》：慼，千歷切。「千」，毛本誤「十」。○張鈞衡《校記》：慼，千歷反。阮本「千」作「十」，誤。

三葉十三行經　既爰宅于兹。　「于」，庫作「於」。

三葉十四行注　我王祖乙居耿。　「居」，八、李作「此」，魏、平作「圯」。○山井鼎《考文》：我王祖乙居耿。〔古本〕作「我王祖乙也，此居耿」。○盧文弨《拾補》：我王祖乙也，此居耿。「也此」二字，毛本脱，古本有。○阮元《校記甲》：我王祖乙居耿。古本作「我王祖乙也，此居耿」。○《定本校記》：此耿。雲窗叢刻本如此，景鈔八行本亦然，内野本、神宫本、足利本重「此」字，亦通。岳本、〔足利〕八行本作「居耿」，非。

三葉十四行注　言祖乙已居於此。　○山井鼎《考文》：居於此。〔古本〕下有「也」字。「無欲盡殺故」下、「如我所行」下、「有可遷輒遷」下，並同。○《定本校記》：言祖乙已居於此。

「居」，岩崎本作「宅」，雲窗叢刻本作「亳」。「亳」蓋「宅」誤。

三葉十五行注　劉。殺也。「殺」，魏作「殺」。

三葉十五行注　無欲盡殺故。「欲」，阮作「殺」。〇阮元《校記甲》：重我民，無欲盡殺故。「欲」，十行本誤作「殺」。〇阮元《校記乙》：重我民無殺盡殺故。諸本「無殺」作「無欲」，「殺」字誤也。

三葉十五行釋文　盡。子忍反。「盡」，十作「盡」。

三葉十七行注　則當卜考於龜以徙。「考」，十作「稽」，阮作「稽」。「於」，纂作「于」。〇阮元《校記甲》：則當卜考於龜以徙。「考」，十行本作「稽」。〇阮元《校記乙》：則當卜稽於龜以徙。毛本「稽」作「考」。

三葉十七行注　曰其如我所行。〇《定本校記》：曰其如我所行。岩崎本、雲窗叢刻本、內野本、神宮本無「其」字。

三葉十七行釋文　稽。工兮反。「工」，十作「江」。

四葉一行釋文　愘。苦各反。「各」，殿、庫作「角」。〇阮元《校記甲》：愘，苦角反。「角」，葉本、十行本、毛本俱作「各」，是也。

四葉二行經　于今五邦。〇山井鼎《考文》：于今五邦。〔古本〕「于」上有「至」字。〇盧文弨《拾補》：于今五邦。古本句上有「至」字。○阮元《校記甲》：于今五邦。「于」上古本有「至」字。阮元《校記乙》同。○《定本校記》：于今五邦。「于」上雲窗叢刻本、内野本、神宮本、足利本有「至」字，與疏不合。

四葉二行注　河亶甲居相。○《定本校記》：河亶甲居相。岩崎本、雲窗叢刻本無「河」字。内野本、神宮本云：或本無。

四葉三行注　凡五徙國都。○《定本校記》：凡五徙國都。岩崎本、内野本、神宮本無「都」字。

四葉三行釋文　馬云。五邦。謂商丘。「馬云」上平有「五邦」二字。「馬云，五邦」，殿、庫作「五邦，馬云」。「丘」，十、永作「立」，庫作「邱」。

四葉六行注　天將絶命。○山井鼎《考文》：天將絶命。〔古本〕「命」上有「汝」字。○盧文弨《拾補》：天將絶命。古本「絶」下有「汝」字。○阮元《校記甲》：天將絶命。「命」上古本有「汝」字。○阮元《校記乙》：天將斷絶命。古本「命」上有「汝」字。○《定本校記》：天將絶命。「命」上雲窗叢刻本、内野本、神宮本、足利本有「汝」字。

四葉六行注　况能從先王之業乎。「况」，纂作「兄」。○山井鼎《考文》：先王之業乎。〔古本〕「乎」上有「也」字。○阮元《校記甲》：况能從先王之業乎。「乎」上古本有「也」字。

四葉七行經　若顛木之由蘗。　○浦鏜《正字》：若顛木之有由蘗。案：徐氏鍇云：説文無「由」字，本作「甹」，以周切，木生條也。今商書去「丂」作「由」，葢古文省。○盧文弨《拾補》：若顛木之有由蘗。「由」，本作「甹」，今省。薛作「㽕」。○阮元《校記甲》：若顛木之有由蘗。陸氏曰：「蘗」，本又作「枿」。按：「枿」本作「櫱」，傳寫者從俗作「枿」耳。阮元《校記乙》同。○《定本校記》：若顛木之有由枿。「枿」，注疏本作「蘗」，岩崎本、雲窗叢刻本、内野本、神宮本作「桻」。今定爲「枿」。蓋經作「枿」，傳作「蘗」。疏引釋詁：枿，餘也。正釋經「枿」字。釋文云：「蘗」，本又作「枿」。

四葉八行注　如顛仆之木。有用生蘗哉。　○山井鼎《考文》：有用生蘗哉。〔古本〕「哉」作「栽」，下有「也」字。謹按 考疏，古本似是。○盧文弨《拾補》：如顛仆之木有用生蘗哉。「哉」，古本作「栽」。案：「哉」，古亦當與「栽」通。○阮元《校記甲》：有用生蘗哉。「哉」，古本作「栽」。山井鼎曰：考疏，古文（本）似是。○阮元《校記乙》：有用生蘗哉。古本「哉」作「栽」。山井鼎曰：考疏，古文（本）似是。○《定本校記》：有用生蘗哉。「蘗」，岩崎本作「桻」。「哉」，岩崎本、雲窗叢刻本、内野本、神宮本、足利本作「栽」，注云：栽，音灾。

四葉八行釋文　本又作栟。「栟」，王、閩作「祔」，魏作「拼」。

四葉八行釋文　顛本而肄生曰栟。「肄」，平作「律」。「栟」，王作「祔」。

四葉十行經　紹復先王之大業。「紹」，十作「絽」。

四葉十行經　底綏四方。「底」，纂、平、永作「底」。

四葉十一行注　言我徙欲如此。○山井鼎《考文》：欲如此。〔古本〕下有「也」字。

四葉十一行釋文　底。之履反。「底」，纂、十、永、閩作「底」。「履」，平作「里」。

四葉十一行疏　盤庚欲遷於亳之殷地。「於」，薈作「于」。「亳」下「之」字處八爲空白。

四葉十四行疏　又考卜於龜以徙。「徙」，十作「徒」。

四葉十五行疏　今若不承於古。「於」，薈作「于」。

四葉十六行疏　則是無知天將斷絶汝命矣。天將絶命。「汝命」下魏無「矣天將絶命」五字。

四葉十七行疏　有用生蘖哉。○浦鏜《正字》：有用生蘖哉。「蘖」字，監本誤。

四葉十七行疏　上天其必長我殷之王命於此新邑。「王」，毛作「土」。○浦鏜《正字》：上天其必長我殷之王命於此新邑。「王」，毛本誤「土」。

五葉二行疏　亳之别名。「名」，魏作「夕」。

五葉三行疏　將遷於殷。先正其號名。知於此號爲殷也。雖兼號爲殷。而商名不改。　「正」，魏作「王」。「知」上「名」字單、八、要作「明」。○物觀《補遺》：先正其號名。〔宋板〕「名」作「明」。○盧文弨《拾補》：將遷於殷，先正其號明，知於此號爲殷也。雖兼號爲殷而商名不改。「明」，毛本作「名」，宋本作「明」。當作「明」。○阮元《校記甲》：先正其號名。「名」，宋板作「明」。按：作「明」屬下句亦通。阮元《校記乙》同。

五葉四行疏　而商名不改。或稱殷。　「改」下單、八、魏、平、要有「或稱商」三字。○山井鼎《考文》：而商名不改，或稱殷。〔宋板〕「改」下有「或稱商」三字。○盧文弨《拾補》：或稱商，或稱殷。「或稱商」三字毛本脱，宋本有。○阮元《校記甲》：或稱殷。此句上宋板有「或稱商」三字。阮元《校記乙》同。

五葉五行疏　亳。是殷地大名。　「地」，十、阮作「也」。○阮元《校記乙》：亳，是殷也大名。案：「也」當作「地」。○張鈞衡《校記》：亳是殷地。阮本「地」作「也」，誤。

五葉六行疏　俱訓爲往。　「俱」，阮作「倶」。

五葉七行疏　不欲往彼殷地。　「地」，魏、平、十、永、閩、阮作「也」。○阮元《校記甲》：不欲往彼殷地。「地」，十行、閩本俱誤作「也」。○阮元《校記乙》：不欲住（往）彼殷也。毛本「也」作「地」，是也。

五葉七行疏　即裕也。　「裕」，單、八、魏、平、十、永、毛、薈作「裕」。○盧文弨《拾補》：龥，即裕也。毛本「裕」從示，誤。

五葉七行疏　是寬意。　「意」，阮作「裕」。○張鈞衡《校記》：是寬意。阮本「意」作「裕」。

五葉七行疏　慼。訓憂也。故率和衆憂之人。　「慼」，單、八作「戚」。○《定本校記》：戚，訓憂也。「戚」，十行本作「慼」。

五葉八行疏　言爲正直之言。　「言爲」上單、八、魏、平、殿、庫有「故以矢」三字。○山井鼎《考文》：言爲正直之言。〔宋板〕作「故以矢言爲正直之言」。謹按多「故以矢」三字。○盧文弨《拾補》：詩云：其直如矢，故以矢言爲正直之言。「故以矢」三字，毛本脱，宋本有。○阮元《校記甲》：言爲正直之言。宋板作「故以矢言爲正直之言」。阮元《校記乙》同。

五葉九行疏　孔以祖乙圮於相地。　「圮」，殿作「圯」。

五葉九行疏　遷都於耿。　「於」，薈作「于」。

五葉九行疏　今盤庚自耿遷于殷。　「耿」，十、阮作「欲」。「于」，庫作「於」。○阮元《校記甲》：今盤庚自耿遷于殷。「耿」，十行本誤作「欲」。○阮元《校記乙》：今盤庚自欲遷于殷。毛本「欲」作「耿」，是也。○張鈞衡《校記》：盤庚自耿遷于殷。阮本「耿」作「欲」，誤。

五葉十行疏　劉。殺。釋詁云。　「云」，單、八、魏、平、永、毛、殿、庫作「文」。○阮元《校記甲》：劉，殺，釋詁文。「文」，十行、閩、監俱誤作「云」。○阮元《校記乙》：劉，殺，釋詁云。閩本、明監本同。毛本「云」作「文」，是也。○張鈞衡《校記》：劉，殺，釋詁文。阮本「文」作「云」，誤。

五葉十行疏　先王所以決欲遷此者。　「決欲」，單、八、魏、平、永、毛作「去彼」。○浦鏜《正字》：先王所以去彼遷此者。「去彼」，監、閩本作「決欲」。○盧文弨《拾補》：先王所以決欲遷此者。毛本「決欲」作「去彼」。「去彼」當作「決欲」。○阮元《校記甲》：先王所以去彼遷此者。「去彼」，十行、閩、監俱作「決欲」。○阮元《校記乙》：先王所以決欲遷此者。閩本、明監本同。毛本「決欲」作「去彼」。○張鈞衡《校記》：先王所以去彼遷此者。阮本作「決欲遷此者」。

五葉十一行疏　謂水泉沉溺。　「沉」，單、八、平、阮作「沈」，魏、永作「洸」。

五葉十一行疏　人民困苦。　「苦」，魏作「若」。

五葉十一行疏　不能以義相匡正以生。　「以義」，單、八、魏、平、永作「從教」。○山井鼎《考文》：不能以義相匡正以生。〔宋板〕「以義」作「從教」。○盧文弨《拾補》：不能從教相匡正以生。毛本「從教」作「以義」。「以義」當作「從教」。○阮元《校記甲》：不能以義相匡正以生。「以義」，宋板作「從教」。○張鈞衡《校記》：不能從教相匡正。阮本「從教」作「以義」。

五葉十一行疏　又考卜於龜。　「又」，庫作「乂」，「於」，薈作「于」。

五葉十二行疏　周禮太卜。　「太」，阮作「大」。

五葉十二行疏　大遷則貞龜。　「則貞」，阮作「考自」。「貞」，十作「卣」。○阮元《校記甲》：大遷則貞龜。「則貞」，十行本誤作「考自」。○阮元《校記乙》：大遷考自龜。毛本「考自」作「則貞」。案：所改是也。○張鈞衡《校記》：大遷則真龜。阮本「則真」作「考自」。此與毛本合。

五葉十三行疏　揔謂成湯至祖乙也。　「揔」，殿、庫作「總」。

五葉十三行疏　謂有典法。　「謂」下單、八、魏、平、毛、殿、庫有「行」字。○浦鏜《正字》：謂行有典法。監本脱「行」字。○阮元《校記甲》：謂行有典法。十行、閩、監俱無「行」字。○阮元《校記乙》：謂有典法。閩本、明監本同。毛本「謂」下有「行」字。

五葉十三行疏　即是有所服也。　「服」下單、八、魏、平、毛、殿、庫有「行」字。○浦鏜《正字》：即是有所服行也。監本脱「行」字。○阮元《校記甲》：即是有所服行也。十行、閩、監亦俱無「行」字。○阮元《校記乙》：即是有所服也。閩本、明監本同。毛本「服」下有

「行」字。

五葉十五行疏　故通數我往居亳爲五邦。　「亳」，十作「毫」。

五葉十五行疏　鄭王皆云。　「王」，阮作「注」。○阮元《校記甲》：鄭王皆云。「王」，十行本誤作「注」。○阮元《校記乙》：鄭注皆云。毛本「注」作「王」。

五葉十五行疏　數商亳囂相耿爲五。　「囂」，十作「嚻」。

五葉十七行疏　郭璞云。晉衛之間曰栫。　「間」，單、八、平作「閒」。「栫」，魏作「拵」。○浦鏜《正字》：郭璞云，晉衛之間曰栫。「栫」，爾雅注作「櫱」。又方言云：陳鄭之間曰栫。

五葉十八行疏　猶顛仆枯死之木用生蘖哉。　殿「木」作「不」，「蘖」作「孽」。

五葉十八行經　盤庚斆于民。　「于」，庫作「於」。○《定本校記》：盤庚斆于民。「斆」，岩崎本、雲窗叢刻本作「學」。

五葉十八行經　由乃在位。　○山井鼎《考文》：由乃在位。〔古本〕「由」上有「曰」字。○盧文弨《拾補》：由乃在位。古本句上有「曰」字。○阮元《校記甲》：盤庚斆于民，由乃在位。「由」上古本有「曰」字。阮元《校記乙》同。○《定本校記》：由乃在位。「由」上雲窗叢刻本、内野本、神宮本、足利本有「日」字，恐非。岩崎本無「在」字。

六葉一行經　以常舊服正法度。　○《定本校記》：正法度。岩崎本無「法」字。

六葉一行注　斆。教也。　○《定本校記》：斆，教也。「斆」，岩崎本作「學」。

六葉一行注　教人使用汝在位之命。　○《定本校記》：教人使用汝在位之命。「人」，岩崎本、雲窗叢刻本、内野本、神宮本作「民」。「用」字，内野本、神宮本脱。

六葉二行注　正其法度。　○《定本校記》：正其法度。岩崎本、雲窗叢刻本、内野本、神宮本無「其」字。

六葉二行釋文　斆。户教反。下如字。　「户」，魏作「尸」。「下」，平作「又」，十作「卜」。「户教反」下殿、庫無「下如字」三字。○物觀《補遺》：斆，户教反，下如字。〔經典釋文〕無「下如字」三字。○浦鏜《正字》：斆，户教切。下衍「下如字」三字。○阮元《校記甲》：斆，户教反。此下葉本、十行本、毛本俱有「下如字」三字。按：「下」字，盧文弨挍作「又」字，云「依宋本」。

六葉三行經　曰。無或敢伏小人之攸箴。　○山井鼎《考文》：小人之攸箴。〔古本〕「人」作「民」，注同。○盧文弨《拾補》：曰，無或敢伏小人之攸箴。古本「人」作「民」，傳同。○阮元《校記甲》：或敢伏小人之攸箴。「人」，古本作「民」，注同。阮元《校記乙》同。○《定本校記》：無或敢伏小人之攸箴。「人」，岩崎本、雲窗叢刻本、内野本、神宮本、足利本作

「民」。

六葉三行注　言無有敢伏絶小人之所欲箴規上者。　「敢」，十、阮作「故」。○山井鼎《考文》：伏絶小人之所欲箴規上者。〔古本〕「人」作「民」。○張鈞衡《校記》：言無有敢伏絶小人之所欲箴。阮本「敢」作「故」，誤。○《定本校記》：言無有敢伏絶小人之所欲箴規上者。「人」，岩崎本、雲窗叢刻本、内野本、神宮本、足利本作「民」。

六葉四行注　戒朝臣。○山井鼎《考文》：「戒朝臣」下、「羣臣以下」下〔古本〕有「也」字。

六葉四行釋文　箴。之林反。馬云。諫也。　「之」上纂有「音」字。

六葉四行釋文　朝　直遥反。　「朝」下平有「臣上」二字。

六葉六行疏　又戒且曰。汝等無有敢伏絶小人之所欲箴規上者。　「又」，庫作「乂」。「且」，單、八、魏、平、十、永、毛、殿、庫、阮作「臣」。○浦鏜《正字》：又戒臣曰，汝等無有云云。「臣」，監本誤「且」。○阮元《校記甲》：又戒臣曰。「臣」，閩本誤作「且」。

六葉七行疏　小樂正斆干。　「干」，魏、毛作「于」。○浦鏜《正字》：小樂正斆干。「干」，毛本誤「于」。「斆」，禮記作「學」，音效，下同。○盧文弨《拾補》：小樂正斆干。毛本「干」作「于」。「于」當作「干」。

六葉七行疏　大胥贊之。　「大」，單作「太」。

六葉八行疏　小民等患水泉沉溺。　「沉」，單、八、魏、平、十、阮作「沈」。

六葉八行疏　小民咸苦之。　「小」，魏、薈作「下」。

六葉九行經　王命衆。悉至于庭。　○山井鼎《考文》：悉至于庭。〔古本〕「庭」上有「朝」字。○阮元《校記甲》：王命衆悉至于庭。「庭」上古本有「朝」字。阮元《校記乙》同。○《定本校記》：王命衆，悉至于庭。「庭」上雲窗叢刻本有「王」字，内野本、神宫本、足利本有「朝」字。神宫本注云：「朝」，或本作「王」。

六葉九行疏　㊠衆。羣臣以下。　○《定本校記》：傳衆羣臣以下。〔足利〕八行本脱「傳」字。

六葉十行疏　周禮小司寇。　「寇」，永作「冦」。

六葉十行疏　二曰詢國遷。　「二」，十作「一」。「國」上十有「一」字。

六葉十二行疏　故以下多是責臣之辭。　「以」，單、八作「巳」。

六葉十二行注　告汝以法教。　○山井鼎《考文》：告汝以法教。〔古本〕「法」下有「度」字。○盧文弨《拾補》：告汝以法教。古本「法」下有「度」字。案：如古本，則「教」字似衍。

○阮元《校記甲》：告汝以法教。「法」下古本有「度」字。阮元《校記乙》同。

六葉十四行釋文　傲。五報反。　「五」上纂有「鄭」字。

六葉十五行釋文　任。而鴆反。　「鴆」，十作「鳩」，閩作「傳」。「反」，平作「切」。

六葉十六行疏　皆謂成湯以來諸賢王也。　「以」，單、魏、平、十、永作「巳」，阮作「已」。○《定本校記》：皆謂成湯已來諸賢王也。「已」，〔足利〕八行本作「以」，今從單疏。

六葉十七行疏　乃謂遷都之王。　○《定本校記》：乃謂遷都之王。「王」，〔足利〕八行本誤「二」。

六葉十七行疏　下句王播告之。　「播」，魏作「墦」。○阮元《校記甲》：下句王播告之。「之」下纂傳有「修」字。阮元《校記乙》同。

六葉十八行疏　蒙上之先。　○阮元《校記甲》：蒙上之先。「先」，纂傳作「文」。阮元《校記乙》同。

六葉十八行經　王播告之修。　「修」，魏、平、十、永、阮作「脩」。

六葉十八行注　王布告人以所脩之政。　「脩」，八、李、王、纂、岳、閩、庫作「修」。○《定本校記》：王布告人以所修之政。「人」，岩崎本、雲窗叢刻本、内野本、神宮本作「民」。

七葉一行注　不匿其指。　○山井鼎《考文》：「不匿其指」下、「大變從化」下、「無知之貌」

下、「訟言何謂」下，〔古本〕共有「也」字。下註「非廢此德」下、「如視火」下、「成汝過」下、「積德之臣」下、「黍稷無所有」下，並同。

七葉一行疏　王布至其指。　「布」，魏作「而」。

七葉二行疏　下云王播告之修。　「修」，魏、平、十、永、阮作「脩」。

七葉三行經　民用丕變。　○山井鼎《考文》：民用大(丕)變。〔古本〕「用」作「由」。註「王用」、「民用」同。○盧文弨《拾補》：民用丕變。「用」，古本作「由」，傳「王用」、「民用」俱同。○阮元《校記甲》：民用丕變。「用」，古文作「由」。注「王用」、「民用」同。按：注「王用」既作「由」，則經「王用」亦當作「由」。阮元《校記乙》同。

七葉五行注　起信險僞膚受之言。　「僞」，魏、十、永、閩、阮作「爲」。○阮元《校記甲》：起信險僞膚受之言。「僞」，十行、閩、葛俱作「爲」。○阮元《校記乙》：起信險爲膚受之言。閩本、葛本同。明監本「爲」作「僞」。

七葉六行注　我不知汝所訟言何謂。　「不」上「我」字八爲空白。

七葉六行釋文　聒。古活反。馬及説文皆云。拒善自用之意。　「聒」上平重「聒」字。「古」，王、纂、魏、平作「故」。「及」，阮作「云」。「文」，毛作「攵」。○浦鏜《正字》：聒，古活切。馬及説文皆云，拒善自用之意。「聒」，説文作「⿰耳昏」，云講語也。「文」，毛本誤「父」。○

阮元《校記甲》：聒聒。盧文弨云：説文作「𦧇𦧇」。

七葉七行疏　正義曰。「曰」，單作「云」。○《定本校記》：正義曰。「曰」，單疏本誤作「云」。

七葉七行疏　聒聒。難告之貌。「聒」下永不重「聒」字。

七葉七行疏　拒善自用之意也。「善」上單、八、魏、平、十、永、閩、阮無「拒」字。○阮元《校記甲》：拒善自用之意也。十行、閩本俱無「拒」字。○阮元《校記乙》：善自用之意也。閩本同。明監本、毛本「善」上有「拒」字。○汪文臺《識語》：善自用之意也。明監本、毛本「善」上有「拒」字。案：此監、毛本誤增也。「善自用」猶「好自用」，與馬注「拒善自用」各自爲義。説文引書「聒」作「𦧇」，重文作「𩏩」，云「善自用之意也」。王肅注本之。釋文引説文兼馬注，故有「拒」字，後人或據以補説文，皆非也。○《定本校記》：聒聒，善自用之意也。「善」上監本增「拒」字，是也。

七葉十行經　非予自荒茲德。惟汝含德。○阮元《校記甲》：非予自荒茲德，惟汝含德。「含」，葛本誤作「舍」，注同。阮元《校記乙》同。

七葉十行注　我之欲徙。非廢此德。○盧文弨《拾補》：我之欲徙，非廢此德也。「也」字，毛本無，古本有。下「如視火」下同。此兩「也」字不可省。

七葉十一行注　汝不從我命。　○《定本校記》：汝不從我命。岩崎本、雲窗叢刻本無「我」字。

七葉十一行注　所含惡德。　○《定本校記》：所含德惡。「德惡」二字注疏本誤倒，今據岩崎本、雲窗叢刻本、内野本、神宫本正。足利本脱「德」字。

七葉十一行注　我視汝情如視火。　○《定本校記》：我視汝情如視火。雲窗叢刻本上「視」字作「觀」，下「視」字作「見」。内野本、神宫本二「視」字皆作「觀」，無「我」字。

七葉十二行釋文　惕。他歷反。　「他」，閩作「池」。「歷」，平作「历」。

七葉十二行疏　民用大變。　「大」，平作「太」。

七葉十三行疏　非我自廢此丕欽之德。　「丕」，永作「不」。

七葉十四行疏　言見之分明如見火也。　「火」上「見」字單、八、魏、平作「視」。

七葉十五行釋文　拙。之劣反。　「劣」，十作「劣」。

七葉十五行疏　正義曰。　○阮元《校記甲》：正義曰。此疏十行本此句之下全空。○阮元《校記乙》：予亦拙謀。疏「正義曰」下缺，今補栞。

七葉十八行注　紊。亂也。　○阮元《校記甲》：紊亂也。纂傳無「也」字。○《定本校記》：紊，亂也。岩崎本、雲窗叢刻本無「也」字。

七葉十八行注　當如綱在綱。「綱」下王有「之」字。

八葉一行注　下承上。則有福。「承」，永作「氶」。「福」，李作「秋」。

八葉三行疏　斂之曰穡。「穡」，永作「稼」。

八葉三行疏　穡是秋收之名。〇阮元《校記甲》：穡是秋收之名。「收」，纂傳作「成」。

八葉三行疏　得爲耕穫摠稱。「摠」，殿、庫作「總」。

八葉三行疏　下承上則有福。「下」，殿作「不」。「承」，永作「氶」。〇《四庫考證》：下承上則有福。刊本「下」訛「不」，今改。〇《薈要》案語：下承上則有福。刊本「下」訛「不」，今改。

八葉三行經　汝克黜乃心。施實德于民。〇阮元《校記甲》：汝克黜乃心，施實德于民。「德」，葛本誤作「得」。〇《定本校記》：施實德于民。岩崎本作「實德于民」。雲窗叢刻本作「施實德於于民」，「於」蓋「施」誤。内野本、神宮本作「實德施于民」。

八葉五行注　汝羣臣能退汝違上之心。「汝違」，十、阮作「去傲」。「上」，李作「叔」。〇阮元《校記甲》：汝羣君能退汝違上之心。「汝違」，十行本作「去傲」。〇阮元《校記乙》：汝羣臣能退去傲上之心。毛本「去傲」作「汝違」。〇張鈞衡《校記》：能退汝違上之心。阮本「汝」作「去」。

八葉五行注　施實德於民。　「施」，李作「祂」。

八葉五行注　至于婚姻僚友。　「友」，纂作「犮」。

八葉七行經　不昬作勞。　○阮元《校記甲》：不昬作勞。陸氏曰：「昬」，本或作「暋」。按：正義引鄭注「昏讀爲敃，勉也」，然則古文作「昏」，鄭讀爲「敃」，釋文所謂「本或作敃」者，指鄭讀也。阮元《校記乙》同。

八葉七行經　越其罔有黍稷。　○阮元《校記甲》：越其罔有黍稷。陸氏曰：「越」，本又作「粵」。

八葉七行注　戎。大。　「戎」，永作「戒」。

八葉九行注　如怠惰之農。　「惰」，永作「隋」。

八葉九行注　不强作勞於田畝。　「於」，薈作「于」。

八葉十行釋文　昬。馬同。　「同」，魏作「司」。

八葉十行釋文　越。本又作粵。音曰于也。　「曰于也」，平作「王伐反」。「于」，十、阮作「干」。

八葉十行釋文　强。其兩反。　「强」上平有「昬」字。「兩」，王、魏、殿、庫、阮作「丈」，纂作「丈」，平、十、永、閩作「文」。○山井鼎《考文》：强，其兩反。經典釋文「兩」作「丈」。○阮元《校記甲》：昏强，其丈反。「丈」，毛本作「兩」。

八葉十一行疏　戎。大。昏。强。越。於。皆釋詁文。　「大」，十作「人」。○浦鏜《正字》：戎，大。昏，强。越，於。皆釋詁文。「越」，爾雅作「粤」。

八葉十一行疏　昏。夙夜之强也。　○山井鼎《考文》：昏，夙夜之强也。〔宋板〕「昏」作「昬」。○盧文弨《拾補》：昬，夙夜之强也。「昬」，毛本作「昏」。説文：昏莫之昏，从氐省。而此書古皆从民，葢即説文之「敯」。

八葉十二行疏　鄭玄讀昬爲暋。　「暋」，單、八作「愍」，魏作「愍」，平作「愍」。

八葉十二行疏　其意言不徙則有毒。毒爲禍患也。　「爲」，單、八作「謂」。○山井鼎《考文》：毒爲禍患也。〔宋板〕「爲」作「謂」。○浦鏜《正字》：言不徙則有毒，毒爲禍患也。「毒毒」當「大毒」之誤。○盧文弨《拾補》：言不徙則有毒，毒謂禍患也。毛本「謂」作「爲」。「爲」當作「謂」。○阮元《校記甲》：毒爲禍患也。「爲」，宋板作「謂」。阮元《校記乙》同。

八葉十三行疏　遠近。謂徐促。　「徐」，單、八、魏、平、永作「賖」，毛、阮作「賖」。○山井鼎《考文》：遠近謂賖促。[謹按]「賖」字，崇禎本與宋板同，其餘註疏本皆作「徐」。○浦鏜《正字》：遠近謂徐促。「徐」，毛本誤「賒」。○盧文弨《拾補》：遠近謂賒促。「賒」，毛本作佘旁，非。改「徐」亦非。○阮元《校記甲》：遠近謂賒促。山井鼎曰：「賒」字，毛本與宋板同，其餘注疏本皆作「徐」。按：十行本亦作「賒」，閩本作「徐」。○阮元《校記乙》：遠近謂賒促。山井鼎曰：「賒」字，毛本與宋板同，其餘注疏本皆作「徐」。

八葉十三行疏　則黍稷無所獲。「獲」，庫作「穫」。

八葉十三行疏　以喻不遷於新邑。「於」，薈作「于」。

八葉十五行注　是自生毒害。○山井鼎《考文》：是自生毒害。〔古本〕作「是汝自生毒害也」。○盧文弨《拾補》：是汝自生毒害。「汝」字，毛本無，古本有，當補。○阮元《校記甲》：是自生毒害。古本作「汝自生毒害也」。○《定本校記》：是自生毒害。「自」上内野本、神宮本、足利本有「汝」字。

八葉十七行疏　使之樂遷也。「之」，要作「知」。

八葉十八行注　言汝不相率共徙。「汝」，纂作「没」。「共」，纂作「其」。○《定本校記》：言汝不相率共徙。「不」下雲窗叢刻本有「能」字。

九葉一行注　以自災之道。○山井鼎《考文》：以自災之道。〔古本〕作「以汝自災之道也」。○阮元《校記甲》：是爲敗禍姦宄，以自災之道。「以自災之道」，古本作「以汝自災之道也」。

九葉二行經　汝悔身何及。　○盧文弨《拾補》：汝悔身何及。石經「身」作「命」。

九葉三行注　是先惡於民。　○山井鼎《考文》：先惡於民。〔古本〕下有「也」字。

九葉三行注　不徙。則禍毒在汝身。　○《定本校記》：不徙則禍毒在汝身。岩崎本、雲窗叢刻本、内野本、神宫本無「則」字，燉煌本、岩崎本、雲窗叢刻本、内野本、神宫本無「汝」字。

九葉三行注　徒奉持所痛而悔之。　「徒」，纂、魏、十、閩、阮作「徙」。○阮元《校記甲》：徒奉持所痛而悔之。「徒」，十行、閩本俱誤作「徙」。○阮元《校記乙》：徙奉持所痛而悔之。閩本同。毛本「徙」作「徒」，是也。○張鈞衡《校記》：徒奉持所痛而悔之。阮本「徒」作「徙」，因上文而誤。○《定本校記》：徒奉持所痛而悔之。岩崎本、雲窗叢刻本無「之」字。

九葉四行注　則於身無所及。　○山井鼎《考文》：於身無所及。〔古本〕下有「也之」二字。「是不若小民」，〔古本〕下有「之也」二字。謹按 助字甚奇，恐誤寫。○阮元《校記甲》：則於身無所及。古本「及」下有「也之」二字。「是不若小民」下有「之也」二字。山井鼎曰：助字甚奇，恐誤寫。按：古本此類甚多。顔介所謂「不得所益，誠可笑」者也。○《定本校記》：則於身無所及。岩崎本無「於」字。岩崎本、雲窗叢刻本、内野本、神宫本無「所」字。

九葉四行釋文　奉。孚勇反。注同。　「孚」，魏作「字」。○阮元《校記甲》：奉，孚勇反。此下葉本、十行本、毛本俱有「注同」二字。

九葉四行釋文　恫。徒弄反。　「徒弄」，纂、平、阮作「勑動」，殿、庫作「勑動」。○山井鼎《考文》：恫，徒弄反。〔經典釋文〕「徒弄」作「勑動」。○浦鏜《正字》：恫，勑動切。「勑動」誤作「徒弄」。○阮元《校記甲》：恫，勑動反。「勑動」，十行本、毛本俱作「徒弄」。○張鈞衡《校記》：恫，徒弄反。阮本作「勑動反」。

九葉五行經　相時憸民。　○盧文弨《拾補》：相時憸民。石經「憸」作「散」。

九葉七行注　尚相顧於箴誨。　自「於箴誨」以下至經「自今至于」，王朋甫本爲卷五第三葉，該葉鈔配，異文甚多，不出校。

九葉八行注　況我制汝死生之命。　「生」上「死」字八爲空白。

九葉九行釋文　相時。上息亮反。馬云。視王。　「息」上殿、庫無「時上」二字。「上」，十、阮作「相」。「王」，纂、魏、平、毛、殿、庫作「也」，永作「上」。○浦鏜《正字》：馬云視也。「也」，監本誤「王」。○阮元《校記甲》：相時。馬云，視也。「也」，十行本誤作「王」。○阮元《校記乙》：馬云，視王。案：「王」當作「也」。○張鈞衡《校記》：馬云，視上。阮本「上」作「王」，誤。

九葉九行釋文　憸。息廉反。　「息」，平作「昔」。

九葉九行經　汝曷弗告朕。　「弗」，王作「不」。

九葉十行經　恐沈于衆。　「沈」，閩作「沉」。

九葉十行注　責其不情告上。　「不」下八、李、纂、魏、平、岳、毛、殿、庫有「以」字。「情」，十、阮作「請」。○浦鏜《正字》：責其不情告上。「不」下毛本有「以」字。○阮元《校記甲》：責其不以情告上。「不以情」，閩、葛、監本俱脱「以」字，十行本誤作「不請」。按：諸本皆因疏而誤，不知疏亦誤也，見後。○阮元《校記乙》：責其不請告上。閩本、葛本、明監本「請」作「情」。毛本「情」上又有「以」字。按：諸本皆因疏而誤，不知疏亦誤也，見後。○張鈞衡《校記》：責其不情告上。阮本「情」作「請」，誤。

九葉十一行注　而相恐動以浮言。　「動」，阮作「欲」。○張鈞衡《校記》：而相恐動以浮言。阮本「動」作「欲」，誤。

九葉十一行注　恐汝沈溺於衆有禍害。　○山井鼎《考文》：恐汝沈溺於衆。〔古本〕「恐」上有「我」字。又：有禍害。〔古本〕下有「也之」二字。○盧文弨《拾補》：恐汝沈溺於衆。古本句上有「我」字。○阮元《校記甲》：恐汝沈溺於衆有禍害。古本「恐」上有「我」字，「害」下有「也之」二字。阮元《校記乙》同。○《定本校記》：恐汝沈溺於衆有禍害。

「恐」上岩崎本、雲窗叢刻本、内野本、神宮本、足利本有「我」字。

九葉十二行釋文　曷。何末反。　「末」，十、永、閩、阮作「未」。

九葉十三行注　火炎不可嚮近。　「近」，薈作「邇」。

九葉十三行注　尚可刑戮絶之。　「刑戮」，阮作「得遏」。○山井鼎《考文》：刑戮絶之。〔古本〕「之」作「也」。○盧文弨《拾補》：尚可得遏絶之。毛本「得遏」作「刑戮」。今從元本作「得遏」。○阮元《校記甲》：尚可刑戮絶之。「刑戮」，十行本作「得遏」。「之」，古本作「也」。○阮元《校記乙》：尚可得遏之絶之。毛本「得遏之」作「刑戮」二字。

九葉十四行釋文　燎。力召反。又力鳥反。　「力鳥反」上永無「又」字。

九葉十四行釋文　嚮。許亮反。　「許」，十、阮作「竹」。○阮元《校記甲》：嚮，許亮反。「許」，十行本誤作「竹」。盧文弨云：「嚮」當作「鄉」。是也。○阮元《校記乙》：嚮，竹亮反。案：「竹」當作「許」。盧文弨云：「嚮」當作「鄉」。是也。○張鈞衡《校記》：嚮，許亮反。阮本「許」作「竹」，誤。

九葉十四行釋文　撲。普卜反。　「普」，十、阮作「音」。○張鈞衡《校記》：撲，普卜反。阮本「普」作「音」，誤。

九葉十四行釋文　近。附近之近。「附」，十、阮作「前」。

九葉十四行經　則惟汝衆自作弗靖。○顧炎武《九經誤字》：則惟汝衆自作弗靖。石經、監本同。今本「汝」作「爾」。○山井鼎《考文》：則惟汝衆自作弗靖。蔡沈集傳「汝」作「爾」。○浦鏜《正字》：則惟汝衆自作弗靖。「汝」，今本作「爾」。案：石經亦作「汝」。○岳本《考證》：則唯汝衆自作弗靖。「汝」，蔡沈集傳本作「爾」。○盧文弨《拾補》：則惟汝罛。蔡傳「汝」作「爾」。○阮元《校記甲》：則惟汝衆。石經考文提要云：坊本作「爾衆」。

九葉十五行注　我刑戮汝。○《定本校記》：我刑戮汝。「我」下岩崎本有「用」字。

九葉十六行注　非謀所致。「致」下纂有釋文「馬云：靖，安也」五字，平、殿、庫有釋文「靖，馬云安也」五字。○山井鼎《考文》：非謀所致。〔古本〕下有「也」字。又：［補脱］靖，馬云安也〔據經典釋文〕。［謹按］經文「自作弗靖」。

九葉十七行疏　猶尚相顧於箴規之言。「猶」，閩作「猶」。「於」，薈作「于」。

九葉十八行疏　況我爲天子制汝短長之命。滅恩甚大。「滅」，單、八、魏、平、毛、殿、庫作「威」。○浦鏜《正字》：制汝短長之命，威恩甚大。「威恩」字疑誤倒。「威」，監本誤「滅」。○阮元《校記甲》：威恩甚大。「威」，十行、閩、監俱誤作「滅」。○阮元《校記乙》：滅恩甚大。閩本、明監本同。毛本「滅」作「威」。

九葉十八行疏　何以不情告我。「以不」，單、八、庫作「不以」。「告」，閩作「吉」。○山井鼎《考文》：何以不情告我。〔宋板〕作「何不以情告我」。○盧文弨《拾補》：何不以情告我。毛本「不以」作「以不」。「以不」當作「不以」，從宋本乙正。○阮元《校記甲》：何以不情告我。「以不」，宋板作「不以」。按：觀宋板知諸本傳文無「以」字者爲誤。阮元《校記乙》同。

十葉一行疏　我恐汝自取沈溺於衆人。「於」，薈作「于」。

十葉二行疏　若似火之燎於原野。「於」，薈作「于」。

十葉三行疏　曷何至禍害。「曷」下魏無「何」字。「何」，十作「可」。「禍」，十、永、閩作「怱」。○阮元《校記甲》：傳曷何至禍害。「禍」，十行、閩本俱誤作「怱」。○阮元《校記乙》：傳曷何至怱害。閩本同。毛本「怱」作「禍」，是也。今改正。

十葉三行疏　曷何同音。故曷爲何也。○浦鏜《正字》：曷何同音，故曷爲何也。案：今萊、易之間呼「曷」近「何」，此北音也。

十葉四行疏　汝以浮言恐動不徙。「言」，永、阮作「云」。

十葉四行疏　我恐汝自取沈溺於衆人。「於」，薈作「于」。

十葉六行經　人惟求舊。器非求舊惟新。　○盧文弨《拾補》：人惟求舊器非求舊。石經作「人維舊器非救舊」。○《定本校記》：人惟求舊。燉煌本、岩崎本無「求」字。内野本、神宮本云：或本無。

十葉六行注　遲任。古賢。　○山井鼎《考文》：遲任，古賢。〔古本〕下有「人」字。○盧文弨《拾補》：遲任，古賢人。「人」字，毛本無，古本有。當補。○阮元《校記甲》：遲任，古賢。古本下有「人」字。阮元《校記乙》同。○《定本校記》：遲任，古賢。「賢」下内野本、神宮本、足利本有「人」字，雲窗叢刻本有「臣」字。

十葉七行注　汝不徙。　「徙」，魏作「能」。

十葉七行注　是不貴舊。　○山井鼎《考文》：是不貴舊。〔古本〕下有「也」字。「我忠於汝」下同。○《定本校記》：汝不徙，是不貴舊。燉煌本、岩崎本無「是」字，内野本、神宮本「是」作「則」。

十葉七行釋文　遲。直疑反。徐持夷反。　「疑」，平作「宜」。「持」，纂、平作「待」。○阮元《校記甲》：遲，徐持夷反。「遲」，葉本作「迡」，毛本作「遲」。盧文弨云：「持」當作「侍」。案：作「侍」非也。

十葉七行釋文　任。而今反。　「今」，殿作「金」，庫作「金」。○阮元《校記甲》：任，而金反。「金」，十行本、毛本俱作「今」。

十葉九行注　言古之君臣。　○《定本校記》：言古之君臣。燉煌本、岩崎本、雲窗叢刻本、内野本、神宫本無「之」字。

十葉十行經　予不掩爾善。　○阮元《校記甲》：予不掩爾善。陸氏曰：「掩」本又作「弇」。

十葉十一行注　言我世世選汝功勤。　「選」，八、李、纂、魏、平、岳、永、毛作「數」。○浦鏜《正字》：言我世世選汝功勤。「選」，當依毛本作「數」。○阮元《校記甲》：言我世世數汝功勤。「數」，葛本、十行、閩、監俱作「選」。○阮元《校記乙》：言我世世選汝功勤。葛本、閩本、明監本同。毛本「選」作「數」。○張鈞衡《校記》：言我世世數汝功勤。阮本「數」作「選」。

十葉十一行注　是我忠於汝。　「是」，十作「足」。

十葉十二行釋文　又蘇管反。掩。本文作弇。　「蘇」，纂作「思」。「文」，纂、魏、平、永、殿、庫、阮作「又」。○山井鼎《考文》：掩，本文作弇。〔經典釋文〕「文」作「又」。○浦鏜《正字》：掩，本又作弇。「又」誤「文」。○阮元《校記甲》：掩，本又作弇。「又」，毛本誤作「文」。○阮元《校記乙》：掩，本文作弇。毛本同。案：「文」當作「又」。

十葉十二行經　茲予大享于先王。　「予」，魏、十、永作「于」。

十葉十四行注　烝嘗也。　「嘗」，阮作「享」。

十葉十四行注　所以不掩汝善。　○山井鼎《考文》：所以不掩汝善。〔古本〕作「所以此不掩汝善也」。○阮元《校記甲》：所以不掩汝善。古本作「所以此不掩汝善也」。○《定本校記》：所以不掩汝善。燉煌本、岩崎本、雲窗叢刻本、内野本、神宮本「所」上有「此」字，無「汝」字。

十葉十四行釋文　烝。之丞反。　「丞」，纂作「承」。

十葉十四行經　作福作災。　○物觀《補遺》：作福作災。〔古本〕作「依福依災」。註同。○阮元《校記甲》：作福作災。古本作「依福依災」。注同。阮元《校記乙》同。

十葉十五行注　我不敢動用非罰加汝。非德賞汝乎。從汝善惡而報之。　○山井鼎《考文》：我不敢動用非罰加汝，非德賞汝乎，從汝善惡而報之。〔古本〕「我」下有「豈」字，「之」下有「乎」字。[謹按]古本不成文理，作「我豈敢動用非罰加汝，非德賞汝乎，從汝善惡而報之」，則爲穩。今本「不」字亦似不穩。姑記以俟再考。○浦鏜《正字》：各從汝善惡而報之。「各」誤「乎」。○盧文弨《拾補》：我豈敢動用非罰加汝，非德賞汝，各從汝善惡而報之。「豈」，各本作「不」。考文云：古本有「豈」字。則「不」字當去。「各」，毛本作「乎」，古本作「各」。當從古本。○阮元《校記甲》：我不敢動用非罰加汝，非德賞汝乎，從汝善惡而報之。古本「我」下有「豈」字，「之」下有「乎」字。山井鼎曰：古本不成文理，作「我豈敢動用非罰加汝，非德賞汝乎，從汝善惡而報之」則爲穩。今本「不」字亦似不穩，姑記以俟再考。按：浦鏜改「乎」爲「各」，云從疏挍，是亦一説。或疑「非德」上有缺文。阮元《校記乙》同。○《定本校記》：我敢動用非罰加汝。燉煌本甲、岩崎本如此，燉煌本乙、雲窗叢刻本、内野本、神宫本「敢」上有「豈」字，亦通。注疏本「敢」上有「不」字，足利本有「豈不」二字，皆非。

十葉十七行疏　可遷即遷。　「即」，十、阮作「則」。○阮元《校記甲》：可遷即遷。「即」，十行本作「則」。○阮元《校記乙》：可遷則遷。岳本、閩本、明監本、毛本「則」並作「即」。

十葉十八行疏　反遲任也。　「任」，永作「住」。

十葉十八行疏　宜法汝父祖。當與我同其勞逸。　「法」下單、八、魏、平、永無「汝」字。十「父祖當」三字比疏文小。○山井鼎《考文》：宜法汝父祖。〔宋板〕無「汝」字。○盧文弨《拾補》：汝爲人子孫，宜法汝父祖。宋本無下「汝」字。○阮元《校記甲》：宜法汝父祖。宋板無「汝」字。

十一葉一行疏　自我先王以至於我。　「先」上單、八、魏、平、永無「我」字。「於」，薈作「于」。○山井鼎《考文》：自我先王。〔宋板〕無「我」字。○盧文弨《拾補》：自我先王以至於我。宋本無上「我」字。○阮元《校記甲》：自我先王以至於我。宋板無上「我」字。

十一葉一行疏　世世數汝功勞。　「世世數汝」四字十比疏文小。

十一葉一行疏　是我忠於汝也。　「於」，薈作「于」。

十一葉二行疏　以此故我大享祭于先王。汝祖其從我先王。與在宗廟而歆享之。　「于」，單、八、魏、平、永、薈作「於」。○盧文弨《拾補》：以此故我大享祭于先土(王)云云而歆享之。元本作「故我茲有大享于我先王云云而配享之」。

十一葉三行疏　汝有惡自作災。我亦不敢動用非德之賞妄賞汝。　○盧文弨《拾補》：汝有惡自作禍，我亦不敢動用非德之賞妄賞汝，非德之罰妄罰汝。毛本「禍」作「災」。「災」當作「禍」。毛本「非德之罰妄罰汝」七字脱。

十一葉三行疏　其意告臣言從上必有賞。　「告臣言」，阮作「而言汝」。○阮元《校記甲》：其意告臣言從上必有賞。「告臣言」，十行本誤作「而言汝」。○阮元《校記乙》：其意而言汝從上必有賞。岳(毛)本、閩本、明監本「而言汝」作「告臣言」。案：「而言汝」誤也。○張鈞衡《校記》：其意告臣言。阮本作「其意而言汝」，不如此本。

十一葉三行疏　違我必有罰也。　「我」，十、阮作「命」。○阮元《校記甲》：違我必有罰也。「我」，十行本作「命」。○阮元《校記乙》：違命必有罰也。毛本「命」作「我」。○張鈞衡《校記》：違我必有罰。阮本「我」作「命」。

十一葉四行疏　遲至貴舊。　「至」上單、八、魏、平有「任」字。○山井鼎《考文》：遲至貴舊。〔宋板〕「遲」下有「任」字。○盧文弨《拾補》：遲任至貴舊。毛本「任」字脱。○阮元《校記甲》：傳遲至貴舊。「遲」下宋板有「任」字。

十一葉四行疏　正義曰。其人既没。　「其」上殿、庫有「遲任，古賢者」五字。

十一葉四行疏　其言立於後世。　「於」，薈作「于」。

十一葉五行疏　算。數也。　「算」，十作「筭」。

十一葉五行疏　舍人曰。　「人」，十作「之」。

十一葉五行疏　釋數之曰算。　「算」，十作「筭」。

十一葉五行疏　選即算也。故訓爲數。經言世世數汝功勞。　「算」，十作「筭」。「也，故訓爲數，經言世」八字，八比疏小。

十一葉六行疏　故云是我忠於汝也。　「於」，薈作「于」。

十一葉七行疏　地祇曰祭。　「祇」，十、永、閩、毛、庫作「祗」。

十一葉七行疏　此大享於先王。　「大」，八作「太」。「於」，庫作「于」。

十一葉八行疏　言古者天子録功臣配食於廟。　「於」，薈作「于」。

十一葉九行疏　謂之大享者。　「者」，要作「也」。

十一葉十行疏　可薦者衆。　「薦」，八作「薦」。

十一葉十一行疏　春夏物未成。可薦者少。故禘祫爲小也。　「薦」，八作「薦」。「禘祫」，單、八、魏、平、要、殿、庫作「礿祠」。○山井鼎《考文》：故禘祫爲小也。〔宋板〕「禘祫」作「礿祠」。○浦鏜《正字》：春夏物未成，可薦者少，故礿祠為小也。「礿祠」誤「禘祫」。○盧文弨《拾補》：春夏物未成，可薦者少，故礿祠爲小也。毛本「礿祠」作「禘祫」。「禘祫」當作「礿祠」。○阮元《校記甲》：故禘祫爲小也。「禘祫」，宋板作「礿祠」。阮元《校記乙》同。

十一葉十一行疏　銘書於王之太常。　「於」，薈作「于」。「太」，平、要、毛、殿、庫作「大」。

十一葉十二行疏　而傳以嘗配之。　「傳」下魏有一字空白。

十一葉十四行疏　近代巳來。　「巳」，要作「以」。

十一葉十五行疏　近代巳來。　「巳」，要作「以」。

十一葉十六行疏　王制云。犆礿。祫禘。祫嘗。祫烝。諸侯礿犆。「云」下要有「天子」二字。「祫烝」，魏、平、十、永、閩、阮作「禘烝」。○阮元《校記甲》：祫嘗，祫烝。下「祫」字，十行、閩本俱誤作「禘」。○阮元《校記乙》：祫嘗，禘烝。閩本同。毛本「禘」作「祫」。案：「禘」字誤也。

十一葉十七行疏　其夏秋冬。「夏秋」，平作「秋夏」。

十一葉十八行疏　夏惟作祫不作祭。「作」下單、八、要有「時」字。○山井鼎《考文》：夏惟作祫，不作祭。〔宋板〕「祭」上有「時」字。○浦鏜《正字》：夏惟作祫，不作時祭。脱「時」字。○盧文弨《拾補》：夏惟作祫，不作時祭。毛本「時」字脱。○阮元《校記甲》：夏惟作祫，不作祭。「祭」上宋板有「時」字。

十二葉三行釋文　射。食夜反。「食」，平作「石」。

十二葉三行釋文　中。竹仲反。「中」上平有「必」字。「竹」，纂、魏、平、十、永、閩、殿、庫、阮作「丁」。○阮元《校記甲》：必中，丁仲反。「丁」，毛本作「竹」，下「丁長」同。

十二葉四行疏　志之主欲得中也。「之」下單、八、魏、平、毛有「所」字。○浦鏜《正字》：志之所主，欲得中也。監本脱「所」字。○阮元《校記甲》：志之所主，欲得中也。十行、閩、監俱無「所」字。○阮元《校記乙》：志之主，欲得中也。閩本、明監本同。毛本「主」上有

「所」字。

十二葉六行疏　我告汝於我心至難矣。　「於」字八爲空白，薈作「于」。

十二葉七行經　汝無侮老成人。無弱孤有幼。　「侮老」，石作「老侮」。○山井鼎《考文》：汝無侮老成人，無弱孤有幼。〔古本〕「侮」上有「老」字，「無」作「亡」。○盧文弨《拾補》：汝無侮老成人，無弱孤有幼。古本「無」竝作「亡」。上「無」下又多一「老」字。案：傳與正義皆以老與弱對文，竊疑正文「侮」字因傳誤入。但考漢石經，作「汝母翕侮成人」，又不同。漢石經「弱」作「流」。○阮元《校記甲》：汝無侮老成人。「無」，古本作「亡」，「無弱」、「無有遠邇」同。古本「侮」上有「老」字，唐石經作「汝無老侮成人」。按：今本脱上「老」字，石經脱下「老」字，傳及疏内「侮老」疑亦俱當作「老侮」。按：段玉裁云：唐石經是也。今版本作「侮老」，因「老成人」三字口習既孰，又誤會孔傳，故倒亂之。阮元《校記乙》同。○《定本校記》：汝無侮老成人。「侮老」二字唐石經、燉煌本、岩崎本、内野本、神宫本皆倒。足利本作「汝無老侮老成人」，下「老」字蓋衍。

十二葉八行注　不用老成人之言。　「人」下魏、平無「之」字。

十二葉八行注　是侮老之。　「老」，李作「慢」。「之」，岳作「人」。○阮元《校記甲》：是侮老之。「之」，岳本作「人」，恐非。按：段玉裁校本作「老侮」。○阮元《校記乙》：是侮老之。閩本「之」作「人」，恐非。按：段玉裁校本作「老侮」。○《定本校記》：是侮老之。「侮老」二字燉煌本、岩崎本、雲窗叢刻本、内野本、神宫本倒。

十二葉九行釋文　侮。亡甫反。易。以豉反。　「豉」，纂、庫作「豉」，平作「市」。魏無釋文「侮，亡甫反。易，以豉反」八字。

十二葉十行疏　正義曰。老。謂見其年老。　「老」，毛作「弱」。○物觀《補遺》：正義曰：弱，謂見其年老。〔宋板〕「弱」作「老」。○浦鏜《正字》：老，謂見其年老。上「老」字，毛本誤「弱」。○盧文弨《拾補》：老，謂見其年老。毛本上「老」字作「弱」。「弱」當作「老」。○阮元《校記甲》：正義曰弱。「弱」，宋板、十行、閩、監俱作「老」。

十二葉十一行疏　則是卑弱輕易之也。　「是」上單無「則」字。○《定本校記》：是卑弱輕易之也。「是」上〔足利〕八行本、十行本有「則」字，今從單疏。

十二葉十三行注　聽從遷徙之謀。　○山井鼎《考文》：遷徙之謀。〔古本〕下有「也」字。「爲善」下、「衆臣之功」下、「罪已之義」下、「告汝衆」下並同。

十二葉十三行釋文　長。竹丈反。　「長」上平有「各」字。「竹」，纂、魏、平、十、永、閩、殿、庫、阮作「丁」。

十二葉十五行疏　盤庚勑臣下各思長久於其居處。「於」，薈作「于」。「居」，八作「君」。

十二葉十五行疏　自此已下皆是也。「已」，單、八、庫作「以」。

十二葉十五行經　無有遠邇。〇山井鼎《考文》：無有遠邇。〔古本〕「無」作「亡」。

十二葉十八行釋文　去。起呂反。「去」上平有「伐」字。「起」上平有「下」字。「起」，平、殿、庫作「羌」。〇山井鼎《考文》：去，起呂反。〔經典釋文〕「起」作「羌」。〇阮元《校記甲》：伐去，下羌呂反。「羌」，十行本、毛本俱作「起」字。按：「起呂」即「羌呂」。

十三葉一行疏　有過。罪以懲之。〇浦鏜《正字》：有過，罪以懲之。「有過」下疑脱「者」字。

十三葉二行疏　若伐樹然。「樹」，八作「樹」。

十三葉二行疏　人主以照察之德。「主」下永無「以」字。

十三葉四行疏　人生是常。「常」，魏作「賞」。

十三葉五行注　有善則衆臣之功。〇阮元《校記甲》：有善則衆臣之功。「臣」，纂傳作「人」。

十三葉七行注　罪已之義。「罪」上魏有「罰」字。

十三葉八行經　自今至于後日。各恭爾事。齊乃位。度乃口。　○盧文弨《拾補》：度乃口。漢石經「乃」作「爾」。○孫詒讓《校記》：「度」，「斁」之省。

十三葉九行注　正齊其位。　「其」，十作「具」。

十三葉九行注　以法度居汝口。勿浮言。　○山井鼎《考文》：勿浮言。〔古本〕作「勿得浮言也」。○盧文弨《拾補》：以法度居汝口，勿得浮言也。「得」字，「也」字，毛本無，古本有。均當補。○阮元《校記甲》：勿浮言。古本作「勿得浮言也」。○《定本校記》：以法度居汝口。燉煌本、岩崎本無「汝」字。又：勿浮言。「勿」下内野本、神宮本、足利本有「得」字。

十三葉九行釋文　度。徐如字。亦作度。　上「度」字，十作「庹」。下「度」字，王、纂、平、殿作「渡」，庫作「渡」。○山井鼎《考文》：度，徐如字，亦作度。〔經典釋文〕下「度」作「渡」。○浦鏜《正字》：度，亦作渡。「渡」仍作「度」，誤。

十三葉十一行注　罰及汝身。雖悔可及乎。　「可」下「及」字，阮作「外」。○山井鼎《考文》：罰及汝身，雖悔可及乎。〔古本〕作「罰已及汝身，雖悔何可及乎」。○阮元《校記甲》：罰及汝身，雖悔可及乎。古本作「罰已及汝身，雖悔何可及乎」。○阮元《校記乙》：雖悔可外乎。古本「可」上有「何」字，「外」作「及」。案：「及」字是也。○張鈞衡《校記》：

雖悔可及乎。阮本「及」作「外」，誤。○《定本校記》：罰及汝身。燉煌本、岩崎本、雲窗叢刻本、内野本、神宫本作「罰已及身」，足利本作「罰已及汝身」。又：雖悔可及乎。「可」上内野本、神宫本、足利本有「何」字。

盤庚中第十

十三葉十四行注　爲此南渡河之法用民徙。　○山井鼎《考文》：用民徙。〔古本〕下有「也」字。「話善言」下同。

十三葉十五行經　誕告用亶其有衆。　○盧文弨《拾補》：誕告用亶。「亶」，下从旦，不从且。

十三葉十六行注　發善言大告。用誠於衆。　「告」，李作「吉」。○山井鼎《考文》：用誠於衆。〔古本〕作「用誠於其衆也」。○盧文弨《拾補》：用誠於其衆也。「其」字，「也」字，毛本無，古本有。均當補。○阮元《校記甲》：大告用誠於衆。「用誠於衆」，古本作「用誠於其衆也」。○《定本校記》：大告用誠於衆。「衆」上燉煌本、岩崎本、内野本、神宫本、足利本有「其」字，雲窗叢刻本有「其有」二字。

十三葉十七行釋文　亶。丁但反。馬本作單。音同。誠也。　「誠」，殿作「誠」。○山井鼎

《考文》：亶，丁但反，馬本作單，音同，誠也。經典釋文「誠」作「誠」。謹按恐非。○浦鏜《正字》：亶，誠也。「誠」誤「誠」。○阮元《校記甲》：亶，誠也。「誠」，葉本、十行本、毛本俱作「誠」。山井鼎云：「誠」，恐非。盧文弨云：今注亦作「用誠」。宋、元本、足利古本皆作「誠」。

十三葉十七行注　衆皆至王庭無褻慢。　○山井鼎《考文》：無褻慢。〔宋本〕作「無有褻慢也」。○盧文弨《拾補》：無有褻慢也。「有」字，「也」字，毛本無，古本有。均當補。○阮元《校記甲》：無褻慢。古本作「無有褻慢也」。○《定本校記》：衆皆至王庭，無褻慢。「無」下岩崎本、雲窗叢刻本、内野本、神宮本、足利本有「有」字。「慢」下岩崎本、雲窗叢刻本有「者」字。

十三葉十八行釋文　造。士報反。　「士」，纂作「十」，魏、平、殿、庫作「七」。○浦鏜《正字》：造，七報切。「七」誤「士」。○阮元《校記甲》：造，七報反。「七」，十行本、毛本俱誤作「士」，下「七良」同。○阮元《校記乙》：造，士報反。毛本同。案：「士」當作「七」。

十三葉十八行釋文　褻。息列反。　「息」，平作「昔」。

十三葉十八行經　盤庚乃登進厥民。　○山井鼎《考文》：乃登進厥民。〔古本〕「厥」作

「亓」。「安定厥邦」，「厥」作「其」。謹按古本或作「亓」，或作「其」，參差不一。

十三葉十八行注　升進命使前。「升」，平作「外」。○山井鼎《考文》：「命使前」下有「也」字。下註「而恤之」下、「憂行君令」下、「皆行天時」下、「而行徙」下、「則用徙」下，並同。

十四葉一行疏　盤庚於時見都河北。「於」，薈作「于」。

十四葉一行疏　作惟南渡河之法。「惟」，庫作「為」。

十四葉二行疏　欲用民徙。「徙」，毛作「徒」。○阮元《校記甲》：欲用民徒。「徒」，十行、閩、監俱作「徙」。○阮元《校記乙》：欲用民徙。閩本、明監本、毛本「徙」作「徒」。

十四葉二行疏　大爲教告。「告」，八作「若」。

十四葉二行疏　用誠心於其所有之衆人。「誠」，殿作「誠」。

十四葉二行疏　於時衆人皆至。「於」，薈作「于」。

十四葉三行疏　盡在於王庭。「於」，薈作「于」。

十四葉三行疏　延之使前而衆告之。「衆」，單、八、要作「教」。○山井鼎《考文》：而衆告之。宋板「衆」作「教」。○盧文弨《拾補》：延之使前而教告之。毛本「教」作「眾」。「眾」

當作「教」。○阮元《校記甲》：延之使前而衆告之。「衆」，宋板作「教」。阮元《校記乙》同。

十四葉五行疏　正義曰。釋詁云。「詁」，十、永作「話」。

十四葉六行疏　王苦民不從教。「苦」，八作「若」，平作「恐」。○山井鼎《考文》：王苦民不從教。〔宋板〕「苦」作「話」。○阮元《校記甲》：王苦民不從教。「苦」，宋板作「話」。阮元《校記乙》同。○《定本校記》：王苦民不從教。「苦」，〔足利〕八行本誤作「話」。

十四葉六行疏　鄭玄詩箋亦云。話。善言也。○浦鏜《正字》：鄭玄詩箋亦云，話，善言也。案：毛傳云：話，言古之善言也。鄭箋無文。○《定本校記》：鄭玄詩箋亦云，話，善言也。浦氏云：鄭箋無文。當引毛傳。

十四葉七行經　無荒失朕命。○山井鼎《考文》：無荒失朕命。〔古本〕「無」作「亡」。「無起穢以自臭」、「無遺育」、「無俾易種」並同。

十四葉七行經　嗚呼。古我前后。「嗚」，殿作「鳴」。

十四葉七行經　罔不惟民之承。○山井鼎《考文》：罔不惟民之承。〔古本〕「不」作「弗」。「不宣乃心」、「爾忱不屬」、「乃不生生」、「曷不暨朕幼孫有比」、「不救乃死」、「乃有不吉」、「顛越不恭」，並同。

十四葉八行經　**保后胥感。**　○盧文弨《拾補》：保后胥慼。漢石經「慼」作「高」。

十四葉十一行疏　**使君令必行。**　「必」上魏無「使君令」三字。

十四葉十二行疏　**行天時也。順時布政。若月令之爲也。**　○浦鏜《正字》：行天時也，順時布政，若月令之為也。上「也」字，當「謂」字之誤。○阮元《校記甲》：行天時也。孫志祖云：「也」當「者」字之誤。阮元《校記乙》同。○《定本校記》：行天時也。孫氏志祖云：「也」當「者」字之誤。

十四葉十四行疏　**遷徙者。止爲邑居墊隘。**　「徙」，單、八、魏、平、永、毛作「都」。「墊」，平作「埶」。○阮元《校記甲》：遷都者，止爲邑居墊隘。「都」，十行、閩、監俱作「徙」。○阮元《校記乙》：遷徙者，止爲邑居墊隘。閩本、明監本同。毛本「徙」作「都」。

十四葉十五行疏　**則先王不思故居而行徙者。**　○阮元《校記甲》：則先王不思故居而行徙者。「者」字十行本未刻。○阮元《校記乙》：則先不思故居而行徙者。「者」字十行本未刻，今補正。

十四葉十七行注　**視民有利。**　「視」，平作「梘」。

十四葉十七行經　**汝曷弗念我古后之聞。**　「聞」，魏作「文」。

十四葉十八行注　古后先王之聞。　「后」，八、魏、平作「君」。○山井鼎《考文》：古后先王。〔古本〕「后」作「君」，宋板同。○盧文弨《拾補》：古君先王之聞。毛本「君」作「后」。「后」當作「君」。○阮元《校記甲》：古后先王。「后」，古本、宋板俱作「君」。

十四葉十八行注　謂遷事。　○山井鼎《考文》：「謂遷事」下、「殃罰」下，〔古本〕共有「也」字。下註「而徙之」下、「自取窮苦」下、「其所載物」下、「勸憂之道」下、「禍將及汝」下、「迂僻」下並同。

十四葉十八行釋文　曷。何末反。下同。　「末」，十、永作「未」。「下」，纂作「丁」。

十五葉一行經　非汝有咎。　「咎」，八作「各」。

十五葉一行注　今我法先王惟民之承。　「今」，魏作「令」。

十五葉二行注　故承汝使汝徙。　「承」，永作「㭽」。○張鈞衡《校記》：故拯（㭽）汝。阮本「拯（㭽）」作「承」，因上文而誤。

十五葉二行注　惟與汝共喜安。　「共」，纂作「其」。

十五葉二行注　令比近於殃罰。　「令」，八作「今」。○《定本校記》：令比近於殃罰。燉煌本、岩崎本、雲窗叢刻本無「於」字。

十五葉三行釋文　俾。必爾反。　「爾」，平作「尔」。

十五葉三行釋文　徐扶志反。　「志」，王、平、殿、庫作「至」。

十五葉四行疏　先王爲政。　「王」，魏作「三」。

十五葉四行疏　惟歡喜安樂。　「歡」，魏作「勸」。

十五葉五行疏　令比近於殃罰也。　「於」，薈作「于」。「罰」下魏無「也」字。

十五葉五行經　予若籲懷茲新邑。　○《定本校記》：予若籲懷茲新邑。燉煌本、岩崎本、雲窗叢刻本無「新」字，神宫本云或本無。

十五葉七行注　故大從其志而徙之。　○《定本校記》：大從其志而徙之。燉煌本、岩崎本、雲窗叢刻本、内野本、神宫本無「之」字。

十五葉七行釋文　籲。羊戍反。　「戍」，王作「戌」，魏作「戍」，毛作「戌」。

十五葉八行疏　非直爲我王家。　「家」，永作「冡」。

十五葉八行疏　故爲此大從我本志而遷徙。　「大」，庫作「太」。

十五葉九行經　今予將試以汝遷。安定厥邦。　○盧文弨《拾補》：今予將試以汝遷，安定厥邦。漢石經「汝」作「爾」，「邦」作「國」。

十五葉十一行注　是汝不盡忠。　○《定本校記》：是汝不盡忠。燉煌本、岩崎本、雲窗叢刻本、内野本、神宫本無「汝」字。

十五葉十二行注　鞠。窮也。　「鞠」，魏作「自」。

十五葉十三行經　若乘舟。　「舟」，魏作「舟」。

十五葉十四行注　如舟在水中流不渡。　○《定本校記》：如舟在水中流不渡。燉煌本甲無「水」字，乙倒「中流」二字。

十五葉十四行釋文　臭。徐尺售反。　「尺」，毛作「天」。「尺」上岳無「徐」字。○山井鼎《考文》：臭，徐天售反。正誤「天」當作「尺」。物觀《補遺》：經典釋文「天」作「尺」。○浦鏜《正字》：臭，徐尺售切。「尺」，毛本誤「天」。○岳本《考證》：臭，尺售反。汲古閣本作「天售反」。乃透字音，誤。○阮元《校記甲》：臭，徐尺售反。「尺」，毛本誤作「天」。

十五葉十六行疏　惠公改葬申生。臭徹於外。　「徹」，十作「徹」。「於」，薈作「于」。○浦鏜《正字》：惠公改葬申生，臭徹於外。「徹」，國語作「達」。

十五葉十七行疏　謂穢氣也。　○阮元《校記甲》：謂穢氣也。纂傳作「爲穢之氣也」。

十五葉十七行經　爾忱不屬。　「忱」，平作「忱」。

十六葉一行注　何瘳差乎。「瘳」，十作「廖」。「差」，纂作「瘥」。

十六葉二行釋文　沈。直林反。「沈」，平作「沉」。

十六葉二行釋文　瘳。勑留反。「勑」，平作「赤」。

十六葉五行注　汝不謀長夊之計。○《定本校記》：汝不謀長久之計。「長久」二字燉煌本、岩崎本、内野本、神宫本倒。

十六葉五行注　苟不欲徙。○《定本校記》：苟不欲徙。「不欲」二字燉煌本、岩崎本、雲窗叢刻本倒。

十六葉八行注　汝何得夊生在人上。○物觀《補遺》：久生在人上。〔古本〕「人」作「民」。○盧文弨《拾補》：汝何得久生在人上。古本「人」作「民」。○阮元《校記甲》：汝何得久生在人上。「人」，古本作「民」。○《定本校記》：汝何得久生在民上。燉煌本乙、岩崎本、雲窗叢刻本、内野本、神宫本、足利本如此，燉煌本甲無「民」字，注疏本「民」作「人」。

十六葉八行注　禍將及汝。○《定本校記》：禍將及汝。燉煌本、岩崎本、雲窗叢刻本、内野本、神宫本無「汝」字。

十六葉九行疏　汝今日其且有今目前之小利。「目」，平作「日」。

十六葉十六行疏　盤庚疑其被誤。　「疑」，十、阮作「凝」。○阮元《校記甲》：盤庚疑其被誤。「疑」，十行本誤作「凝」。○阮元《校記乙》：盤庚凝其被誤。毛本「凝」作「疑」，是也。

十六葉十七行經　予迓續乃命于天。○阮元《校記甲》：予迓續乃命于天。按：匡謬正俗引此句「迓」作「御」。徐氏音訝，詳見牧誓。阮元《校記乙》同。

十六葉十七行經　予豈汝威。○山井鼎《考文》：予豈汝威。〔古本〕「威」作「畏」。○盧文弨《拾補》：予豈汝威。古本「威」作「畏」。○阮元《校記甲》：予豈汝威。「威」，古本作「畏」。阮元《校記乙》同。

十六葉十八行注　欲迎續汝命于天。　「于」，庫作「於」。

十六葉十八行注　豈以威脅汝乎。○山井鼎《考文》：豈以威脅汝乎。〔古本〕「豈」上有「我」字。○盧文弨《拾補》：我豈以威脅汝乎。「我」字，毛本脱，古本有。案：經有兩「予」字，「我」字亦不嫌複。○阮元《校記甲》：豈以威脅汝乎。「豈」上古本有「我」字。○《定本校記》：豈以威脅汝乎。「豈」上内野本、神宮本、足利本有「我」字。

十七葉一行注　用奉畜養汝衆。○山井鼎《考文》：畜養汝衆。〔古本〕下有「也」字。○《定本校記》：用奉畜養汝衆。燉煌本、岩崎本、雲窗叢刻本、内野本、神宮本無「衆」字。

十七葉一行釋文　迓。五駕反。「迓」，王作「迂」。○阮元《校記甲》：迓，五駕反。段玉裁云：「御」，開寶中改作「迓」。

十七葉一行釋文　脅。虛業反。「虛」上王有「音」字。

十七葉四行經　予丕克羞爾。○盧文弨《拾補》：予丕克羞爾。漢石經「丕」作「不」。

十七葉四行注　言我亦法湯大能進勞汝。○山井鼎《考文》：大能進勞汝。〔古本〕下有「先」字。○阮元《校記甲》：大能進勞汝。「汝」下古本有「先」字。○《定本校記》：大能進勞汝。「汝」下岩崎本、内野本、神宫本、足利本有「先」字，似誤衍。

十七葉六行疏　我念我先世神后之君成湯。○阮元《校記甲》：我念我先世神后之君成湯。按：下云「殷之先世神明之君，惟有湯耳」，疑此句「后」字亦當作「明」。阮元《校記乙》同。○《定本校記》：我念我先世神后之君成湯。阮氏云「后」當作「明」。

十七葉六行疏　用以道義德懷安汝心耳。「義」下單、八、魏、平無「德」字。○山井鼎《考文》：用以道義懷安汝心耳。〔宋板〕無「德」字。○盧文弨《拾補》：用以道義懷安汝心耳。毛本「義」下衍「德」字。○阮元《校記甲》：用以道義德懷安汝心耳。宋板無「德」字。阮元《校記乙》同。

十七葉九行疏　於高后略而不言先。其下直言先后。「先」下魏、十、永、阮有「其下直言先后，又略而不言先」十二字，阮「略」作「畧」。○阮元《校記甲》：其下直言先后。此句下十行本衍「又略而不言先，其下直言先后」二句。○阮元《校記乙》：其下直言先后，又畧而不言先，其下直言先。案：「后」下十一字複衍。

十七葉十行疏　故論語云愛之能勿勞乎。「之」，魏作「人」。「勿」，魏、永作「物」。

十七葉十行疏　追言湯勞汝先。「追」，十、阮作「此」。○阮元《校記甲》：追言湯勞汝先。「追」，十行本作「此」。○阮元《校記乙》：此言湯勞汝先。毛本「此」作「追」。

十七葉十二行經　高后丕乃崇降罪疾。○盧文弨《拾補》：高后丕乃崇降罪疾。漢石經「崇」作「知」。

十七葉十三行注　而陳久於此而不徙。「於」，要作「于」。

十七葉十三行注　湯必大重下罪疾於我曰。○《定本校記》：湯必大重下罪疾於我曰。燉煌本甲、岩崎本無「曰」字。

十七葉十五行注　不進進謀同心徙。○山井鼎《考文》：同心徙。〔古本〕下有「也」字。「比同心」下同。

十七葉十六行經　先后丕降與汝罪疾。　「汝」，李作「女」。

十七葉十七行注　盤庚自謂。　「謂」，李作「謂」。

十七葉十八行注　汝無能道。言無辭。　○山井鼎《考文》：汝無能道，言無辭。〔古本〕「汝」上有「罰」字，「辭」下有「也」字。○阮元《校記甲》：汝無能道。「汝」上古本有「罰」字。○阮元《校記乙》：汝無能道。古本「汝」上有「罰」字。○《定本校記》：汝無能道。「汝」上燉煌本甲、岩崎本、内野本、神宫本、足利本有「罰」字。

十八葉一行疏　失于至能迪。　「于」，單作「於」，永作「丁」。○《定本校記》：失于至能迪。「于」，單疏本作「於」。

十八葉一行疏　言神后。將罪汝。　「神」下單、八、魏、平、永、阮無「后」字。「言神后」三字十擠占二字空間。○山井鼎《考文》：言神后將罪汝。〔宋板〕無「后」字。○阮元《校記甲》：言神后將罪汝。宋板、十行俱無「后」字。○阮元《校記乙》：言神將罪汝。宋板同。毛本「神」下有「后」字。

十八葉二行疏　陳夂於此。　「於」，薈作「于」。

十八葉二行疏　大乃重下罪疾於我曰。　「大」，單作「六」。

十八葉五行疏　其下罪罰於汝。「於」，薈作「于」。

十八葉五行疏　言無辭以自解説也。「自」，阮作「有」。○張鈞衡《校記》：以自解説也。阮本「自」作「有」，誤。

十八葉六行疏　陳居之久。○浦鏜《正字》：塵居之久。「塵」誤「陳」。○《定本校記》：陳居之久。浦氏云「陳」當作「塵」。

十八葉七行疏　此寔責羣臣而言汝萬民者。「寔」，單、八、魏、平、庫、阮作「實」，永作「寔」。「萬」，十作「万」。

十八葉八行疏　因博及之。「博」，十作「愽」。

十八葉八行疏　死者精神在天。「神」，單作「神」。

十八葉九行疏　故言下見汝。「言下」，八作「云同心」。○山井鼎《考文》：故言下見汝。〔宋板〕「言下」作「下言」。○阮元《校記甲》：故言下見汝。「言下」二字宋板倒，是也。阮元《校記乙》同。○《定本校記》：故言下見汝。「言下」二字〔足利〕八行本誤倒。

十八葉九行經　古我先后。○《定本校記》：古我先后。「后」，燉煌本甲、雲窗叢刻本作「王」。

十八葉九行注　勞之共治人。　○山井鼎《考文》：勞之共治人。〔古本〕「人」作「民」，下有「也」字。○盧文弨《拾補》：勞之共治人也。古本「人」作「民」，下「殘人」同。「也」字，毛本無，古本有。當補。○阮元《校記甲》：勞之共治人。「人」，古本作「民」，下「殘人」同。阮元《校記乙》同。○《定本校記》：勞之共治民。燉煌本、岩崎本、雲窗叢刻本、內野本、神宮本、足利本如此。注疏本「民」作「人」。

十八葉十行經　汝有戕。則在乃心。　○盧文弨《拾補》：汝有戕則在乃心。漢石經「戕」作「近」。

十八葉十一行注　有殘人之心而不欲徙。　○山井鼎《考文》：有殘人之心。〔古本〕「人」作「民」。○《定本校記》：有殘民之心而不欲徙。「民」，注疏本作「人」，今據燉煌本、岩崎本、雲窗叢刻本、內野本、神宮本、足利本。「欲」字燉煌本乙無。

十八葉十一行注　是反父祖之行。　○物觀《補遺》：反父祖之行。〔古本〕下有「也」字。○阮元《校記甲》：是反父祖之行。「父祖」二字纂傳倒，與疏合。阮元《校記乙》同。○《定本校記》：是反父祖之行。「父祖」二字岩崎本倒。

十八葉十一行釋文　又士良反。　「士」，王、纂、魏、平、永、殿、庫作「七」。○浦鏜《正字》：戕，又七良切。「七」，誤「士」。○阮元《校記乙》：又士良反。案：「士」當作「七」。○張鈞衡《校記》：又七良反。阮本「七」作「士」，誤。

十八葉十一行釋文　行。下孟反。「行」上平有「之」字。

十八葉十三行注　言我先王安汝父祖之忠。「汝」，王作「女」。

十八葉十四行注　汝父祖必斷絶棄汝命。○《定本校記》：汝父祖必斷絶棄汝命。燉煌本、岩崎本、雲窗叢刻本、内野本、神宫本無「命」字。

十八葉十四行注　不救汝死。○山井鼎《考文》：不救汝死。〔古本〕下有「也」字。

十八葉十四行疏　古者至乃死。「者」，單、八、魏、平、毛作「我」。○阮元《校記甲》：古我至乃死。「我」，十行、閩、監俱誤作「者」。○阮元《校記乙》：古者至乃死。閩本、明監本同。毛本「者」作「我」，與岳本合。

十八葉十五行疏　是我於汝與先君同也。「於」，薈作「于」。

十八葉十六行疏　雖汝祖父。「雖」，十、阮作「惟」。○張鈞衡《校記》：雖汝祖父。阮本「雖」作「惟」，誤。

十八葉十七行疏　汝祖汝父忠於先君。「於」，薈作「于」。

十八葉十八行疏　(傳)勞之共治人○正義曰。下句責臣之身云。「下句責臣之身云」上「(傳)

勞之共治人○正義曰」，殿、庫作「勞之共治人者」。

十八葉十八行疏　勞之共治人。　「共」，單、八作「至」。○《定本校記》：傳勞之共治民。單疏、〔足利〕八行作「勞之至治人」，十行本作「勞之共治人」，今正。

十九葉一行疏　戕殘至之行。　「戕」上永有「一」字。

十九葉五行注　但念貝玉而已。　○山井鼎《考文》：但念貝玉。〔古本〕「念」下有「具」字。○盧文弨《拾補》：但念貝玉而已。古本「念」下有「具」字。○阮元《校記甲》：但念貝玉而已。「念」下古本有「具」字，與疏合。阮元《校記乙》同。○《定本校記》：但念貝玉而已。「貝」上燉煌本甲、岩崎本、雲窗叢刻本、内野本、神宮本、足利本有「具」字。

十九葉六行注　言其貪。　○山井鼎《考文》：言其貪。〔古本〕下有「也」字。「不忠之罪」下、「以督之」下，並同。

十九葉六行釋文　盡。子忍反。　「盡子忍反」，王作「與音預」。

十九葉六行經　乃祖乃父。丕乃告我高后曰。　「乃父」，石、八、李、王、魏、平、岳、十、永、阮作「先父」。○阮元《校記甲》：乃祖乃父，丕乃告我高后曰。「乃父」，唐石經、十行、纂傳俱作「先父」。陸氏曰：「我高后」本又作「乃祖乃父」。按：段玉裁云：別本是也。當「乃祖乃父丕乃告」句絶，「乃祖乃父曰作丕刑於朕孫」句絶，「迪高后丕乃崇降不詳」句絶。説詳尚書撰異。○阮元《校記乙》：乃祖先父，丕乃告我高后曰。唐石經、纂傳同。毛本「先父」作「乃父」。陸氏曰：「我高后」本又作「乃祖乃父」。按：段玉裁云：别本是也。當「乃祖乃父丕乃告」句絶，「乃祖乃父曰作丕刑於朕孫」句絶，「迪高后丕乃崇降不詳」句絶。曰詳尚書撰異。○《定本校記》：乃祖先父，丕乃告我高后曰。「先」，内野本、神宮本、足利本作「乃」。

十九葉七行經　作丕刑于朕孫。「孫」上石有「子」字。○山井鼎《考文》：作丕刑于朕孫。〔古本〕「孫」上有「子」字。○盧文弨《拾補》：作丕刑于朕孫。石經「朕」下有「子」字。古本同。傳及正義皆同。○阮元《校記甲》：作丕刑于朕孫。「孫」上古本、唐石經俱有「子」字。按：顧炎武謂有「子」字誤。王鳴盛以爲據傳當有「子」字。段玉裁云：不必因上文「乃祖乃父」而必兼舉子孫也。古人文字不拘，言朕孫者，出乃祖口中，自可統乃父在内。傳多增字，足利古本往往依以增經，不足爲據也。阮元《校記乙》同。○《定本校記》：作丕刑于朕孫。燉煌本、岩崎本無「孫」字。唐石經、雲窗叢刻本、内野本、神宮本、足利本「孫」上有「子」字。

十九葉七行注　言汝父祖見汝貪而不忠。○《定本校記》：言汝父祖見汝貪而不忠。燉煌本、岩崎本、雲窗叢刻本無「言」字，岩崎本倒「父祖」二字。

十九葉八行釋文　告。工號反。　「告」上纂、平有「乃」字。「號」，王、平作「号」。○阮元《校記甲》：乃告，工號反。「號」，葉本作「号」。

十九葉九行經　丕乃崇降弗祥。　○盧文弨《拾補》：丕乃崇降弗祥。漢石經「崇降弗祥」作「興降不永」。

十九葉十行注　陳忠孝之義以督之。　○《定本校記》：陳忠孝之義以督之。燉煌本、岩崎本、雲窗叢刻本無「以」字。

十九葉十一行疏　汝祖父非徒不救汝死。　「祖」，單作「租」。

十九葉十一行疏　同位於其父祖。　「於」，薈作「于」。

十九葉十二行疏　其位與父祖同。　「但」，永作「子」。

十九葉十二行疏　心與父祖異。　「父祖」，魏作「祖父」。

十九葉十四行疏　傳亂治至其貪。　○阮元《校記甲》：傳亂治至其貪。十行本脱「傳」字。○阮元《校記乙》：亂治至其貪。案：「亂」上當有「傳」字。

十九葉十五行疏　故言於此我有治政之臣。　「之」，阮作「大」。

十九葉十六行疏　貝。是行用之貨也。　「貝」，永、平作「具」。

十九葉十七行疏　責其貪財。　「責」，十作「貴」。

十九葉十七行疏　不念盡忠於君。　「於」，薈作「于」。

十九葉十八行疏　傳言汝至之罪○正義曰。上句言成湯罪此諸臣。　「上句言成湯罪此諸臣」上「傳言汝至之罪○正義曰」，殿、庫作「作大刑於我子孫者」。

二十葉一行疏　以不從巳。　「巳」，魏、平作「王」。

二十葉一行疏　非盤庚所知原神之意而爲之辭。　「神」，平作「衆」。

二十葉一行疏　傳言汝至督之。　「傳」，閩作空白。「言汝」，魏、平、十、永、閩、阮作「汝言」。○阮元《校記甲》：傳言汝至督之。「言汝」二字，十行、閩本俱誤倒。○阮元《校記乙》：傳言汝（汝言）至督之。閩本同。毛本「言汝（汝言）」倒，是也。

二十葉二行疏　言汝父祖開道湯也。　「祖」，永作「但」。

二十葉三行注　凡所言皆不易之事。　○山井鼎《考文》：凡所言皆不易之事。〔古本〕「凡」下有「我」字，「事」下有「也」字。「各設中正於汝心」下同。○盧文弨《拾補》：凡我所言皆不易之事。「我」字，毛本無，古本有。當補。○阮元《校記甲》：凡所言皆不易之事。「凡」下古本有「我」字。阮元《校記乙》同。○《定本校記》：凡所言皆不易之事。「凡」下内野本、神宫本、足利本有「我」字。

二十葉四行釋文　易。以豉反。注同。「易」上，殿、庫有「不易之」三字。「豉」，王、纂、十、庫作「豉」，平作「帀」。「注同」下，殿、庫有「易種之易，如字，又以豉反，注同」十二字。○阮元《校記甲》：易，以豉反。「易」上，盧文弨挍本有「不」字，云舊無「不」字，下「易種」亦無「種」字。似此易相混，皆出後人妄删。今俱補正也。按：兩「易」字相隔尚遠，不虞相混，故衹各出一字，似非後人所删，不必補。

二十葉五行釋文　遠。于萬反。「萬」，王作「万」，平作「万」，魏作「邁」。

二十葉五行經　汝分猷念以相從。各設中于乃心。「于」，十作「干」。○殿本《考證》：汝分猷念以相從，各設中於乃心。金履祥曰：「分」，石經作「比」。「設中」，古文作「翕中」，於義爲長。○岳本《考證》：汝分猷念以相從，各設中于乃心。案：「猷」，古文尚書作「繇」。金履祥曰：古字「猷」、「繇」、「攸」通用。又案：「分」，石經作「比」。「設中」，古文作「翕中」。○盧文弨《拾補》：汝分猷念以相從，各設中于乃心。漢石經「分猷」作「比猶」，「設」作「翕」。

二十葉六行注　羣臣當分朋相與謀念。「朋」，八、李、王、纂、魏、平、岳、十、永、閩、毛、殿、庫、阮作「明」。○《定本校記》：羣臣當分相與謀。燉煌本、岩崎本、雲窗叢刻本、内野本、神宮本如此，足利本、注疏本「分」下有「明」字，非。

二十葉七行注　各設中正於汝心。　「於」，薈作「于」。

二十葉七行釋文　分。扶問反。　「分」上纂、平有「汝」字。

二十葉八行注　不善不道謂凶人。　「謂」，八、魏、平作「爲」。○山井鼎《考文》：謂凶人。〔古本〕「謂」作「爲」，宋板同。〔古本〕下有「也」字。○盧文弨《拾補》：不善不道爲凶人也。毛本「爲」作「謂」。「謂」當作「爲」。「也」字，毛本無，古本有。當補。○阮元《校記甲》：謂凶人。「謂」，古本、宋板俱作「爲」。阮元《校記乙》同。○《定本校記》：不善不道謂凶人。「謂」，足利本、〔足利〕八行本作「爲」。

二十葉九行注　越。墜也。　○《定本校記》：越，墜也。燉煌本、岩崎本、雲窗叢刻本無「也」字。

二十葉九行注　不奉上命。　○山井鼎《考文》：不奉上命。〔古本〕下有「也」字。「於此新邑」下同。

二十葉九行注　爲姦於外。　「於」，薈作「于」。

二十葉十行注　爲宄於內。　「於」，薈作「于」。

二十葉十行釋文　暫。才淡反。　「暫，才淡反」，纂無，平在「隕，于敏反」下。○阮元《校記甲》：暫。此條葉本在「隕」下。

二十葉十行釋文　隕。于敏反。「于」，魏作「干」。

二十葉十一行注　言不吉之人。「吉」，岳作「善」。○阮元《校記甲》：言不吉之人。「吉」，岳本作「善」。阮元《校記乙》同。○《定本校記》：言不吉之人。燉煌本、岩崎本、内野本、神宫本無「言」字。

二十葉十三行釋文　易。如字。又以豉反。注同。長。竹丈反。「長竹丈反」上，殿、庫無「易如字又以豉反注同」九字。「豉」，王、纂、十作「豉」，平作「市」。「竹」，王、纂、魏、平、十、永、閩、殿、庫、阮作「丁」。「丈」，十、永作「文」。○阮元《校記甲》：長，丁丈反。「丁」，毛本作「竹」。

二十葉十四行注　自今以往。「以」，八、李、王、纂、魏、平、岳作「已」。○山井鼎《考文》：自今以往。宋板「以」作「已」。○盧文弨《拾補》：自今已往。毛本「已」作「以」。「以」當作「已」。

二十葉十四行注　我乃以汝徙。「乃」，八、李、王、纂、岳作「用」。「徙」，永作「徒」。○山井鼎《考文》：我乃以汝徙。〔古本〕「乃」作「用」，宋板同。○盧文弨《拾補》：我用以汝徙。毛本「用」作「乃」。「乃」當作「用」。○阮元《校記甲》：我乃以汝徙。「乃」，古本、宋板俱作「用」。阮元《校記乙》同。

二十葉十五行注　卿大夫稱家。　「卿」，魏作「鄉」。○山井鼎《考文》：卿大夫稱家。〔古本〕下有「也」字。

二十葉十七行疏　汝羣臣當分輩相與計謀念。　「當」，單、八、魏、平、十、永、閩、阮作「臣」，殿、庫作「常」。○阮元《校記甲》：汝羣臣當分輩相與計謀念。「當」，十行、閩本俱誤作「臣」。○阮元《校記乙》：汝羣臣臣分輩相與計謀念。閩本同。毛本下「臣」字作「當」。是也。○《定本校記》：汝羣臣臣分輩相與計謀。下「臣」字監本改作「當」。

二十葉十七行疏　各設中正于汝心。　「于」，薈作「於」。

二十葉十七行疏　汝羣臣若有不善不道。　「汝」，十作「女」。

二十葉十八行疏　暫逢遇人。　「逢」，阮作「逄」。

二十一葉一行疏　欲無使易其種類於此新邑故耳。　「於」，薈作「于」。

二十一葉一行疏　自今以往哉。　「以」，魏、平、十、永、閩、殿、庫、阮作「已」。

二十一葉一行疏　長立汝使汝在位。　「使」上單、八有「家」字。○山井鼎《考文》：長立汝使汝在位。〔宋板〕「立汝」下有「家」字。○盧文弨《拾補》：長立汝家，使汝在位。毛本脱「家」字。○阮元《校記甲》：長立汝。宋板下有「家」字。阮元《校記乙》同。

二十一葉二行疏　傳不易之事。　「傳」，閩爲一字空白。「不易」下單、八有「至」字。○《定本校記》：傳不易之事。「易」下，單疏、〔足利〕八行衍「至」字。今據十行本。

二十一葉二行疏　不易。言其難也。　「言」上平無「不易」二字。

二十一葉二行疏　王肅云。　「云」，魏作「曰」。

二十一葉二行疏　告汝以命之不易爲難。　「不易」下單、八有「亦以不易」四字。○山井鼎《考文》：告汝以命之不易，爲難。〔宋板〕作「告汝以命之不易，亦以不易爲難」。謹按 有「亦以不易」四字。○盧文弨《拾補》：王肅云：告汝以命之不易，亦以不易爲難。毛本「亦以不易」四字脱。○阮元《校記甲》：告汝以命之不易爲難。「爲」上，宋板有「亦以不易」四字。阮元《校記乙》同。

二十一葉四行疏　正義曰。釋詁云。隕。落。隕墜。顛越也。是從上倒下之言。　「落」下單、八有「也」字。「墜」下單、八有「也」字。「越」下單無「也」字。「下」，單作「丁」。○山井鼎《考文》：釋詁云：隕，落，隕墜。〔宋板〕「落」下、「墜」下有「也」字。○浦鏜《正字》：顛越也，是從上倒下之言。「越也」二字疑衍。○盧文弨《拾補》：釋詁云：隕，落也，隕墜也。顛，是從上倒下之言。毛本脱兩「也」字。浦云：案：《爾雅》前後分見，當有兩「也」

字。毛本「顛」下「越也」二字衍。從浦删。○阮元《校記甲》：釋詁云：隕，落，隕墜。顛越也。是從上倒下之言。「落」下、「墜」下宋板俱有「也」字。浦鏜云：「越也」二字疑衍。按：釋詁云：隕、殞、湮、下、降、墜、摽、蘦，落也。又云：汱、渾、隕，墜也。當從宋板增兩「也」字，而删去「越」下「也」字，以「顛越」兩字屬下句。阮元《校記乙》同。○《定本校記》：顛越，是從上倒下之言。「越」下〔足利〕八行本衍「也」字。

二十一葉四行疏　故以顛爲隕。越。是遺落爲墜也。左傳僖九年。「隕越是」三字，魏擠占兩字空。「越」下單無「是遺落」三字。「是遺落爲墜也左傳」八字，八行本擠占五字空。○《定本校記》：越爲墜也。「越」下〔足利〕八行本衍「是遺落」三字。

二十一葉五行疏　恐隕越於下。「恐」下魏、平、十、永、閩、阮無「隕」字。○阮元《校記甲》：恐隕越於下。十行、閩本俱脱「隕」字。○阮元《校記乙》：恐越於下。閩本同。毛本「恐」下有「隕」字。

二十一葉五行疏　史克云。弗敢失墜。「失」，閩作「夫」。○浦鏜《正字》：史克云：弗敢失墜。「墜」，左傳作「隊」。

二十一葉五行疏　隕越。是遺落廢失之意。○《定本校記》：隕越，是遺落廢失之意。「越」，疑當作「墜」。

二十一葉六行疏　謂逢人即劫。　「逢」，阮作「逢」。

二十一葉六行疏　亂在外爲姦。在内爲宄。　「外爲姦在内爲宄」，魏、平作「内爲宄在外曰姦」。○浦鏜《正字》：在内爲宄。「宄」，左傳作「軌」。

二十一葉八行疏　不使得子孫有此惡類也。　「子孫」上單、八、要有「生」字。○物觀《補遺》：不使得子孫。宋板「子」上有「生」字。○盧文弨《拾補》：不使得生子孫。毛本脱「生」字。○阮元《校記甲》：不使得子孫。「子」上宋板有「生」字。阮元《校記乙》同。

二十一葉九行疏　故絶其類。　「類」上單、八、要有「惡」字。○山井鼎《考文》：故絶其類。〔宋板〕「類」上有「惡」字。○盧文弨《拾補》：故絶其惡類。毛本脱「惡」字。○阮元《校記甲》：故絶其類。「類」上宋板有「惡」字。

二十一葉九行疏　而言于此新邑。　「于」，庫作「於」。「邑」下單、八有「者」字。○山井鼎《考文》：而言于此新邑。〔宋板〕「邑」下有「者」字。○盧文弨《拾補》：滅去惡種，乃是常法，而言于此新邑者。毛本脱「者」字。○阮元《校記甲》：而言于此新邑。「邑」下宋板有「者」字。

二十一葉十行疏　當整齊使潔清。　「潔」，阮作「絜」。

二十一葉十一行疏　故云立汝家也。　「云立」下魏、平無「汝家也」三字。

盤庚下第十一

二十一葉十五行注　正郊廟朝社之位。　○山井鼎《考文》：朝社之位。〔古本〕下有「也」字。「勉立大教」下、「故禁其後」下，下註「功美」下、「我國」下、「以爲之極」下、「本心」下、「我家」下、「新邑」下、「弔至」下、「至用其善」下、「大業」下、「共爲善政」下、「念敬我衆民」下並同。

二十一葉十五行經　曰無戲怠。懋建大命。　○山井鼎《考文》：無戲怠。〔古本〕「無」作「亡」。「無共怒協比」同。○盧文弨《拾補》：無戲怠，懋建大命。漢石經作「女罔台民勖建大命」。

二十一葉十六行經　今予其敷心腹腎腸。　○盧文弨《拾補》：今予其敷心腹腎腸。漢石經「予」作「我」。

二十一葉十八行釋文　腸。徐持良反。　「腸」，十作「賜」。「持」，魏作「時」，十、永、閩、阮作「待」。

二十一葉十八行經　罔罪爾衆。　○山井鼎《考文》：「罔罪爾衆」、「罔有定極」、「罔有弗欽」，〔古本〕「罔」並作「亡」。○阮元《校記甲》：罔罪爾衆。「罔」，古本作「亡」。「罔有定極」、「罔有弗欽」同。

二十二葉一行注　羣臣前有此過。　○阮元《校記甲》：羣臣前有此過。葛本脱「過」字。

二十二葉二行釋文　讒。仕咸反。　「仕」，平、殿、庫作「士」。「咸」，十作「減」，永作「減」，阮作「減」。○阮元《校記甲》：讒，士咸反。「士咸」，十行本作「仕減」。毛本亦作「仕咸」，是也。○阮元《校記乙》：讒，仕減反。案：毛本作「仕咸」，是也。

二十二葉四行疏　勉力立行教命。　「力」，平作「功」。

二十二葉四行疏　歷徧告汝百姓於我心志者。　「於」，薈作「于」。

二十二葉五行疏　盤庚恐其怖懼。　「懼」，十作「惧」，閩作「惧」。

二十二葉六行疏　協比讒言毁惡我一人。　「毁」下要無「惡」字。

二十二葉六行疏　恕其前愆。　「恕」，平作「怒」。

二十二葉六行疏　總謂都城之内。　「總」，單、八、魏、平、十、永、阮作「摠」。

二十二葉七行疏　故先定其　里宅所處。　「里」上八有一字空白。○物觀《補遺》：先定其里宅。宋板「其」、「里」間空一字。○阮元《校記甲》：故先定其里宅所處。宋板「其」、

「里」二字間空一字。阮元《校記乙》同。

二十二葉八行疏　止謂定民之居。　「謂」，薈作「為」。「定」，要作「安」。

二十二葉十二行疏　(傳)布心至告志○正義曰。此論心所欲言腹内之事耳。　「此」上「(傳)布心至告志○正義曰」，殿、庫作「布心腹者」。

二十二葉十二行疏　以心爲五臟之主。　「臟」，殿作「臟」，庫作「臟」。

二十二葉十三行疏　腹爲六腑之總。　「總」，單、八、魏、平、永、阮作「揔」。

二十二葉十三行疏　宣十二年。　「宣」，單作「宣」。

二十二葉十五行經　嘉績于朕邦。　○盧文弨《拾補》：嘉績于朕邦。漢石經「嘉」作「綏」。

二十二葉十七行釋文　降。工巷反。　「反」下王、纂、魏、平、殿、庫有「徐下江反」四字。○山井鼎《考文》：[補脱]徐下江反〔據經典釋文〕。[謹按]當在「降，工巷反」下。○浦鏜《正字》：降，工巷切。徐下江切。脱下四字。

二十二葉十八行注　水泉沈溺。　「沈」，王、十、永、閩作「沉」。

二十二葉十八行注　徙以爲之極。　「極」下王有「析，先歷反。□□」六字，纂、魏、殿、庫有「析，先歷反。注同」六字，平有「析，洗力反。注同」六字。○山井鼎《考文》：[補脱]析，先歷反，注同〔據經典釋文〕。**謹按** 經「蕩析離居」。○物觀《補遺》：徙以爲之極。〔古本〕「徙」上有「今」字。○盧文弨《拾補》：今徙以爲之極也。「今」字，毛本脱，古本有。「也」字，毛本無，古本有。當補。○阮元《校記甲》：徙以爲之極。「徙」上古本有「今」字。○《定本校記》：徙以爲之極。「徙」上内野本、神宮本、足利本有「今」字。

二十三葉一行疏　**將欲多大於前人之功。**　「將欲」，阮作「欲將」。「將」下魏無「欲」字。

二十三葉一行疏　**是故徙都而適於山險之處。**　「於」，單、八、魏、平、十、永、閩、薈、阮作「于」。

二十三葉二行疏　**水泉沈溺。**　「沈」，十、永、閩作「沉」。

二十三葉三行疏　**我今徙而使之得其中也。**　「徙」，十、永作「征」。

二十三葉三行疏　**言以至功美。**　「言」，永作「害」。

二十三葉六行疏　**故總稱適于山也。**　「總」，單、八、魏、平、十、永、阮作「摠」。「適」，魏作「適」。「于」，平、庫作「於」。

二十三葉七行疏　**而云適于山者。**　「于」，庫作「於」。

二十三葉八行疏　**故徙就山也。**　「徙」，十作「徒」。

二十三葉八行疏　**水泉鹹鹵。**　「水」下要無「泉」字。

二十三葉九行疏　其徒者。「徒」下要無「者」字。

二十三葉十行疏　令人沈深而陷溺。「沈」，十、永、閩作「沉」。

二十三葉十二行經　爾謂朕曷震動萬民以遷。○盧文弨《拾補》：爾謂朕曷震動萬民以遷。漢石經「爾謂」作「今爾惠」，「震」作「祇」。

二十三葉十八行注　宏。賁。皆大也。○《定本校記》：宏、賁，皆大也。燉煌本、岩崎本、雲窗叢刻本無「皆」字。

二十四葉一行注　不敢違卜。「卜」，李作「小」。

二十四葉一行注　用大此遷都大業。「用大」，平作「用天」。

二十四葉一行疏　正義曰。「曰」，單作「口」。

二十四葉二行疏　我以此遷之故。「故」，十、閩作「故」。

二十四葉三行疏　我童蒙之人。「蒙」，單、八作「蒙」。

二十四葉四行疏　又決之於龜卜而得吉。「吉」，平作「告」。

二十四葉六行疏　令得治理於我家。「於」，薈作「于」。

二十四葉六行疏　言由徙故天福之。「之」下單、八、魏、平、永、阮有「也」字。○物觀《補遺》：故天福之。〔宋板〕「之」下有「也」字。○盧文弨《拾補》：言由徙故天福之也。毛本

「也」字脱。○阮元《校記甲》：言由徙故天福之。「之」下宋板有「也」字。十行本「也」字擠入。

二十四葉七行疏　將稱童人。言已幼小無知。「將」，單、八、魏、平、永、毛、殿、庫、阮作「自」。○浦鏜《正字》：自稱童人。言已幼小無知。「自」，監本誤「將」。○阮元《校記甲》：自稱童人。「自」，閩、監俱誤作「將」。

二十四葉七行疏　弔。至。靈。善。皆釋詁文。○浦鏜《正字》：弔，至。靈，善。皆釋詁文。案：「靈，善」爾雅無文。○阮元《校記甲》：弔，至。靈，善。皆釋詁文。孫志祖云：按：釋詁無「靈，善」之文。阮元《校記乙》同。

二十四葉八行疏　謂動謀於衆。言已不自專也。「已」，十作「乙」。「專」，毛作「守」。○浦鏜《正字》：謂動謀於衆，言已不自專也。「專」，毛本誤「守」。○盧文弨《拾補》：謂動謀於衆，言已不自專也。毛本「專」作「守」。「守」當作「專」。○阮元《校記甲》：言已不自守也。「守」，十行、閩、監、纂傳俱作「專」。

二十四葉九行疏　宏。賁。皆大也。釋詁文。○浦鏜《正字》：宏、賁，皆大也。釋詁文。「賁」，爾雅作「墳」。○阮元《校記甲》：宏、賁，皆大也。孫志祖云：「賁」，爾雅作「墳」。阮元《校記乙》同。

二十四葉九行疏　周禮云其聲大而宏。　○浦鏜《正字》：周禮云其聲大而宏。「云」，監本誤「于」。

二十四葉九行疏　詩云有賁其首。　○浦鏜《正字》：詩云有賁其首。「賁」，詩作「頒」，釋文「符云切」。

二十四葉十行疏　非一之辭。　「一」，八作「人」。

二十四葉十行疏　謀及卿士。　「士」，永作「七」。

二十四葉十行疏　謀及卜筮。　「及」，十、閩作「反」。

二十四葉十一行疏　是既謀及於衆。　「於」，薈作「于」。

二十四葉十一行疏　又決於蓍龜也。　「蓍」，殿作「著」。○《薈要》案語：又決于蓍龜也。刊本「蓍」訛「著」，今改。

二十四葉十二行經　尚皆隱哉。　○盧文弨《拾補》：尚皆隱哉。漢石經「哉」作「乘」。

二十四葉十二行注　國伯。二伯及州牧也。　「國」，庫作「邦」。

二十四葉十三行注　言當庶幾相隱括共爲善政。　○物觀《補遺》：共爲善政。古本「共」作「其」。○阮元《校記甲》：共爲善政。「共」，古本作「其」，誤。○《定本校記》：共爲善政。「共」，燉煌本、岩崎本、雲窗叢刻本、内野本、神宮本、足利本作「其」。

二十四葉十三行釋文　長。竹丈反。「竹丈」，王、纂、魏、平、殿、庫、阮作「丁丈」，十、永、閩作「丁文」。○阮元《校記甲》：長，丁丈反。「丁」，毛本作「竹」。

二十四葉十三行經　予其懋簡相爾。○盧文弨《拾補》：予其懋建（簡）相爾。漢石經「懋」作「勖」。

二十四葉十五行釋文　相息亮反。「相」下平有「爾上」二字。

二十四葉十五行經　朕不肩好貨。○山井鼎《考文》：不肩好貨。〔古本〕「不」作「弗」。

二十四葉十六行注　我不任貪貨之人。○《定本校記》：我不任貪貨之人。燉煌本、岩崎本無「貨之人」三字，雲窗叢刻本、内野本、神宮本無「之人」二字。

二十四葉十七行注　人之窮困能謀安其居者。○山井鼎《考文》：能謀安其居者。〔古本〕無「者」字。○阮元《校記甲》：能謀安其居者。古本無「者」字。

二十四葉十七行注　則我式序而敬之。「序」，王、纂作「敘」。○山井鼎《考文》：序而敬之。〔古本〕下有「也」字。

二十五葉一行疏　汝當思念愛敬我之衆民。「愛」，魏作「受」。

二十五葉二行疏　有人果敢奉用進進於善。「於」，薈作「于」。

二十五葉三行疏　邦伯。邦國之伯。諸侯師長。　○浦鏜《正字》：邦伯，邦國之伯，諸侯師長。「師」，監本誤「帥」。

二十五葉四行疏　故摠稱牧也。　「摠」，殿、庫作「總」。「牧」，十、永、閩、阮作「故」。○阮元《校記甲》：故摠稱牧也。「牧」，十行、閩本俱誤作「故」。

二十五葉五行疏　諸有職事之官皆是也。　「有」，殿、庫作「百」。

二十五葉五行疏　此摠勑衆臣。　「此」，永作「比」。「摠」，殿、庫作「總」。

二十五葉五行疏　故二伯已下及執事之人。　「已」，庫作「以」。

二十五葉六行疏　反復相訓。故尚爲庶幾。　「復」，單、八、魏、平、永、毛、阮作「覆」。○浦鏜《正字》：反覆相訓，故尚爲庶幾。「覆」，監、閩本作「復」，讀作「覆」，義亦同也。

二十五葉六行疏　隱。謂隱審也。　○浦鏜《正字》：隱，謂隱審也。「隱審」下當脱「括，謂撿括」四字。○《定本校記》：隱，謂隱審也。浦氏云：「審」下當脱「括，謂撿括」四字。

二十五葉七行疏　幸冀相與隱審撿括。　「撿」，單、八、魏、毛作「檢」，十作「檢」，永作「検」。

二十五葉八行疏　釋詁文。　「釋」，永作「釋」。

二十五葉八行疏　相。助。慮也。俱訓爲慮。　○浦鏜《正字》：又云，相，助，勴也。「勴」誤「慮」，下「俱訓爲勴」同。○阮元《校記甲》：相，助，慮也。俱訓爲慮。兩「慮」字浦鏜以爲俱「勴」之誤。阮元《校記乙》同。

二十五葉九行疏　欲勉力大佐助之。　「佐」，十作「佑」。

二十五葉十行疏　人有向善而心不決志。　「決」，要作「泱」。

二十五葉十一行疏　故美其人能果敢奉用進進於善者。　「於」，薈作「于」。

二十五葉十二行疏　愛人而樂安存之者。　「存」，十作「有」。

二十五葉十二行疏　詩云式序在位。　「云」，要作「曰」。

二十五葉十四行經　今我既羞告爾于朕志。　「于」，李作「亍」。

二十五葉十五行注　無敢有不敬。　○山井鼎《考文》：無敢有不敬。〔古本〕下有「之也」二字。○阮元《校記甲》：無敢有不敬。古本下有「之也」二字。

二十五葉十五行釋文　告。故報反。　「故」，殿、庫作「呼」。

二十五葉十六行注　無總貨寶以巳位。　「總」，阮作「揔」。「巳」，八、李、王、纂、魏、平、岳、毛、殿、庫作「求」。○阮元《校記甲》：無總貨寶以求位。「求」，葛本、十行、閩、監俱誤作「巳」。○阮元《校記乙》：無總貨寶以巳位。葛本、閩本、明監本同。毛本「巳」作「求」。案：「求」字是也。

二十五葉十七行注　當進進皆自用功德。　○山井鼎《考文》：自用功德。〔古本〕下有

「也」字。「一心以事君」下同。

二十五葉十七行注　長在一心以事君。　「在」，八、李、王、纂、魏、平、岳、十、毛、殿、庫、阮作「任」。○浦鏜《正字》：長任一心以事君。「任」，監本誤「在」，疏同。○阮元《校記甲》：長任一心以事君。「任」，葛本、閩、監俱誤作「在」，疏同。

二十五葉十八行疏　順合於汝心以否。　「於」，薈作「于」。「以」，庫作「與」。

二十六葉一行疏　當以情告我。　○《定本校記》：當以情告我。「當」，〔足利〕八行本誤作「常」。

二十六葉一行疏　汝等無得總於貨寶以求官位。　「總」，單、八、阮作「摠」。「於」，薈作「于」。

二十六葉二行疏　長在一心以事君。　「在」，單、八、魏、平、十、毛、殿、庫、阮作「任」。